U0943692

新时代重庆教育高质量发展与改革研究系列丛书

小学数学文化
教学研究

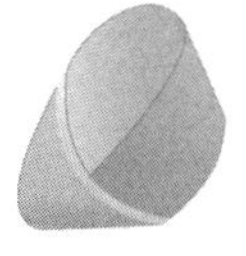

康世刚 ◎ 编著

西南大学出版社
SWUP 国家一级出版社 全国百佳图书出版单位

图书在版编目(CIP)数据

小学数学文化教学研究 / 康世刚 编著. -- 重庆：西南大学出版社, 2025.5
ISBN 978-7-5697-1439-5

Ⅰ. ①小… Ⅱ. ①康… Ⅲ. ①小学数学课 – 教学研究 Ⅳ. ①G623.502

中国版本图书馆CIP数据核字(2022)第080427号

重庆市教育科学规划重点课题"小学数学文化课程落实立德树人根本任务的教学实证研究"(课题编号:2021-00-282)研究成果之一

小学数学文化教学研究

XIAOXUE SHUXUE WENHUA JIAOXUE YANJIU

康世刚　编著

责任编辑 | 周万华
责任校对 | 张　庆
装帧设计 | 闰江文化　魏显锋
排　　版 | 杜霖森
出版发行 | 西南大学出版社(原西南师范大学出版社)
地址：重庆市北碚区天生路2号
邮编：400715
经　　销 | 全国新华书店
印　　刷 | 重庆市正前方彩色印刷有限公司
成品尺寸 | 170 mm×240 mm
印　　张 | 21.25
字　　数 | 393千字
版　　次 | 2025年5月 第1版
印　　次 | 2025年5月 第1次印刷
书　　号 | ISBN 978-7-5697-1439-5
定　　价 | 68.00元

绪论

一、人物传记启发"未来路"

我出生在西北一个偏远的农村,生活环境和电视剧《山海情》中的"涌泉村"差不多,县城的人经常说"出了县城九道沟,有女儿不嫁干大沟",我家就在干大沟的倒数第二个村。父亲读到四年级就辍学了,母亲没有读过书,除了认识自己的名字外,就认识我们一家人(爸爸、我和妹妹)的名字。由于当时自然环境差,都是靠天吃饭。村里没有什么读书人,没有什么书读,只有学校发的课本,甚至有时候,课本都不全,一直到上高中才有课外书。我记得在1995年左右《辽宁青年》中有一期的"青春人物"栏目刊登了一个学生物化学专业的研究生的故事,她做出的毕业论文大致内容是把皮鞋的柔软度提高了8%,有一个企业奖励她人民币70万元,故事描述的是她如何用70万元帮助自己的一些穷亲戚。这个故事对我影响很大:一是激励我立志要学好化学和生物。在我高考填报志愿的时候,填报的专业都是化学教育和生物教育专业。由于先估分,根据估分的情况填报志愿,后来才发现数学学科考得非常好,负责录取的老师正好是数学系的老师,所以他就直接把我录取到数学系的数学与应用数学专业了。实际上,到学校后还真想去学习化学或生物。由于那时候没有转专业的做法,所以就只好读数学与应用数学了。二是增强我对人物故事教育重要性的认识。特别是读了《希尔伯特》后,希尔伯特小的时候没有表现出像高斯那样的聪明和数学天赋,他的母亲经常给他讲大哲学家康德的故事,而这些对希尔伯特影响很大。所以到现在我一直认为给孩子们介绍积极向上的人物故事对孩子非常重要。

二、数学史的“学习迷”

大学四年，我和很多人几乎是一样的，只盼着早点毕业找工作。为了拿到毕业证和学位证，我几乎把所有的精力用在学得最弱的英语上了。班上有同学大学一年级开始就立志考研究生，而我因为英语成绩不好就没有想这件事。一直到大学三年级学习《数学史选讲》，主讲教师是全国早期研究数学史与数学教育的李伯春教授。用的教材是他与别人合著的《简明数学史》[①]。李教授对数学史料非常熟悉，讲了很多数学家的故事，除了成长故事之外，更多的是数学家的一些逸闻趣事，比如：笛卡儿是如何发现直角坐标系，伯努利家族如何完善现在中小学生学习的直角坐标系，还介绍了笛卡儿如何用数学知识给自己心爱的公主写情书的故事，等等，这使我耳目一新。为此我还在图书馆借阅了许多数学家的故事。后来，李教授要做一个“数学史教学现状调查研究”[②]，我就主动报名，给学生发问卷，做数据统计等。李教授看到我对“数学史与数学”非常感兴趣，于是就鼓动我去考研究生。经李教授推荐我考到西北师范大学，师从吕世虎教授攻读数学课程与教学论的硕士研究生。李教授给我的启发是：教什么就要研究什么，用研究的心态来教，用教的困惑作为研究的问题。

三、《数学家言行录》的启发

在读研究生阶段，我认为三件事情对我影响很大：一是著名数学家刘绍学教授访问西北师范大学时强调数学功底的重要性。2000年，北京师范大学代数学家刘绍学教授在西北师范大学讲学。他在回答“在研究生阶段，数学类的课与教育类的课开课比例应该是多少比较合理？”这一问题时，刘教授认为7∶3比较合适，因为只有非常强的数学功底才能做好数学教育，他特别举了波利亚和弗赖登塔尔的例子。二是阅读数学家的数学教育思想书籍。导师吕世虎教授讲授《高观点下的中学数学》和《数学思维与方法论》时，介绍了波利亚的双轨迹模式。在听了刘教授和吕教授的观点后，我把波利亚的《怎样解题》《数学与猜想》《数学的发现》以及弗赖登塔尔的《作为教育任务的数学》系统地读了一遍，领略了数学家谈

---

① 孙明谔，李伯春，刘经国．简明数学史[M]．郑州：大象出版社，1998.

② 李伯春．有关数学史与数学教育实质联系的调查[J]．淮北煤炭师范学院学报（自然科学版），2004（1）：70–71.

数学教育方法的深刻性。三是阅读《数学家言行录》,发表第一篇关于数学家的文章。在我阅读数学家的相关文献中,莫里兹编著的《数学家言行录》吸引了我。读完这本书后,我就想语文教科书中有大量的古今中外名家名言,考试的时候还要考,为什么数学教科书中没有数学家的名言呢?后来在恩师吕教授的指导下完成了《重视数学家言行在新数学课程中的作用》①一文,强调学习数学家的言行有助于师生数学观以及数学学习观的形成,有助于数学思想方法的理解和学习兴趣的培养。

四、大学《数学史选讲》讲授者

数学史是数学文化的主要组成部分,数学史的深度学习是研究数学文化的基础。我硕士研究生毕业以后,来到甘肃天水师范学院数学系工作,主要做了三方面的基础性工作:一是讲授《数学史选讲》。由于2003年整个数学系只有两个研究生,系主任就把从来没有开设过的《数学史选讲》安排给了我。一直到2006年,我给这个阶段的三届毕业生讲授《数学史选讲》。为了讲好课,站稳讲台,自己还读了梁巨宗的《世界数学史简编》、李文林的《数学史教程》、张奠宙的《数学史选讲》和欧阳绛翻译的《数学史概论》等。通过讲授《数学史选讲》,夯实了数学文化研究的基础,开阔了数学文化的视野,增强了我对数学文化和数学教育的研究兴趣,更为重要的是我引导了大学生在教育教学中应用数学史料,给中小学生介绍数学史料。二是参与MM教育方式(MM是取英文短语"Mathematical methodology education pattern"前两个单词词头)研究,感受数学文化教育的价值。天水师范学院是MM教育方式的实验基地,所谓MM教育方式就是:教师在数学教学的全过程中,充分发挥数学教育的两个功能(技术教育功能和文化教育功能);自觉地遵循两条基本原则[既教证明又教猜想的原则和教学、学习、研究(发现)同步协调的原则];瞄准三项具体目标(引导学生自我增进一般科学素养,自我提高社会文化修养,自我形成和发展数学品质);恰当地运用八项教学措施(数学返璞归真教育、数学审美教育、数学发现法教育、数学家人品教育、数学史志教育、演绎推理教学、合情推理教学、一般解题方法的教学),从而达到全面提高学生素质的目的。天津市宝坻区教研室的特级教师杨世明老师来天水师范学院指导工作,数学系主任考虑到我当时单身又是数学教育研究生,把照顾杨老师的生活和陪同他听课的

① 康世刚,闫素珠.重视数学家言行在新数学课程中的作用[J].数学教学研究,2002(6):13-16.

重任就交给我了。在整整两年时间里，我陪同杨老师深入中小学听课、讨论课。杨老师多次结合课堂教学讲述数学家人品教育的重要性。我还专门采访了他，发表了《"MM教育方式"实验研究及发展——全国数学科学方法论研究交流中心副主任杨之访谈录》[①]。通过与杨老师的交流，感受到他对傅种孙等数学家及其数学教育思想的敬仰，同时也让我从内心感受和认识到教研员的价值，教研员可以将自己的研究成果直接转化为教师的课堂教学行为，改善课堂教学方式。三是聆听林群院士的报告，感受数学家的教学过程。2004年，我有幸到辽宁师范大学参加高等师范教育数学教育研究会组织的数学教育年会。这次年会邀请了林群院士做报告，报告内容就是"微积分"，林群院士从莱布尼茨和牛顿开始讲微积分，特别是讲到积分符号的时候，用了非常形象的例子，即积分符号∫是由面积符号S拉长后形成的，直观易懂，既有联系又有区别。从爬山开始讲起，最后讲到微积分的问题。林群院士的报告使我真切感受到数学家对数学的广泛而深刻的理解，使其浅显易懂，趣味横生。四是聆听恩师宋乃庆教授的报告，萌发读博士的想法。2005年，第一届数学史与数学教育研究会研讨会在西安召开。我有幸聆听了宋乃庆教授的报告，该报告分析了如何将数学史与数学教育结合起来等思想，让我感触颇深，并在会场提问自己不明白的问题，会后也专门拜访他。鉴于我提的问题和我对数学史教育的思考，宋乃庆教授积极鼓励我报考博士研究生。非常幸运的是，2006年被宋乃庆教授招录为博士生。以上过程从数学发展史、数学家和数学教育家的前沿报告引领和中小学数学教育一线的实践探索等方面打通了"上达数学、下达课堂"的脉络。

五、数学化的研究者

读博士期间，我一直关注数学文化的研究，同时也开始研究数学文化。一是梳理数学史与中小学数学教育研究成果。宋乃庆教授非常注重学生参加学术会议，由于我对数学家和数学史教育的兴趣，我选取1994年到2006年的"数学史与中小学数学教育"研究的相关文章，撰写了《对我国"数学史与中小学数学教育"研究的现状分析与思考》[②]一文。他做了指导后，让我参加了在河北师范大学举办的

① 康世刚，冯国平."MM教育方式"实验研究及发展——全国数学科学方法论研究交流中心副主任杨之访谈录[J]. 天水师范学院学报，2005(2)：1.

② 康世刚，胡桂花.对我国"数学史与中小学数学教育"研究的现状分析与思考[J].数学教育学报，2009，18(5):65-68.

第二届数学史与数学教育的会议。在这个会议上我结合上述论文做了小组报告，认为数学史在中小学数学教育的作用越来越被人们所重视，同时也发现数学史与中小学数学教育研究中存在的问题：研究者不关注已有文献的阅读，重复性研究极多；研究方法缺乏科学性；研究缺少数学史学家与一线数学教师的合作；研究对象缺乏对学生认知发展的关注。为此，在进一步研究中，应该区分“数学史”专题教学研究与数学史在日常课堂教学中的渗透研究；加强“数学史”教学的评价研究；开展实证性研究；关注数学文化和数学思想方法的研究视角；重视研究队伍的建设；同时要有国际视野。报告受到许多数学教育家，特别是张奠宙教授的高度肯定。二是调查了数学文化的教育现状。在我的博士论文中将数学文化的教育作为数学素养的重要组成部分，调查了数学家的教育概况并进行教学实验。我调查发现，有32.3%的学生明确知道老师曾经讲过数学家的故事，而67.7%的学生不知道老师讲过数学家的故事；同时，听老师讲过数学家故事的学生中，说出数学家的名字以及知道一些数学家事迹的学生比例明显高于没有听说过数学家故事的学生。[①]基于这样的结果，我和甘肃省天水市第六中学的田老师做了教学实验，每节课课前5 min由学生轮流讲数学家的故事，后来这个环节成为天水市第六中学教学改革的一个特色，所有学科都这样做。这一微型实验验证了数学家故事的教育价值和可行性，更加坚定我做数学文化教育研究的信心。

六、小学数学文化的“开发者”

《义务教育数学课程标准(2011年版)》指出“数学文化作为教材的组成部分，应渗透在整套教材中。为此，教材可以适时地介绍有关背景知识，包括数学在自然与社会中的应用以及数学发展史的有关材料，帮助学生了解在人类文明发展中数学的作用，激发学习数学的兴趣，感受数学家治学的严谨，欣赏数学的优美。”由于数学课程标准要求在小学数学教材中设计数学文化的内容，所以开发和编写出适合小学生的数学文化极为重要。为此，我做了一些积极探索：一是参与西南师范大学版数学教材“你知道吗”栏目的设计。由宋乃庆教授主编的西师版小学数学教科书中，专门设计了“你知道吗”这一栏目，主要介绍数学文化的内容。我参与了收集资料、遴选数学文化素材和修改的整个过程，探索数学文化的呈现方式，

① 康世刚.数学素养的生成与教学[M].北京:教育科学出版社,2014.

并尝试用连环画的形式来呈现。二是作为核心组成员编写《小学数学文化丛书》和《数学文化读本》。博士毕业后，在恩师李光树老师的举荐下，就职于重庆市教育科学研究院，担任小学数学教研员，走上了小学数学教学研究之路，这更加使我有机会开展数学家乃至数学文化教育的研究。基于小学数学文化教育的现状，宋乃庆教授成功申报重庆市教育科学规划办重大课题“小学数学文化研究”。按照宋老师的安排，首先编写《小学数学文化丛书》，宋乃庆教授和我一起主编了《数学家与数学》《科学与数学》。在《数学家与数学》中编写了16个数学家的故事并以连环画的形式呈现，包含了二进制、杨辉三角、圆周率、高斯定理、最小二乘法原理、概率论、三角形内角和等数学知识，介绍了统筹、优化、极限等数学思想，以数学家的逸闻趣事为载体，普及有关数学家与数学发展的知识，突出数学思想，学习数学家克服种种困难坚持研究数学、创造数学的精神，体会数学的魅力，将数学文化的种子植入儿童幼小的心灵中。在《科学与数学》中编写了16个图文并茂的科学小故事，这些故事从物理学、生物学、地理学、化学等不同的学科角度出发，既有经典的理论故事，又有现代科技的新进展，紧跟时代的脚步。其中包含了圆半径、圆面积计算、球半径、球体体积计算、统计图、正四面体、正六面体、比例尺、指数函数、密码学、拉东变换等数学知识；数学建模、分类、对应、数形结合、类比、转化、对应变换等数学思想方法，让小朋友充分体会到数学在科学进步中的重要作用。后来根据学生学习的特点，我们又改编成与学生学习匹配的《数学文化读本》，和宋教授一起主编了《数学文化读本 四年级上》。这些课程资源得到小学生、一线教师和专家的高度认可。国际数学教育委员会原执行委员、华东师范大学张奠宙教授认为：“这套丛书把数学文化的种子播撒在孩子们幼小的心灵里，功德无量。它用连环画的形式，承载比较抽象的文化，创意无限，任重道远。让我们携手打造这份文化精品，努力开创中国数学文化事业的新局面。”

七、小学数学文化的“推广者”

数学文化课程资源的开发为小学生提供了可学习的数学文化载体，为了让更多的学生学习数学文化，引导教师正确认识数学文化的意义和价值，提高数学文化的教学能力，我协助宋乃庆教授推广数学文化课程资源，主要从以下几个方面开展。

一是组织重庆市小学数学文化的项目实验学校。通过召开专题研讨会,动员一批在重庆市有影响的学校开始实验,先后在珊瑚小学、朝阳小学、谢家湾小学以及大足区、忠县、江北区、两江新区、沙坪坝区和大渡口区等区(县)的学校开展研讨会,逐步得到实验学校学生、教师、校长和家长的认可,越来越多的学校申请成为数学文化实验学校群体。

二是组织全国小学文化教师培训。由于数学文化是新的内容,大多数教师的数学文化知识欠缺,没有数学文化的教育理念。为此,我与宋乃庆教授、顾沛教授和代钦教授培训教师关于数学文化的基础知识,开阔数学文化的视野。我们也和小学数学教师研究数学文化的教学方式和方法,指导了一大批教学案例获得全国赛课一、二等奖。

三是协助宋乃庆教授主办全国小学数学文化优质课大赛。从2015年开始,在重庆、贵阳、杭州、青岛、武汉、厦门、海口、深圳、昆明等地连续举办了10届小学数学文化优质课大赛和数学文化课题研究交流会议,为小学数学教师研究和交流数学文化的研究成果搭建了平台,促进了数学文化成果在全国的推广使用。

四是积极开展数学文化推进小学素质教育实施的研究。在宋乃庆教授的指导下,我们不断实验、不断开发数学文化成果,并总结和梳理后向全国推广。我和张辉蓉教授共同主编了《数学文化推进小学素质教育的实践探索》[①]《小学数学文化教学实录与评析》[②],参与主编了《数学文化与教学设计》[③]等,并不断跟踪数学文化的教学影响。调查发现,数学文化不仅有助于学生提高数学学习兴趣,增强学好数学的自信心,加深对数学内涵的理解,而且有利于他们开阔数学视野和增强民族自豪感。对不同地域、不同层次和不同年级学生的分析结果表明,数学文化对不同地域学生的影响程度从高到低依次是农村、乡镇和城市,数学文化更有益于中等生和后进生的数学学习,数学文化对学生学习数学的影响也随着年级的升高而逐步增强。[④]以上成果在2017年获得重庆市教学成果一等奖,2018年获得国家级教学成果二等奖。这个奖励对我们是一个极大的鼓舞,更加促使我们开展

① 康世刚,张辉蓉.数学文化推进小学素质教育的实践探索[M].重庆:西南师范大学出版社,2018.

② 康世刚,张辉蓉.小学数学文化教学实录与评析[M].重庆:西南师范大学出版社,2018.

③ 宋乃庆,康世刚.数学文化与教学设计(三年级)[M].重庆:西南师范大学出版社,2016.

④ 郭莉,康世刚.数学文化对数学学习影响的调查研究[J].教育评论,2018(10):126-129.

数学文化研究。近期，我们发现数学文化没有进入学生的监测，导致很多学校不重视数学文化的教育。我们又开展了小学数学文化监测题的命制研究，分析了数学文化监测题的特点，并分别研究了数学史料知识、数学思想方法、数学家的故事、数学研究精神、数学游戏活动和古代数学名题、传统文化应用等数学文化监测题的命制。[①]在疫情期间，我们启动了“开启数学文化，落实立德树人”项目，开发了96节小学生的数学文化微课。

一路走来，数学文化的教育价值和研究价值吸引着我，恩师们的引领和指导更使我取得了一些成果，也在小学数学教育中产生了一定的影响，激发和带动了一批小学数学教师。

---

① 王小燕，康世刚．小学数学文化监测题命制研究[J]. 小学数学教育，2020(C1):14-15，18.

第一章 小学数学文化教学概述

第二章 小学数学文化专题教学案例研究

第三章 社会评价与反响

第一章 小学数学文化教学概述

《义务教育数学课程标准(2011 年版)》(以下简称《数学课程标准(2011 年版)》)指出“数学是人类文化的重要组成部分,数学素养是现代社会每一个公民应该具备的基本素养。”并在“教材编写建议”中要求“数学文化作为教材的组成部分,应渗透在整套教材中”[①]。《义务教育数学课程标准(2022 年版)》(以下简称《数学课程(2022 年版)》)指出“数学承载着思想和文化,是人类文明的重要组成部分。”并在“课程内容选择”中要求“关注数学文化”。[②]基于数学课程标准的要求,建立数学是一种文化的数学学科观念,认识数学文化的内涵特点,分析适合小学生学习的数学文化内容及其学习价值,有助于我们在小学数学教学实践中有效开展数学文化的教学。

① 中华人民共和国教育部.义务教育数学课程标准(2011 年版)[M].北京:北京师范大学出版社,2012.

② 中华人民共和国教育部.义务教育数学课程标准(2022 年版)[M].北京:北京师范大学出版社,2022.

第一节　小学数学文化的内涵特点

据美国人类学家克罗伯(A.Krober)和克拉克洪(C.Klukhon)的统计,1871年至今,文化的定义就有200多种,目前尚未形成统一的界定。正是因为对文化没有统一的界定,所以对数学文化的界定更是多种多样。但是,我们会发现所有的界定都有一个共同的特点,都是从不同的角度,力图较为全面地阐释和加深对数学文化的认识。数学是一种文化,源于20世纪60年代,最早系统提出数学文化观的是美国学者怀尔德(R.Wilder)。在他的著作《数学概念的进化》和《作为数学文化系统的数学》中,他从文化形成、影响因素和数学发展等理论提炼出数学文化的相关概念及有关理论。怀尔德认为数学是一个由其内在力量与外在力量共同作用而处于不断发展和变化之中的文化系统。数学文化即由数学传统与数学本身所组成,怀尔德在书中明确列举了影响数学文化发展的11种力量。他们是:环境的力量、遗传的力量、符号化、文化传播、抽象、一般化、一体化、多样化、文化阻滞、文化抵制和选择。[①]自此以后,数学文化引起了研究者的广泛关注。在我国最早引起关注的是孙小礼等著的《数学与文化》和齐民友撰写的《数学与文化》,其中,孙小礼等从自然辩证法的角度对数学文化进行了阐释,齐民友从非欧几何产生的历史分析了数学的文化价值,特别是数学思维的文化价值。真正以"数学文化"为主题的研究成果的出现是在1993年以后,这些研究成果不断丰富了人们对数学文化的认识。《普通高中数学课程标准(2017年版)》指出"数学文化是指数学的思想、精神、语言、方法、观点,以及它们的形成与发展;还包括数学在人类生活、科学技术、社会发展中的贡献和意义,以及与数学相关的人文活动。"[②]与纯粹的数学知识相比较,数学文化具有以下特点。

一、人文性与科学性交融

美籍匈牙利数学家波利亚说:"数学被人看成是一门论证科学,然而这仅仅是它的一个方面。以最后确定的形式出现的定型的数学,好像是仅含证明的纯论证

① 张景斌.中学数学教学教程[M].北京:科学出版社,2000.

② 中华人民共和国教育部.普通高中数学课程标准(2017年版)[S].北京:人民教育出版社,2018.

性的材料，然而，数学的创造过程是与任何其他知识的创造过程一样的。”[①]M·克莱因也曾批评说：“各级各类小学、中学、大学都把数学作为一门孤立的学科来讲授，而很少将其与现实世界联系起来。在学生看来，似乎数学所研究的东西几乎与人类毫无关系。”为此，他提出数学课程的“文化原则”，即“知识是一个整体，数学是这个整体的一部分。每一个时代的数学都是这个时代更为广阔的文化运动的一部分。我们必须将数学与历史、科学、哲学、社会科学、艺术、音乐、文学、逻辑学以及与所讲主题相关的学科联系起来。我们必须尽可能地组织材料，使数学的发展与我们的文明和文化的发展联系起来。”[②]与纯粹的数学知识相比较，数学文化更加突出数学知识的来源与发展过程，还原了数学家发现和研究数学的过程，展示数学家质疑、求真、求美的良好品质。比如：学生在学习数学的时候，学习过“1，1，2，3，5，8，13，21，…”这样一列数，要求他们发现数的变化规律，强调数之间的计算。而这一问题，如果以图文并茂的形式介绍意大利数学家列昂纳多·斐波那契是如何发现这一列数，并用兔子繁殖问题富有趣味的分析就能显示其蕴藏的人文性。同时，进一步介绍现实生活中植物的叶、枝、茎等的数量排列中也有这样的规律，更能接小学生学习数学的“童气”。所以，数学文化能够体现数学与人类生活的紧密联系，彰显其人文性和科学性，进而促进人们形成具有高度人文关怀的科学精神和有现代科学意识的人文精神。[③]

二、开放性与包容性并存

郑毓信、王宪昌认为，数学文化并非自生自灭的封闭系统，而是一个开放的系统。[④]与纯粹的数学知识相比较，数学文化的内容广泛，包括数学知识及其来源、数学家的故事、数学游戏、数学在其他学科中的应用等内容。更为重要的是，数学文化会随着对数学史料的不断挖掘，数学文化的内容就会不断更新。比如：植树问题，著名数学家牛顿探索过“9棵树，栽9行，每行栽3棵，怎么栽？”并又提出一个问题“要栽9棵树，每行栽3棵，恰好成10行，怎么栽？”英国作家道奇森在其童话名著《爱丽丝梦游仙境》中也提到了一个植树问题“10棵树栽成5行，每行栽4

① G.波利亚.数学与猜想（第一卷）[M].李心灿，等译.北京：科学出版社，2001.

② 汪晓勤.HPM:数学史与数学教育[M].北京：科学出版社，2017.

③ 龚育之.科学与人文:从分隔走向交融[J].中国特色社会主义研究，2004(06):23-31.

④ 郑毓信，王宪昌等.数学文化学[M].成都：四川教育出版社，2000.

棵,怎么栽?"还有生活中的各种各样的"植树问题"等。而数学中基于现实问题而不断探索的实例,使得数学文化会不断地融入数学及其他学科中,从而不断地丰富数学文化的内容,使得数学文化具有开放性。在纯粹数学里,"数学家非常习惯的是,在他们的科学里,最合算就是正确和客观,即取消所有论证的偏向性。……他们在自己的工作中,总是唯一地遵循着客观真理的原则。"[①]而在数学文化中,既有"学者数学",也有"实用数学",更有各种不同类型的"民俗数学",体现了数学文化的包容性。比如:乘法的计算,除了教科书中的竖式计算方法,还有划线法、格子乘法(在中国叫"铺地锦")、杨辉算法和算盘算法等。

三、民族性与统一性共生

数学文化呈现的数学知识体现了他们的起源和发展过程,这个过程深深地烙上了各个民族文化的印记,反映了各个国家和民族的特点,同时也体现了数学发展追求统一性。比如:以《九章算术》为代表的中国古代数学文化与以《几何原本》为代表的古希腊数学文化,由于其赖以存在的历史文化传统不同,形成了两种截然不同的数学文化风格与特点。《九章算术》受当时中国"经世致用"的文化影响,更加注重数学在现实生活的应用,而《几何原本》受古希腊"崇尚理性"的文化影响,更注重抽象严谨的学科体系建构。这些都与当时的民族文化特点紧密联系。也正是因为这样,通过数学文化可以引导学生了解本民族在数学上的伟大创举,增强文化自信,培养学生的民族自豪感。与此同时,我们也通过数学文化看到数学发展的特点即对统一性的追求,我国在清代以后逐渐摆脱传统数学,而完全转向学习西方数学,而西方国家的数学也在体现数学的广泛应用。通过数学文化也可以看出数学发展的统一性。数学一开始就是研究"数"和"形"的,在古希腊时期,数学家就试图把他们统一起来,如毕达哥拉斯的"万物皆数"。后来法国数学家笛卡儿发现的解析几何促进了二者的结合,并试图建立一种普遍的数学。德国数学家F·克莱因提出用群的观点统一整个数学。布尔巴基学派尝试用"结构"来统一整个数学。尽管这些尝试都分别失败了,但在追求这统一性的过程中,数学内部的千丝万缕的联系却被愈理愈清晰。更为重要的是随着数学的发展数学分支越来越多,一方面数学分支之间的联系不断地被发现,另一方面用数学分支之

① 张奠宙.数学教育研究导引[M].南京:江苏教育出版社,1998.

间的联系形成解决问题的强大的工具,这两个方面既是数学内在统一性的集中体现,又是数学在更高层次上走向统一的反映。[①]在小学数学中,阿拉伯数字的产生过程就体现了很深的民族性和统一性,古埃及用象形文字表示数字,古巴比伦用楔形文字表示数字,中国用象形文字和算筹表示数字,但最终在常规的数学学习中广泛使用阿拉伯数字,同时在现实生活中也有罗马数字等存在。

四、价值理性和工具理性互推

M.克莱因说:“在最广泛的意义上说,数学是一种精神,一种理性的精神。正是这种精神,使得人类的思维得以运用到最完美的程度,亦正是这种精神,试图决定性的影响人类的物质、道德和社会生活;试图回答有关人类自身存在提出的问题;努力去理解和控制自然;尽力去探求和确立已经获得知识的最深刻的和最完美的内涵。”[②]与纯粹数学和应用数学相比较,数学文化更加全面地展示了数学的价值理性和工具理性相互推动、相互促进的过程。价值理性是一种以主体为中心的理性。比如:数论是纯粹数学的分支之一,是研究整数的性质。英国著名数学家G.哈代曾夸耀为数学中最纯粹最没有用的部分。相传哈代坐出租车去看望生病的拉马努金时说:“我乘出租车来,车牌号码是1729,这数真没趣,希望不是不祥之兆。”拉马努金答道:“不,那是个有趣得很的数。可以用两个立方之和来表达而且有两种表达方式的数之中,1729是最小的。”(即$1729 = 1^3+12^3= 9^3+10^3$,后来这类数称为的士数。)对整数性质的探索体现了数学家的纯粹思维的创造性。所以,数学家乔治·伽莫夫(George Gamow)在《从一到无穷大》中也认为:“迄今为止,数学还有一个大分支没有找到什么用途(除了智力体操的作用以外),它真可以戴上‘纯粹之王冠’哩。这就是所谓的‘数论’,它是最古老的一门数学分支,也是纯粹数学思维的最错综复杂的产物。绝大多数定理都是靠用数字试着干某些事情建立起来的。”[③]后来数论在计算机科学、密码学信号处理等领域广泛应用,特别是数论在密码学中的应用进一步促进了数论的发展。数学文化较为全面地体现了价值理性和工具理性互推的过程和成效。

① 张恭庆.世界数学家大会和我们[J].数学进展,1999(06):556-562.

② Kline. M.Mathematics in Wester Culture [M].Hew York: Oxford University Press,1964.

③ 伽莫夫.从一到无穷大:科学中的事实与臆测[M].暴永宁,译.北京:科学出版社,2002.

第二节　小学数学文化的主要内容

由于数学文化是一个开放性的系统，难以将数学文化的所有内容纳入小学数学学习中。结合小学生的认知特点、数学学科知识的内容范围和数学文化的内涵特点，笔者认为适合小学生学习的数学文化主要内容有以下五个方面。

一、数学知识的发展历史

著名数学家庞加莱说："若想预见数学的将来，正确的方法是研究它的历史和现状。"数学知识的发展历史，能够引导学生认识数学知识的来源和发展，体验和感悟数学发展变化的特点，进而引导学生通透地理解数学知识和认识数学的特征。适合小学生学习的数学知识的发展历史的内容主要有：数字的来源、数学符号的演变、数学名词的发展、数学运算方法（如格子乘法、划线法等）的发展、中外古代数学趣题或名题、有趣的进制和计量单位的统一等。这些内容与小学阶段数学学科知识内容紧密联系，有助于小学生认识数学知识的来源与发展过程。

二、数学家的成长故事

教育心理学研究表明，提供榜样可以促进和改变学生的学习态度，对个体来说，生活中遇到的每一个人，都可能影响他的行为，其中榜样的影响最大。有着较大影响力的榜样具有如下特征：(1)这些榜样的行为达到了要求并得到了奖励，而其他人也会仿效；(2)这些榜样与学习者有类似之处（如性别、年龄等），即这些榜样可以反映学习者的自我概念和志向。[①]数学家无疑是学生学习数学的最好榜样。阅读数学家的故事，有助于学生建立数学家的良好形象，感受不同数学家的成长过程，感悟数学家学习数学的方法，增强学习数学的良好品质。适合小学生学习的数学家的成长故事有：几何学之父欧几里得、第一位女数学家希帕提娅、善于动脑的数学家高斯、盲人数学家欧拉、生下来就被遗弃的数学家达朗贝尔、被誉为中国数学之父的华罗庚、爱国数学家苏步青、诗人数学家谷超豪、摘得数学桂冠的数学家陈景润、认为"数学好玩"的数学家陈省身等。由于"数学家学习和研究

① 邵瑞珍.教育心理学[M].上海:上海教育出版社,1988.

数学的成长道路各不相同，几乎每一位学生都能从数学家传记中找到自己成长的影子。”[①]学习数学家的成长故事有助于学生将数学家成长类比到自己的成长中，增强学好数学的自信心。数学家们所取得的辉煌成就和影响更能够起到榜样示范作用。

三、数学的游戏活动

著名教育家杜威说：“任何时代任何人，对于儿童的教育，尤其是对于年幼儿童的教育，无不在很大程度上依赖于游戏和娱乐。”[②]游戏一直是人类学习的主要载体之一，数学游戏更是体现思维灵活性和敏捷性的试金石。在数学发展的过程中，形成了一系列动眼、动手、动脑的数学思维游戏。适合小学生学习的数学游戏活动有：华容道、九连环、鲁班锁、魔方、24点、抢数、七巧板、扑克魔术等。除此之外，还有用数学知识揭示和认识现实生活的游戏，比如揭穿算命先生的把戏、抽签原理、标签大反转等。这些内容既能激发学生的学习兴趣，又符合他们的思维水平。大多数内容适合学生反复探索，能够使他们在“玩”中学数学。

四、数学的生活应用

著名数学家华罗庚说“宇宙之大，粒子之微，火箭之速，化工之巧，地球之变，生物之谜，日月之繁，无处不用到数学。”数学来源于生活，又广泛地应用于现实生活。适合小学生学习的数学的生活应用内容主要有：读懂日常生活中的数学，如商场中的各种打折、货比三家不吃亏、水表和电表的秘密、生活中有趣的数字，抽签和兑奖活动；用数学管理和改进学生的生活习惯，如用统筹的思想安排生活，起床后的学问，上学和放学路途选择与优化，神奇的GPS；用数学安排生活，如制作旅游攻略等。这些内容紧密联系小学生学习数学学科知识，注重数学知识、思想方法和思维方式在现实生活中的应用。由于每个学生的生活背景、生活经验和遇到的问题情境的差异，解决问题方法的多样性，结果具有明显的不同，体现了数学在现实生活中应用的个性化和生活化。

---

① 王青建，董晓丽．数学史的教育价值[J].辽宁师范大学学报（自然科学版），2019，42(01)：25-30.

② 杜威．学校与社会　明日之学校[M].赵祥磷，等译．北京：人民教育出版社，2005.

五、数学的学科应用

由于数学为科学技术研究提供了精确简洁的语言、量化分析和计算的方法、逻辑推理的工具等,数学与其他学科的联系越来越紧密。正如马克思所说:“一门科学,只有当它达到了能成功地运用数学时,才算真正地发展了。”为了使学生认识到数学的基础性,对学习其他学科的重要性,非常有必要引导学生从数学的角度认识其他学科,了解数学与其他学科之间的联系。适合小学生学习的数学与其他学科联系的内容主要有:数学在艺术(包括音乐和美术)中的应用,主要包括黄金分割和黄金比、幻方、剪纸中的数学、藏在琴弦中的比、蒙娜丽莎之美、标志中的数学美;数学在科学中的应用,从数学的角度认识科技带来的好处,比如开普勒的探索与发现、人造地球卫星、图灵的密码;数学在体育健康中的应用,从数学角度认识健康的指标,如数字解读人体骨骼、睡出健康、人体温度、水与健康、不可或缺的微量元素、香烟的危害等。展示数学在其他学科之间的应用与联系能够引导学生从数学的角度认识其他学科发展给人类生活创造的价值,加深了解数学与其他学科之间的联系,增强学习数学和其他学科的兴趣。

第三节　小学数学文化的学习价值

著名数学家齐民友教授说:“历史已经证明,而且将继续证明,一个没有相当发达的数学的文化是注定要衰落的,一个把不掌握数学作为一种文化的民族也是注定要衰落的。”[①]基于数学家对数学文化学习价值的认识和对教学现状的思考,探索数学文化提升小学生的数学素养价值能够使我们改变数学教学现状,有效提升数学素养。数学素养由数学知识素养、数学思维素养、数学思想方法素养、数学应用意识素养、数学精神素养构成。[②]下面具体结合小学生的认知水平和学习特点,分析数学文化的学习对提升小学生数学素养的价值。

① 齐民友.数学与文化[M].长沙:湖南教育出版社.1991.

② 康世刚.数学素养的生成与教学[M].北京:教育科学出版社,2014.

一、了解数学的来龙去脉,理解数学知识背景

数学知识是数学素养的核心,没有数学知识,数学素养就是空中楼阁,无源之水、无本之木。由于数学强调抽象、逻辑和形式化,就使数学知识体系在数学课程内容中的抽象性、形式化比较突出,造成学生学习数学的困难。张奠宙教授指出"当数学文化的魅力真正渗入教材,到达课堂、融入教学时,数学就会更加平易近人,数学教学就会通过文化层面让学生进一步理解数学、喜欢数学、热爱数学。"① 为了使小学生理解数学知识,有必要呈现数学知识的发生过程。比如:在分数的初步认识中,学生不容易理解分数的构成和书写形式,大多数学生依靠形象记忆,甚至是囫囵吞枣,造成学生认为数学就是一种规定并死记硬背。如果展示了分数的发现和发展过程,学生就越容易理解分数构成和书写形式。再比如学生学习乘法的竖式计算,如果给他们介绍和展示划线法和格子乘法等内容,学生就会更容易理解和接受竖式计算的方式,并理解算理。

二、感悟数学的学科特征,提高数学思维水平

学科特征决定学科的思维特征。一般认为,数学的学科特点表现在抽象性、严谨性、统一性和广泛的应用性,相应地数学思维也具有其特征。数学文化的内容能够引导学生在数学故事中,感悟数学的特征,从而提升学生的数学思维水平。斯图尔特在《现代数学的观念》中讲述了这样一个故事:一个天文学家、一个物理学家和一个数学家正在苏格兰度假,当他们从火车车厢的窗口向外瞭望时,观察到田地中央有一只黑色的羊。"多么有趣!"天文学家评论道,"所有苏格兰羊都是黑色的。"物理学家对此反驳说:"不,不! 某些苏格兰羊是黑色的!"数学家祈求地凝视着天空,然后吟诵起来,"在苏格兰至少存在着一块田地,至少有一只羊,这只羊至少有一侧是黑色的。"②用这样的数学故事使学生更加直观易懂地感受数学的严谨性,增强数学思维的严谨性。再比如学习了"计量单位的统一""阿拉伯数字"

① 张奠宙.数学文化.[J].科学,2003(3):50-52.

② 蒋鲁敏.文科数学——数学思想和方法[M].上海:华东师范大学出版社,2000.

等内容，学生就会感受到数学的统一性，养成数学思维的统一性。除此以外，还可以用数学故事引导学生感受和体会数学抽象性等特征。

三、认识学科之间的联系，加强数学应用意识

德国数学家高斯有句名言："数学是科学的皇后。"高斯的这句名言恰如其分地反映了数学与科学的紧密联系。《数学课程标准（2022年版）》在"课程目标"中要求学生"体会数学知识之间、数学与其他学科之间、数学与生活之间的联系，在探索真实情境所蕴含的关系中，发现问题和提出问题，运用数学和其他学科的知识与方法分析问题和解决问题。"所以，认识数学与其他学科之间的联系对学生来说极为重要。数学文化的内容包含了数学与其他学科之间的联系，引导学生在学习数学知识在其他学科的应用过程中增强用数学的意识，形成"用数学的眼睛观察世界，用数学的思维思考现实世界，用数学的语言表达世界"的数学应用素养。

四、体会数学的发展特质，掌握数学思想方法

数学本身就是一种重要的思想，甚至有些数学知识就是一种思想方法。张奠宙教授将数学思想方法分为四个层次：第一，基本的和重大的数学思想方法。如模型化方法、微积分方法、概率统计方法、拓扑方法、计算方法等。它们决定一个大的数学学科方向，构成数学的重要基础。第二，与一般科学方法相应的数学方法。如类比联想、综合分析、归纳演绎等一般的科学方法。第三，数学中特有的方法，如数学等价、数学表示、公理化、关系映射反演、数形转换。第四，数学中的解题技巧。[①]数学文化的内容以数学知识为主线，以数学故事和现实生活案例的形式呈现数学的思想方法，更易于学生接受和掌握。比如：匈牙利著名的数学家路莎·彼得在她的名著《无穷的玩艺》中的一段描述，富有趣味地介绍了"转化"的数学思想方法："对于数学家来说，他们往往不对问题进行正面的攻击，而是不断地将它变形，直至把它转化为已经能够解决的问题。当然，从陈旧的实用观点来看，以下的一个比拟也许是十分可笑的，但这一比拟在数学家中却是广为流传的：'现有煤气灶、水龙头、水壶和火柴摆在你面前，当你要烧水时，你应当怎么去做呢？

① 张奠宙，过伯祥.数学方法论稿[M].上海：上海教育出版社，1996.

‘往水壶里注满水，点燃煤气，然后把水壶放在煤气灶上。’‘你对问题的回答是正确的。现把所说的问题稍作修改，即假设水壶里已经装满了水，而所说问题中的其他情况都不变，试问，此时你应该怎样去做?’此时被问者一定会大声而颇有把握地说：‘点燃煤气，再把水壶放上去。’他确信这样的回答是正确的，但是更完美的回答应该是这样的：‘只有物理学家才会按照刚才所说的办法去做，而数学家却会回答只需把水壶中的水倒掉，问题就转化为前面所说的问题了。’”[①]如果再结合平行四边形面积公式的探索等学习经历，有助于学生体会数学的发展特质，掌握数学的思想方法。

五、领略数学家的治学严谨，培养小学生的数学精神

中国科学院院士王梓坤先生指出“向数学精英学习，学习他们先进的思想、方法和技巧，尤其是热爱数学追求真理的精神。”[②]在数学发展中，涌现出了一大批追求真理，治学严谨的数学家，如我国古代数学家刘徽刻苦钻研，治学严谨，虚心学习前人的数学思想，但不迷信前人，并纠正了前人的许多错误，给出了自己的新思想，用他自己的话说“师古而不泥于古”，他修正了《九章算术》的错误和不精确之处，并详细论证了书中的公式和解法，对一些自己不能解决的问题以求实的态度严格要求自己。如《九章算术》中对球体积的计算公式是不正确的，后来张衡尝试纠正但没有成功，刘徽直率地提出批评，并提出用“牟合方盖”来推求球体积。他的方法是正确的，但最后一步还是没有解决。这时他坦诚地说“欲陋形措意，惧失正理，敢不阙疑，以俟能言者。”他做到了“严谨、求实、创新、谦虚”。通过阅读数学家的故事，能够领略数学家治学严谨、求实、求美和创新的故事，有助于学生形成良好的数学精神。

“教育犹如一条大河，文化就是河的源头和不断注入河中的活水，研究教育而不研究文化，就知道这条河的表面形态而摸不着它的本质特征。”[③]建立数学是一种文化的学科观念，有助于我们更为全面的认识和把握数学教育本质和特征，更新数学教育观念，丰富学习内容，转变学生的学习方式，有效提升学生的数学素养。

---

① 路沙•彼得.无穷的玩艺—数学的探索与旅行[M].郑毓信，等译.大连：大连理工大学出版社，2008.

② 王梓坤.为当代数学精英—菲尔兹奖得主及其建树与见解题词[M].上海：上海科技教育出版社，2001.

③顾明远.中国教育的文化基础[M].太原：山西教育出版社，2004.

第四节　小学数学文化的课程开发

《数学课程标准(2011年版)》指出:“学生学习辅助用书主要是为了更好地激发学生学习数学的兴趣和动力,帮助学生理解所学内容,巩固相关技能,开拓数学视野,进而满足他们学习数学的个性化需求。这一类用书的开发不能仅仅着眼于解题活动和技能训练,单纯服务于应试。更重要的,还应当开发多品种、多形式的数学普及类读物,使得学生在义务教育阶段能够有足够的机会阅读数学、了解数学、欣赏数学。”《义务教育数学课程标准(2011年版)解读》中进一步指出:作为一种特殊的课程资源,此类学习辅助材料通常并不直接服务于课堂教学,而是向学生打开一扇了解数学的新窗口,目的在于开阔学生的眼界——帮助他们更加全面地了解数学的内涵、价值、意义;增强学生学习数学的兴趣——让他们更加乐于接近数学、了解数学;提高学生的数学能力——让他们能够更好地研究数学、用数学解决更多的问题,使用对象为全体学生。基于课程标准的要求我们确定了小学数学文化课程开发的几个原则:一是面向全体学生。面向全体学生是素质教育的基本要义之一。《小学数学文化丛书》对读者对象的定位是面向全体小学生,主要表现在三个方面:语言通俗易懂,深入浅出;内容多样,选择性强,为不同的学生准备了丰富的文化熏陶内容;呈现方式多样,满足不同特征的学生,如动手能力强的学生可以制作“莫比乌斯带”和“九连环”,而喜欢阅读的孩子可以阅读数学家的逸闻趣事和数学知识发展的历史等。二是要丰富学生学习数学的内容。王梓坤院士在《今日数学及应用》中指出“数学文化具有比数学知识体系更为丰富和深邃的文化内涵,数学文化是对数学知识、技能、能力和素质等概念的高度概括。”数学文化要在已有的国家数学课程的基础上,拓宽学生的数学视野,引导学生了解数学的来龙去脉,特别是在跨学科中的应用。三是要改进学生学习数学的方式。著名数学家柯朗(Richard Courant)在《数学是什么》的序言中指出“数学的教学,逐渐流于无意义的单纯演算习题的训练,固然,这可以发展形式演算的能力,但却无助于对数学的真正理解,无助于提高思考的能力。数学的研究,有过度专门化和过度抽象化的倾向,忽视了应用以及与其他领域之间的联系。这种状况……必然激起强烈的反感。”[①]《小学数学文化丛书》注重数学学习方式的转变,主要内容参见

① R.柯朗,H.罗宾.数学是什么[M].左平,张饴慈,译.上海:复旦大学出版社,2006.

后面"第五节　小学数学文化的教学设计"。四是要彰显数学与其他学科乃至社会生活的联系。《义务教育数学课程标准(2011年版)》指出,要求加强数学与其他学科之间的联系。为此,在课程内容选择和分类的时候,注重数学与现实生活和学科之间的联系,开发《历史与数学》《科学与数学》《艺术与数学》《生活与数学》《健康与数学》《自然与数学》《环境与数学》和《经济与数学》等读本,力图体现数学与生活乃至其他学科之间的紧密联系,彰显数学的广泛应用性。五是要沟通家校联系。家校紧密配合是成功教育的必备条件。在《小学数学文化丛书》的编写中,我们也注重家长与孩子的亲子活动。如24点游戏、抢数游戏等不仅培养学生,而且也是家庭开展数学学习的重要载体。

在宋乃庆教授的组织下,宋乃庆教授和康世刚共同主编了《数学家与数学》和《科学与数学》。以下是《数学家与数学》课程开发的思考。

著名数学家阿贝尔说:"一个人如果要在数学上有所进步,就必须向大师学习。"教育心理学研究表明,榜样人物是影响学生学习的重要外部条件,许多学习是由模仿他人的行为而习得,学习者获得了关于榜样行为、行为情境以及行为结果的知识,从而获得替代性强化,影响自身行为的选择。加涅认为,导致向榜样人物学习的一些系列事件,大体上按照下列顺序:(1)建立榜样人物的感染力和可信性。(2)刺激个体回忆态度的对象以及适当的态度出现的情境。(3)榜样人物示范或显示合乎需要的个人行为。(4)显示和介绍榜样人物受强化后的结果。[①]显然,数学家无疑是学生学习数学的榜样,也是立志成才的标杆,我们要引导学生认识数学家,还原数学家的成长过程,彰显数学家的成就和影响,让其影响学生的数学学习。《数学课程标准(2011年版)》要求学生"感受数学家治学的严谨"。要求学校"寻找合适的学习素材,如学生感兴趣的自然现象、工程技术、历史事件、社会问题、数学史与数学家的故事和其他学科的相关内容等,以开阔学生的视野,丰富教师的教学资源"。[②]基于数学家的观点、教育心理学研究的结论和《数学课程标准(2011年版)》的要求,有必要探索如何让数学家"走近"小学生。

① 邵瑞珍.教育心理学[M].上海:上海教育出版社,1988.

② 中华人民共和国教育部制定.义务教育数学课程标准(2011年版)[M].北京:北京师范大学出版社,2012.

一、以连环画的形式“走近”小学生，激发学生的阅读兴趣

让数学家“走近”小学生，就必须采用小学生喜欢的形式。对小学生喜欢的阅读材料调查表明，连环画是学生最喜欢的书籍之一。采用连环画图文并茂的形式使得数学家更加贴近学生。笔者编写的《数学家与数学》中先确定了主要人物，这些人物各有特点，如博士，男，酷爱数学，有非常渊博的知识，一说起数学故事就会非常兴奋和滔滔不绝，是孩子们的好朋友；机器人万事通是博士的得力助手，经常提出一些引人深思的问题，小朋友们都很喜欢他；天天，男，喜欢动手做实验，喜欢玩耍，爱思考，经常提很多的问题；波波，男，活泼好动，爱动脑筋，有时候会很淘气，爱观察，喜欢听博士讲故事；妮妮，女，感情丰富，性格乖巧，爱看书，不懂就问。在此基础上，以故事对话的形式使数学家能够活灵活现地走近小学生。如在“盲人数学家——欧拉”一课中，采用连环画的形式，图文并茂。先给出多面体与欧拉公式，天天和波波再观察讨论欧拉公式与多面体的顶点、面和棱之间的关系。博士肯定他们之间的讨论，机器人说明欧拉公式，然后引出欧拉，并逐步展开欧拉的故事。这样的呈现方式使学生在阅读连环画中很自然地了解了数学家的故事。

二、让数学家的成长经历“走近”学生，培养学生勤奋学习的品质

著名数学家F.克莱因认为，讲述数学家遭遇困难、挫折、失败的经历对学生有着很好的教育意义：“课本中字斟句酌的叙述，未能表现出创造过程中的斗争、挫折，以及在建立一个可观的结构之前，数学家所经历的艰苦漫长的道路。而学生一旦认识到这些，他将不仅获得真知灼见，还将获得顽强地追究他所攻问题的勇气，并且不会因为他自己的工作并非完美无缺而感到颓丧 。”[①]在数学史上，有一大批数学家在环境非常艰苦的条件下，依然勤奋学习。如数学家华罗庚先生初中毕业后就因为家境贫寒而辍学，后来感染了伤寒并在腿部留下了残疾。但是，在病痛和贫困面前，华罗庚没有放弃，仍然迷恋数学，四处寻找数学书自修，最终成为著名的数学家。他还以“聪明在于积累，天才在于勤奋”的格言勉励年轻人勤奋学习。第一位女数学家——希帕提娅在宗教迫害和歧视妇女的社会环境下，一直刻苦学习，最终成为数学史上第一位女数学家。著名的法国数学家达朗贝尔就是

① Kline M.Mathematical Thought from Ancient to ModernTimes[M] .New York:Oxford University Press，1972.

圣让勒隆教堂附近的一个弃婴，被一名玻璃匠收养，少年时被养父送到一所教会学校读书，他刻苦学习了许多数学知识，并阅读了许多科学家的著作，最终凭借自己的努力考入法国科学院，后来成为著名的数学家。

三、让数学家的治学严谨“走近”小学生，培养学生的科学态度

培养学生的科学态度是小学数学教学中“情感态度”的重要内容之一，如《数学课程标准（2011年版）》在“情感态度”目标中要求“形成坚持真理、修正错误、严谨求实的科学态度。”①中国科学院院士王梓坤先生指出“向数学精英学习，学习他们先进的思想、方法和技巧，尤其是热爱数学追求真理的精神。”②在数学史上，涌现出了一大批追求真理，治学严谨的科学家。如前面已经介绍了刘徽的严谨，后来的祖冲之也坚持决不“虚推（盲目崇拜）古人”，而要“搜炼古今（从大量的古今著作中吸取精华）”。一方面，他深入研究古代数学家（包括刘徽）的著述，吸取其中有用的内容。另一方面，他也大胆怀疑古人的研究成果，并通过实际观察和研究，他在世界数学史上第一次将圆周率（π）值计算到小数点后七位，即3.1415926到3.1415927之间。他提出约率$\frac{22}{7}$和密率$\frac{355}{113}$，这一密率值是世界上最早提出的，这项成果领先世界近一千年，所以有人主张叫它“祖率”。也因为他的严谨态度，他编制的《大明历》中将“岁差”首次引进历法，提出在391年中设置144个闰月，推算出一回归年的长度为365.24281481日，误差只有50秒左右。类似的数学家的故事比比皆是，在数学教学中，挖掘这些数学故事中数学家的求真、质疑、求美和创新的科学精神，有助于学生形成端正的科学态度。

四、让数学家的爱国事迹“走近”小学生，培养学生的爱国主义精神

雅斯贝尔斯指出“创建学校的目的，是将历史上人类的精神内涵转化为当下生气勃勃的精神，并通过这一精神引导所有学生掌握知识和技术。”③培养爱国主义精神是中小学德育的主要内容之一，而在各个学科中开展和渗透爱国主义精神教育是学科育德的重要内容。在数学史上有许多数学家热爱自己祖国的事迹。

① 中华人民共和国教育部制定.义务教育数学课程标准（2011年版）[M].北京：北京师范大学出版社，2012.

② 王梓坤.为当代数学精英—菲尔兹奖得主及其建树与见解题词[M].上海：上海科技教育出版社，2001.

③ 雅斯贝尔斯.什么是教育[M].邹进，译.北京：生活·读书·新知三联书店，1991.

比如著名数学家苏步青教授的爱国故事。苏步青上中学时,一位刚从东京留学归来的教数学的杨老师在第一堂课没有讲数学,而是讲国家发展形势。他说:"当今世界,弱肉强食,世界列强依仗船坚炮利,都想蚕食瓜分中国。中华亡国灭种的危险迫在眉睫,振兴科学,发展实业,救亡图存,在此一举。'天下兴亡,匹夫有责',在座的每一位同学都有责任。"他旁征博引,讲述了数学在现代科学技术发展中的巨大作用。这堂课的最后一句话是:"为了救亡图存,必须振兴科学。数学是科学的开路先锋,为了发展科学,必须学好数学。"杨老师的课深深地打动了他,苏步青的兴趣从文学转向了数学,并从此立下了"读书不忘救国,救国不忘读书"的座右铭。17岁时,苏步青以第一名的成绩考取著名的东京高等工业学校并被免试推荐读研究生。他在多个国家的数学刊物上发表40多篇论文,被誉为"东方一颗灿烂的数学明星"。1931年获得了理学博士学位后,许多名牌大学纷纷想办法用高薪聘请他。苏步青对他们说:"我出国留学的目的是寻找一条救国救民的道路,以自己的学识去拯救苦难深重的国家。看到中国如此贫穷,人民备受奴役,我怎能袖手旁观呢!"苏步青摆脱了各种阻力回到祖国,并在浙江大学当教授,国内生活极为艰苦,甚至几个月发不了工资,但是苏步青认为自己选择了一条光明爱国的道路,祖国还未富强,为国吃苦,再苦也算不得什么。除了苏步青的爱国故事之外,还有古希腊的阿基米德以及中国的华罗庚、陈省身等一批数学家的爱国故事值得学生阅读学习,从而使他们在阅读中促进爱国主义精神的形成。

五、让数学家的真实形象"走近"学生,培养学生选择数学家的志向

由于数学符号的抽象性和逻辑严谨性,造成通过数学成果或者数学论文难以反映出数学家的真实生活,所以人们对数学家的生活状态是陌生的。国外许多研究者通过描绘科学家测试法(the Draw-A-scientist Test)针对不同文化背景、种族、性别的学生做了不少研究,玻伊兰(Boylan,C.R)等研究表明,在中小学生中明显存在科学家形象的刻板印象,科学家的形象主要可以归纳为:男性、不修边幅、戴眼镜,穿实验室制服,从事室内工作,具有神秘特质。许多研究表明,一年级、三年级、五年级和八年级的学生认为科学家很聪明,很有创造力,并且善于创造。而科学家的工作则是整天待在实验室,日夜在实验室中工作。学生对科学和科学家的这种刻板印象也在很大程度上影响了学生从事科学的职业意愿。而且父母、老师

和同辈群体对科学和科学家的看法也影响了学生从事与科学相关的选择,特别是对于女孩来说表现尤为突出。[①]在我国,大多数人是通过徐迟的报告文学了解数学家陈景润先生,以此作为数学家的形象。除此以外,很少了解数学家的生活。更为严重者,受徐迟先生的报告文学中"陈景润走路撞树"的故事情境的影响,造成人们对数学家形象的误解。实际上,数学家不仅仅是研究数学,也有广泛的爱好。如诗人数学家谷超豪院士。谷超豪院士从小喜欢作诗,他甚至认为,格律诗的对仗与数学的对称性是相通的,而且用简洁、清晰而优雅的语句对数学问题进行描述也是一个数学研究者必备的素质。他曾用诗赞美数学:"人言数无味,我道味无穷。良师多启发,珍本富精蕴。解题岂一法,寻思求百通。幸得桑梓教,终生为动容。"他还鼓励他的学生多读一些诗词。除此以外,还有很多全面发展的数学家。给学生还原真实的数学家的形象,依据榜样学习的教育心理学原理,就会有更多的学生树立学好数学甚至做数学家的理想和信念。

综上所述,数学家的成长经历、治学严谨、爱国事迹和真实形象是数学教育乃至整个教育的一笔宝贵财富,让这些财富"走近"小学生,能够帮助学生更为深入地了解数学,拓宽小学数学课程育德的途径,特别是改变数学家在小学生心目中形象,引导他们将来选择从事数学的职业或用数学家的思维方式从事科学研究和处理日常事务的意识。

第五节　小学数学文化的教学设计

随着对数学文化研究的关注,数学文化进入中小学数学课堂引起越来越多的重视,更为重要的是适合小学生学习数学文化的学习方式。基于《数学文化读本》和《小学数学文化丛书》的编写,以下方式适合小学生学习数学文化。

一、组织亲子活动,使学生和家长共同提高数学文化素养

已有研究显示,在数学教育中,父母的参与与学生的数学成绩呈正相关,那些父母介入较多的学生,相对于那些父母介入较少的学生,不仅表现出较高的数学

① 张正严.科学教育中的科学家形象塑造[J].现代中小学教育,2007(6):33-35.

熟练程度和学业水平，而且对数学学习的态度也更加积极。[①]亲子活动就是父母陪伴自己的孩子共同参加的学习活动。常规的数学学习亲子活动中，由于大多数家长对小学数学知识的结果具有确定性的判断，从而使学生和家长在知识的探索上处于不平等状态，经常造成家长批评和教训学生，这也是很多家庭亲子关系不好的重要原因。由于以前的数学教育忽视数学文化的教育，家长对数学文化知之甚少，所以关于数学文化的亲子活动具有平等性、探究性、合作性和共进性。家长和学生参与数学阅读、数学游戏和数学探究活动，就会建立一种平等参与、共同学习、合作探究、共同成长的学习关系，营造出良好的家庭学习氛围，从而促使学生更深入的数学思考，也使家长增长了数学文化素养。具体的组织形式有以下三种。

（1）亲子共读数学故事。数学故事语言表述富有童趣，很有吸引力。它传递给人们一种思想、一种精神、一种价值，是家长和孩子共同需要的。如家长可以和学生共读《健康与数学》，从数量的角度认识健康指标和从数学的角度来说明锻炼带来的变化，增强从数学的角度去认识生命文化及价值的意识，增强健康意识和健康技能。读《历史与数学》中关于“刘徽的割圆术到祖冲之对圆周率的精确计算”的故事，共同了解中国古代数学在世界数学发展史的重要地位，增强民族自豪感和文化自信。在阅读的过程中，家长和孩子共同完成故事中所描述的数学活动，再一次体验数学知识的发现过程，体验数学家的创造思维活动。

（2）亲子共玩数学游戏。好的游戏依赖于思维的灵活性，也就是说在明确基本游戏规则的基础上，结果的胜负取决于参与者思维的灵活性。比如24点游戏，游戏规则很简单，参与者思维越灵活，获胜的可能性越大。在这样的亲子游戏中，家长和孩子都处于平等地位。亲子共玩数学游戏，不仅可以发展学生的数学思维，而且可以让数学学习更加有趣、更加灵动，并能够获得数学成功的体验。对家长来说，有助于释放工作压力，丰富娱乐方式，增进生活乐趣，保持思维灵活。

（3）亲子共创数学文化。数学在现实生活和科技发展中的应用是数学文化的重要内容。亲子共创数学文化就是家长和孩子一起走出家庭，用数学的眼光发现数学的学习过程，不断丰富和创新数学文化的内容。一是家长和孩子共同参观相关场馆，收集数学文化素材。《数学课程标准（2011年版）》在“课程资源开发”中要

① 蔡金法．中美学生数学学习的系列实证研究—他山之石，可以攻玉[M].北京：教育科学出版社，2007.

求教师"充分利用图书馆、少年宫、博物馆、科技馆等,寻找合适的学习素材。"[①]二是家长和孩子共同用数学眼光发现现实生活中的数学,收集数学在现实中的应用素材。三是家长挖掘自己职业和其他职业用到的数学知识,引导学生从数学的角度去认识各行各业,发现数学的应用价值。这些内容的收集和梳理有助于创新数学文化的内容,丰富数学文化的素材,形成家庭独有的数学文化。

二、鼓励自主探索,使每一个学生都有自己喜欢的数学文化

"学习任何东西的最好途径是自己去发现。"[②]自主探索强调发挥学生的主观能动性,调动自己的各种感官,通过亲身动手、动眼、动嘴、动脑,主动地去获取知识。鼓励学生自主探索数学文化就是要尊重学生的兴趣和选择,由学生自主选择要探索的学习内容,并分享自己的感悟和收获。亲身体验数学文化的内容,不仅有助于培养学生的自主学习能力,形成独立的、自信的数学情感,而且有利于学生对所学知识有极大的认同感和亲切感,实现在数学文化的学习上得到不同的发展。自主探索主要有以下三种类型。

(1)自主阅读数学文化。《数学文化读本》图文并茂,以故事对话的方式呈现,表述富有童趣,很多知识浅显易懂,很适合学生自主阅读。教师可以为每个班级提供《数学文化读本》以及推荐其他合适的数学读物,让学生自主选择自己感兴趣的内容进行阅读。阅读之后,可以通过制作阅读记录卡、创作数学绘本、撰写数学日记等多种方式交流分享学习感悟。这样的阅读及分享活动体现了学生的自主性。自主阅读始终具有开放性,内容选择具有开放性,过程和结果也具有开放性。即学生自主选择阅读内容,自己领悟数学家的智慧,亲身体验数学知识的历史文化背景,不同程度地拓宽他们的数学视野,用不同的方式分享自己的感悟和心得,促进他们的个性发展。

(2)自主钻研名题趣题。在数学发展史上,产生了很多数学名题和趣题,如哥尼斯堡七桥问题、中国的鸡兔同笼问题、植树问题等,这些名题和趣题趣味性强,具有一定的挑战性,受到许多数学家和各行各业的数学爱好者的关注。这些问题很容易激发学生的探究欲望。学生可以根据自己的兴趣和学习水平自主选择探

① 中华人民共和国教育部制定.义务教育数学课程标准(2011年版)[M].北京:北京师范大学出版社,2012.

② 波利亚.数学的发现对解题的理解、研究和讲授 第2卷[M].刘景麟,译.呼和浩特:内蒙古人民出版社,1981.

究内容、自主安排探究过程和时间，然后在班上分享探索的结果和学习感受。自主探索数学名题、趣题，可以开阔学生眼界，训练数学思维，提高解题能力，有助于培养学生学习数学的自信心和兴趣。

（3）自主体验游戏活动。《小学数学文化丛书》里有很多有趣的图形游戏、运算游戏、策略游戏等，需要学生手、眼、脑并用。大多数游戏操作规则明确，适合学生自主学习体验和展示。比如：华容道、九连环、魔方、数学扑克魔术等。学生也可以根据丛书中的内容，自主设计游戏活动，加深对数学文化知识的理解和应用，培养他们的创新能力。如学习了“抢数游戏”，学生首先熟悉游戏规则“两人从1开始依次轮流报数，每人每次可报1个或2个数，谁先报到9谁就赢。”学生分析清楚蕴含的数学知识原理后，可以重新设计游戏规则。如有的学生尝试修改报数的长度，即把最多报“2”可否改成报“3”？经过探索，也有的学生会将游戏规则设计为“两人从1开始依次轮流报数。每次最少报1个数，最多报3个数，谁先抢到12，谁就获胜。”也有的学生想改变抢到的数，即探索把9能不能再扩大？就会形成“两人从1开始依次轮流报数。每人一次最少可报1个数，最多可报2个数，谁先抢到21，谁就获胜。”除此以外，学生还可以把挖宝藏游戏变成其他好玩的游戏，如取小棒、在黑板上擦数等。学生本来就对数学游戏感兴趣，如果自己创新游戏更能激发学生的兴趣，特别是自己设计游戏让其他同学来玩，更能激发他们的自信心。

三、开展小组合作，建立合作、互助和共享的学习文化

数学教育家张奠宙说：“让我们重视数学课堂文化的建设，使学生在数学课堂里经受到社会主义文明的洗礼。”特别指出“合作是数学课堂文化的核心。”①小组合作是指学生以小组或团队的形式共同完成学习任务的一种学习方式。数学文化内容广泛、形式多样，许多内容需要同伴一起活动或者通过小组合作的方式来学习和完成。通过小组合作学习数学文化，不仅可以培养学生的合作学习能力和与他人交流沟通能力，还可以让学生发挥各自的特长，优势互补，共同交流和分享对数学文化不同内容的学习成果，更加全面地学习数学文化，形成合作、互助和共享的学习文化。小组合作学习数学文化的方式主要有以下几种。

① 张奠宙，宋乃庆．数学教育概论[M]．北京：高等教育出版社，2004.

(1)小组互助式学习。小组互助式学习就是以小组为单位,小组成员之间互相帮助,一起合作完成一项数学文化的学习任务。如要学习“研究纵横图的数学家杨辉”,并制作一份手抄报。学生就可以分别从杨辉的生平简介、人物故事、数学贡献、后世评价等方面进行研究,然后在小组内进行分享完善,整理出一份优秀成果。这样就让每一个同学都对杨辉有一个比较全面系统的了解。除此之外,数学游戏活动也需要两个或者两个以上的学生相互切磋,共同提高数学游戏的技能和数学思维。

(2)小组项目式学习。数学文化还可以以项目的方式进行学习。小组成员根据研究主题,制作出项目研究计划和实施步骤,小组成员按照各自的特长和优势进行分工,成员任务清楚,通过上网、进图书室查找资料,向专业教师进行请教等多种途径了解数学文化,整理成研究成果,向全班进行汇报。项目研究确定选题非常重要,鼓励学生选择既有研究价值又能激发他们研究欲望的选题。

(3)小组分享式学习。分享式学习就是小组成员分享在数学文化学习过程中的收获,实现共同成长、享受成功的愉悦的学习方式。一是个体在小组中的分享,主要分享个人对数学文化的学习成果和心得。如在《数学家与数学》的学习中,可以让学生先自主选择感兴趣的数学家进行学习,如有的同学选择了从小有数学天赋的“数学王子”高斯,其他学生就可以选择眼睛失明还坚持研究的欧拉或者认为“数学好玩”的陈省身。学习完后,将学习收获在组内进行分享交流,这样每个成员都可以认识更多的数学家,实现共同成长,一起享受成功的愉悦。个体分享还包括分享在“亲子活动”和“自主探索”中的收获和体会。二是小组之间的分享,主要分享在“小组互助式”和“小组项目式学习”中,小组学习和研究数学文化的成果和心得。

四、发挥教师引领,把握数学文化的学习方向

《数学课程标准(2022年版)》指出“学生是学习的主体,教师是学习的组织者、引导者与合作者。”与数学学科知识相比较,数学文化更具有开放性和不确定性,数学文化的学习更需要充分发挥好教师的引领作用。教师可以从三个方面发挥引领作用。

(1)注重亲子活动、自主探索和小组合作学习数学文化的引领,引导家长和学生会学、学会、爱学数学文化。对亲子活动的引领,首先,教师要让家长理解学习数学文化的意义和价值,让家长明确亲子活动的必要性,还要选择适合亲子活动的数学文化学习任务,使家长有兴趣并能够积极有效地参与和完成数学文化活动。其次,教师要对亲子活动提出明晰的活动目标及活动要求,提供对每次活动做好记录并反馈给教师的方式,以便及时反思、跟进及指导。教师对亲子活动的方式、活动成效以及后续活动的开展都要给予有效指导和引领。对于自主探索数学文化的引领,教师要给学生推荐数学文化课程资源,给学生搭建展示名人趣题的平台,并通过定期评比"阅读小达人""数学游戏之星"等,不断激发学生自主探索的内驱力;对小组合作学习的引领,教师应根据学习的内容特点有意识地策划和指导。要引导小组长发挥好作用,组织小组成员按照要求积极有效地完成数学文化的学习任务。在分享式学习中,既要引导小组成员在小组内能有效倾听、质疑和讨论,还要引导小组成员将小组互助和小组项目式学习中获得的数学文化学习成果在小组之间交流和分享。

(2)设计和应用与国家数学课程教学进度相匹配的数学文化知识,帮助学生了解数学知识的来龙去脉。由于《数学文化读本》选取的内容和进度与教科书匹配度达到70%以上,所以教师要以国家数学课程内容的学习为主线,根据教学进度,优化数学文化课程资源,引领数学文化的学习。主要有以下三种方式。

一是课前学习数学文化,为数学知识的学习做好铺垫。根据学生的年龄特征和数学学习内容,教师可以有意识、有目的地设计和本堂课相关的数学文化知识。如三年级学生在学习"分数的初步认识"前,教师就可以指导学生搜集资料,了解分数产生的必要性,让学生在课前3 min进行展示,培养学生的学习兴趣及对本堂课知识的探究欲望。

二是课中学习数学文化,帮助学生理解数学学科知识。课中学习数学文化有两种情形:一种是选择和数学教科书密切相关的数学文化内容在课堂中学习。如六年级的学生认识了"圆",教师可以在课堂上进一步介绍我国古代数学家祖冲之,介绍圆周率的史料,了解圆周率的产生。另一种是组织数学文化的专题教学,充分利用《数学文化读本》中的资源,选择亲子活动、自主探索和小组合作有困难的内容,在教师的指导下进行专题学习和探究。

三是课后学习数学文化，应用和拓展数学知识。由于《数学文化读本》中有一部分内容需要学生学习有关数学知识后，才能阅读。这就需要教师选择与教科书相匹配的相关内容进行学习，拓展和应用数学学科知识。如学习了“数对确定位置”后，就可以让学生阅读和研究《数学文化读本》中的“定位神器”，进一步感受和体验数学的广泛应用性。教师还要重视教材课后小链接“你知道吗”的使用。“你知道吗”数学文化的元素非常丰富，内容涵盖了数学知识的起源与发展、数学家的故事、数学发展中的名人趣题等，教师可以引导学生进行阅读和交流，让学生在潜移默化中感受数学家的智慧，激发孩子的民族自豪感，提升学生的数学素养。

(3)组织群体性的数学文化体验的专题活动，营造范围更广的数学文化学习氛围。

一是重视教室乃至校园环境创设，营造数学文化的学习氛围，让学生在数学文化的熏陶中体验数学的魅力。在教室可设“数学文化墙”，文化墙可张贴能定期更换的中外数学家的介绍和创意作品展示区、思维演练场，让学生认识和了解更多的数学家，为学生的数学创意作品或数学趣题等提供展示的空间。可以在学校的廊道处创设数学文化体验区，摆放七巧板、汉罗塔等益智玩具，让学生随时随地可以和同伴进行学习和探究。

二是组织群体数学文化节活动，给学生搭建数学文化的分享交流平台，最大限度地调动学生学习数学的热情。首先要设计观赏性、竞赛性较强的数学文化活动项目，使每一个孩子至少有一项可参与的数学文化活动。比如：“益智七巧板”“数独游戏”“数学魔方”“ 24点”“数学文化大讲坛”“生活中的数学摄影”“华容道”“数学建模”“数学故事演讲比赛”等，为学生提供一个多角度、多途径亲近数学的机会，让学生们充分享受数学文化的魅力。其次，把数学文化纳入学期数学学习成绩评价中，全面提高学生的数学综合素养。教师要合理设计数学文化和数学学科成绩之间的比例，将数学文化的学习状况纳入数学学期成绩中。教师要从学生的参与度、完成度等方面评价学生学习数学文化的成效。此外，还可以通过评选“数学文化小达人”“数学故事大王”等方式，引导学生通过人人都可参与的数学文化活动，让每一个学生都能充分感受数学文化的丰富性、趣味性、实用性，增强他们学习数学的内动力和自信心。

第六节　小学数学文化的学习监测

《小学数学文化丛书》的开发为数学文化进入课堂奠定了良好的基础，也丰富了数学课堂的教学内容，已经在23个省的1200多所学校进行了项目实验。同时，关于如何评价数学文化的学习结果尚未引起研究者的关注。徐利治教授指出"现在的入学考试只偏重测试技术性数学知识内容。至于如何测试人的数学文化教养，显然还是个未解决的问题"。[①]因为"考试不考就不教"，导致教科书中编写的数学文化甚至是《小学数学文化丛书》的教学成为可有可无的内容，也给数学文化实验结果的监测带来很大的困难。本节探索小学生数学文化监测题的命制，以期拓展数学学习质量监测内容，促进引导数学文化在小学数学教学中的实践。

一、小学数学文化监测题的特点分析

我们认为数学文化是指一群人（数学家），当他们从事数学活动时，遵守共同的数学规则，经过长期的、历史的沉淀，形成了许多关于数学史料、数学精神、思想方法、思维方式等的共同约定，这些共同约定的总和就是数学文化。

以上对数学文化的内涵的认识丰富了数学文化的内涵和外延，为数学文化监测的界定奠定了良好的基础，但是将其用于数学文化监测的操作比较困难。为此，有必要对数学文化监测给一个操作性定义，便于数学文化监测。所谓操作性定义"就是用可感知、可度量的事物、事件、现象和方法对变量或指标做出具体的界定、说明。"[②]下操作性定义的方法主要归结为条件描述法、指标描述法和行为描述法三类。本书试图从行为描述法来给数学文化监测给一个界定：指学生知道所学部分重要数学知识的文化背景，能回忆数学家的故事并能指出其治学严谨性和创造性，能领悟到数学精神和科学态度，能够解决简单的古代数学名题和数学与其他学科和现实生活应用问题。与常规的数学学习监测题相比较，数学文化监测题具有以下特点。

① 徐利治．数学文化教养对人生的作用[J]．教育研究与评论:中学教育教学(中学教育教学)，2014(1):5-7.

②董奇．心理与教育研究方法[M].北京：北京师范大学出版社，2019.

(一)人文性

数学文化监测题必须体现数学是一种文化的理念,数学命题素材选取体现人文性,史料、人物故事等体现人文色彩的素材,不再仅仅是一些数字和数学公式。而是将数字和数学公式蕴含在故事情境中。比如:在通常的数学监测中,会有这样的探索规律题“1,1,2,3,5,8,___。”数学文化的监测题更注重体现数学家发现这列数的故事,通过阐述故事,引导学生来探究:意大利著名的数学家斐波那契在研究兔子繁殖问题时,发现有这样一列数“1,1,2,3,5,8,…”想一想有什么规律,按照这个规律,第9项是什么?

(二)趣味性

无论是数学课程标准还是数学文化研究者一致认为,激发学生学习数学的兴趣是数学文化重要作用之一。数学文化监测题本身就应该具有趣味性。所以从素材选取、内容的选择以及监测的方式都应该体现趣味性,激发起学生的好奇心。正如波利亚所说“首先应激起学生的好奇心,使他产生解题的意愿。其次,还应该留给学生一定的时间来下定决心,安下心来完成任务。”

(三)创新性

数学文化监测题从呈现方式上不再仅仅是简单的推理或者计算题,还应该有阅读题、游戏题和开放题等创新性题型。同时,在内容上也要体现数学在现实社会中的创造性应用。

二、数学文化监测题的命制原则

基于对数学文化监测的操作性定义和数学文化监测题特点的分析,数学文化监测题的命制应该遵循以下四个原则。

一是遵循儿童的思维特征。符合儿童的特点是任何教育学活动的前提。数学文化监测题的开发必须符合儿童的认知需要。付天贵和宋乃庆等研究表明:小学生对连环画呈现方式的接受度高于情境图呈现方式和纯文本呈现方式;兴趣性、形象性、可读性和连贯性是影响小学生数学文化接受度的主要因素。在数学文化的监测题命制中要基于儿童学习的特点：(1)符合儿童学习数学文化的方式；(2)数学文化监测题的难度要适合小学生数学学习水平；(3)突出数学文化趣味性。

二是符合课程标准要求。《基础教育课程改革纲要(试行)》明确指出“国家课程标准是教材编写、教学、评估和考试命题的依据，是国家管理和评价课程的基础。”《义务教育数学课程标准(2011年版)解读》中进一步指出：作为一种特殊的课程资源，此类学习辅助材料通常并不直接服务于课堂教学，而是向学生打开一扇了解数学的新窗口，目的在于开阔学生的眼界——帮助他们更加全面地了解数学的内涵、价值、意义；增强学生学习数学的兴趣——让他们更加乐于接近数学、了解数学；提高学生的数学能力——让他们能够更好地研究数学、用数学解决更多的问题；使用对象为全体学生。

三是依据各版本教材和《数学文化读本》。教材是学生学习和获取数学文化的主要媒介之一，也是呈现数学文化的主要载体。由于编写者的编写意图和设计的结构体系不同，对数学文化的表述方式、数学文化内容的顺序、数学文化的呈现形式、图文材料组织等具有明显的差异，因此，数学文化监测题的编制必须以各个版本的共同知识点为依据。同时也要关注《数学文化读本》关于数学文化学习的目标。宋乃庆教授领衔编写的《数学文化读本》指出，数学文化可以增强和激发学生的数学学习兴趣，培养学生的学习能力、实践能力和创新能力，帮助学生理解数学内涵，开阔视野，提高数学素养。[①]这些都为数学文化监测题的命制奠定了良好的基础，也是数学文化监测的来源。

四是引导教师会教数学文化和学生会学数学文化，促进学生对数学的全面认识。数学文化监测就是引导学生会学数学文化，促进学生更加全面地理解数学，正如前面指出的“帮助学生了解在人类文明发展中数学的作用，激发学生学习数学的兴趣，感受数学家治学的严谨，欣赏数学的优美。”所以，数学文化监测题就是监测学生是否认识到数学在人类文明发展中的作用，监测学生是否喜欢学习数学，以及学生感受数学家治学严谨的能力和欣赏数学优美的能力。

① 宋乃庆，康世刚，黄贵阳. 数学文化读本(四年级上册)[M]. 重庆：西南师范大学出版社，2016.

三、部分数学文化监测题命制实践

根据对数学文化的界定和数学文化监测操作性定义、数学文化监测题的特点以及数学文化监测题命制的原则，我们主要探索以下几种类型数学文化监测题的命制。

（一）数学史料知识的监测题

数学史料知识主要是指一些数学知识的历史发展过程，主要监测学生对一些重要的数学知识史料的了解和识记，这样的监测题以选择题和填空题为主。

例1. 传说早在4500年前，我们的祖先就用一种滴水的器具来计时，名叫（　　）。

A. 圭表　　B. 刻漏　　C. 日晷　　D. 土圭

例2. 计算工具的演变经历了结绳记数、算筹计数、算盘、计算机和计算器四个阶段。春秋战国时期，人们普遍以（算筹）为计算工具进行数学运算。算筹是我国古代的重要数学工具。根据史书的记载和考古材料的发现，古代的算筹实际上是一根根同样长短和粗细的小棍子，一般长为13～14 cm，径粗0.2～0.3 cm，多用竹子制成，也有用木头、兽骨、象牙、金属等材料制成的，算筹记数法则是：凡算之法，先识其位，一纵十横，百立千僵，千十相望，万百相当。请用算筹（铅笔画出来）表示出567。

例3. 进制是人们计数和记数时规定的一种进位方法。生活中的进制有多种，如十进制、六十进制、十二进制等。二进制是用0和1两个数码来表示的数，它的基数为2，进位规则是“逢二进一”。十进制1～8用二进制表示如下：

1=1　　2=10　　3=11　　4=100

5=101　　6=110　　7=111　　8=1000

（1）请按照以上方法用二进制表示下面的数。

9=（　　）　　10=（　　）　　16=（　　）

（2）人们常用“半斤八两”来形容双方实力相当。“半斤”采用的是十进制，那么“八两”采用的是（　　）进制。

例4. 我国的珠算是由算筹演变而来的。筹算数字中，上面一根筹当五，下面一根筹当一。珠算盘中，上面一颗珠当(　　)，下面一颗珠当(　　)。

例5.《九章算术》是我国古代最重要的数学著作。全书共分9章，由246个问题组成。其中的"方田"章专门讲述了平面图形(　　)的计算方法。

例6."格子乘法"是15世纪中叶，意大利数学家帕乔利在《算术、几何及比例性质摘要》一书中介绍的一种两个数相乘的计算方法。这种方法传入中国之后，在明朝数学家程大位的《算法统宗》一书中被称为"铺地锦"。

例如：计算 46×75。

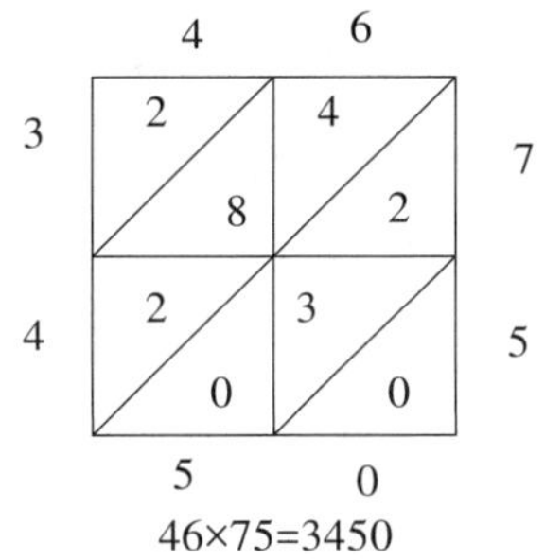

46×75=3450

先画一个矩形，把它分成2×2个格子，在小格边上依次写下因数的各位数字，再用对角线把小格一分为二，分别记录上述各位数字相应乘积的十位数与个位数，把这些乘积由右到左，沿斜线方向相加，相加满十时要向前进一。最后得到46×75=3450。

你能尝试用格子乘法计算35×89吗？

(二)数学思想方法的监测题

数学思想方法是数学文化的主要组成部分，数学思想方法也得到数学家的重视。如日本数学家米三国藏所说："学生们接受的数学知识，因毕业进入社会后几乎没有什么机会应用这种作为知识的数学，所以通常是出校门后不到一两年，很快就忘掉了。然而，不管它们是什么业务工作，唯有深深地铭刻于头脑中的数学的精神，数学的思维方法、研究方法、推理方法和着眼点(若培养了这方面的素质的话)，却随时随地发生作用，使他们受益终生。"关于数学思想方法的监测题主要通过两种方式考查：一是通过阅读关于数学思想方法的阅读材料，让学生回答所用的数学思想方法，并能进行举例；二是明确给出数学思想方法，引导学生用这种数学思想方法进行推理和猜想，以及创编故事。

例7. 阅读下面的故事，并回答问题。

匈牙利著名的数学家路莎·彼得在她的名著《无穷的玩艺》中有一个故事："现有煤气灶、水龙头、水壶和火柴摆在你面前，当你要烧水时，你应当怎么去做呢?""往水壶里注满水，点燃煤气，然后把水壶放在煤气灶上。""你对问题的回答是正确的。现把所说的问题稍作修改，即假设水壶里已经装满了水，而所说问题中的其他情况都不变，试问，此时你应该怎样去做?"此时被问者一定会大声而颇有把握地说："点燃煤气，再把水壶放上去。"他确信这样的回答是正确的，但是更完美的回答应该是这样的："只有物理学家才会按照刚才所说的办法去做，而数学家却会回答只需把水壶中的水倒掉，问题就转化为前面所说的问题了。"

(1)上面的故事蕴含了一种重要的数学思想方法。

(2)"曹冲称象"的故事中，曹冲把(　　)的质量转化成(　　)的质量，就用到了这样的数学思想。

(3)你还知道哪些数学思想方法?

(三)数学家故事的监测题

数学家是数学文化的重要组成部分，其中包含了数学家的学习品质、勤奋以及追求数学真理的过程。数学家在数学生活中有很多逸闻趣事，这些逸闻趣事充满着数学家的智慧和思维。数学家故事的监测题可以监测学生对数学故事的回忆以及对自己的影响。

例8. 阅读王元买瓜的故事，回答问题。

王元买瓜的故事

中关村每到盛夏，八十二号楼门口总有个西瓜摊，摊主姓魏。

1987年夏季的一天，我直奔魏老板的瓜摊，看见两个熟人也在挑西瓜。谁呢？数学家王元先生和王太太，两位一边挑一边算价钱呢。

魏老板的西瓜卖得好，不免有些"作怪"。不再称重，卖瓜论大小，大瓜三元一个，小瓜一元一个。

大瓜与小瓜的尺寸差别不是很大，很多人都拼命往小瓜那边挤。

王太太也往小瓜那边挤，王元先生却说："买那个大的。"

“大的贵两倍呢……”王太太犹豫。

“大的比小的值。”王先生说。

王太太挑了两个大瓜，交了钱，看看别人都在抢小瓜，还是有些犹豫。

王先生笑笑说：“你吃瓜吃的是什么？吃的是容积，不是面积。那小瓜的半径是大瓜的三分之二稍弱，容积可是按三次方算的。小的容积不到大的30%，当然买大的划算。”

王太太点点头，又摇摇头：“你算得不对，那大西瓜皮厚，小西瓜还皮薄呢，算容积，恐怕还是买大的吃亏。”

王先生胸有成竹，点点头道：“嘿嘿，你别忘了那小西瓜的瓜皮是三个瓜的，大西瓜只有一个，哪个皮多，你再算算表面积看。”

王太太说：“头疼，不算了。”两个人抱了西瓜回家，留下魏老板在一旁目瞪口呆。

上面的数学家的故事对你有什么启发和感想？

例9. 阅读数学家高斯的故事，完成计算。

高斯是德国伟大的数学家。高斯在三岁时，就已经学会计算了。有一天他观看父亲在计算帮工们的工钱，当他父亲念叨了半天总算报出总数时，身边传来微小的声音，“爸爸！算错了，应该是这样……”父亲惊异地再算一次，果然是算错了。虽然没有人教过他，但小高斯靠平日的观察，自己学会了计算。有一次，老师本来想用一道难题“1+2+3+4+…+100等于多少？”让全班的同学安静一节课的时间，却没有想到10岁的高斯只用了一会儿就说出了答案。他把1，2，3，…，分别和100，99，98结对子相加，就得到50个101，最后轻易就算出从1加到100的和是5050。

你能运用他的方法计算出1+3+5+7……199等于多少吗？(写出计算过程)

例10. 利玛窦是沟通中西方文化的第一人，他不仅是一位著名的西方传教士，同时也是一位数学家，它最早把西方的数学带到了中国，开创了中西方数学文化交融的纪元。他与徐光启合作翻译了________。第一次选用“几何”“点”“直线”“平行线”“角”“三角形”“四边形”“有理数”“无理数”等概念名词，这些名词一直沿用至今。

A. 欧几里得《几何原本》

B. G·波利亚《怎样解题》

C. 高斯《算术探索》

D. 莫里斯·克莱因《古今数学思想》

(四)数学精神和科学态度的监测题

数学精神素养是指学生在真实情境中表现出来从数学的角度求真、质疑、求美和创新的特征。《数学课程标准(2011年版)》在情感态度价值观中指出“形成坚持真理、修正错误、严谨求实的科学态度。”数学精神和科学态度需要在一定的情境中体现出来,所以监测题的情境创设极为重要,需要有一个能够恰当激发和体现数学精神和科学态度的情境,从而通过学生的表达可以看出学生的数学精神和科学的态度。

例11. 阅读以下对话,补充完成数学家的对话。

一个天文学家、一个物理学家和一个数学家正在苏格兰度假,当他们从火车车厢的窗口向外瞭望时,观察到田地中央有一只黑色的羊。

“多么有趣,”天文学家评论道,“所有苏格兰羊都是黑色的。”

物理学家对此反驳说:“不,不! 某些苏格兰羊是黑色的!”

数学家祈求地凝视着天空,然后吟诵起来:“____________________”

(五)以数学游戏活动为载体的监测题

以数学游戏活动为载体的监测是改变传统数学监测的重要手段之一,它主要监测学生在数学游戏中获取数学知识的过程。数学游戏活动需要对游戏活动熟悉,或者以数学游戏活动为题材考查学生的数学能力。

例12. 七巧板是我国古代的一种拼板玩具,由七块可以拼成一个大正方形的薄板组成(如图),拼出来的图案变化万千,后来传到国外叫作“唐图”,请用这副七巧板,摆一个三角形并将它画在右边。

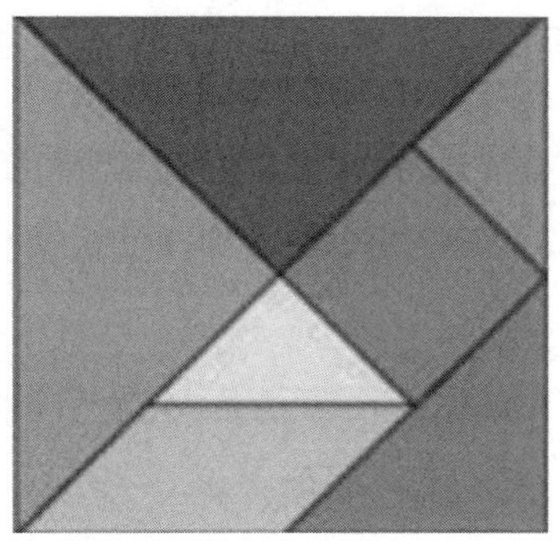

例13. 两千多年前，古希腊毕达哥拉斯学派的数学家曾经在沙滩上研究数学问题，他们在沙滩上画点或用小石子来表示数，按照点或小石子能排列的形状对数进行分类，如下图1,3,6,10,…，由于这些数能够表示成三角形，将其称为三角形数。

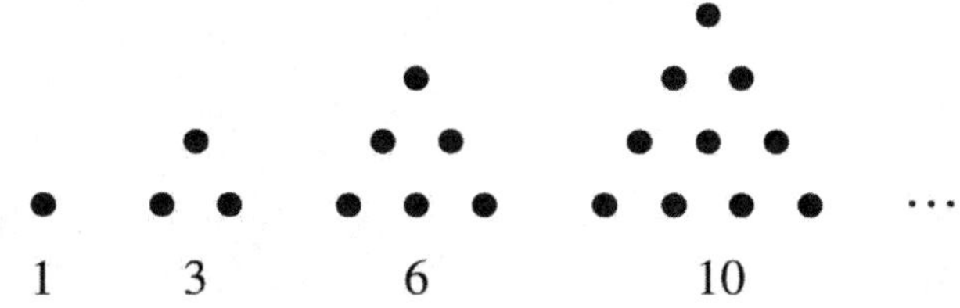

按照这样的规律，第9个图形有多少个小石子？

(六)以古代数学名题为题材的监测题

在我国古代数学论著中，有各种各样的数学名题，这些名题既体现了我国古人数学智慧，更重要的是这些题的表述方式具有自身特点。以这些题为题材改编的数学文化监测题既体现了中国传统文化的魅力，也丰富了传统监测题的类型和内容。

例14. 我国古代数学名著《算法统宗》中有如下问题："远望巍巍塔七层，红光点点倍加增，共灯三百八十一，请问尖头几盏灯？"意思是：一座7层塔共挂了381盏灯，且相邻两层中的下一层灯数是上一层灯数的2倍，则塔的顶层共有灯(　　)。

A. 1盏　　B. 3盏　　C. 5盏　　D. 9盏

例15. 一百馒头一百僧，大僧三个更无争。小僧三人分一个，大小和尚得几丁？

例16. 今有鸡兔同笼，上有三十五头，下有九十四足，问鸡兔各几何？

(七)以传统文化在其他学科和现实生活应用为题材的监测题

在我国的社会生活中有大量的传统文化,这些传统文化既富有文化味,同时也能够体现数学的应用性。以现实生活情境和传统文化的融合为基础,命制数学文化监测题体现其文化性。

例17.2018年10月16日晚,重庆市南滨路上热闹非凡,“天下第一大火锅”前围满了慕名前来一饱眼福和口福的人们。据介绍,该大火锅由洛阳铜铸造而成,自重15吨,直径10米,高1.06米。气势恢宏,举世无双。大锅内分别由一红一白两条鱼状图案组成太极鸳鸯锅,红鱼为红汤,鱼眼为白汤;白鱼为白汤,鱼眼为红汤,寓意阳极生阴,阴极生阳,大锅内可盛下13吨的汤料。

如果人们用餐时,左右的距离为1米,这个太极鸳鸯锅可以同时供多少人用餐?

四、小学数学文化监测题命制展望

本研究分析了数学文化监测的意义,尝试给出了数学文化监测的操作性定义,探索了数学文化监测题命制的原则,并试探性地给出了七类数学文化监测题样题。在进一步研究中需要关注加强以下四个方面的工作。

(一)课程标准要明晰对数学文化的学习要求

课程标准是国家意志的体现,是教材编写、课堂教学和考试的依据。课程标准对数学文化尚未给予清晰的界定,对达到的目标尚未给出明晰的要求。所以在课程标准修订时,应该加强对数学文化学习要求,引导教师重视数学文化的教学。

（二）将数学文化纳入数学监测范围内

在义务教育阶段学生数学学习质量监测中，要重视数学文化的存在和价值，把数学文化作为实施素质教育的主要内容，从而全面地监测学生数学学习水平。顾沛教授指出："现在的数学课，由于各种原因，常常采取重结论不重证明、重计算不重推理、重知识而不重思想的讲授方法。学生为了应付考试，也常以'类型题'的方式去学习、去复习。一个大学生虽然从小学、中学到大学，学了多年的数学课，但大多数学生仍然对数学的思想、精神了解得较肤浅，对数学的宏观认识和总体把握较差，数学素养较差；甚至误以为学数学就是为了会做题、能应付考试，不知道数学方式的理性思维的重大价值，不了解数学在生产、生活实践中的重要作用，不理解数学文化与诸多文化的交汇。"①所以加强对数学文化的监测，有助于更全面地引导学生学习数学。

（三）建立数学文化监测指标

监测指标是命题的主要依据。所以数学文化作为一个监测的内容来说，需要进一步明确检测指标以及达到的目标，从而更加规范地开展数学文化监测题的命制。

（四）划分数学文化学习水平

数学文化的学习也存在一定的差异，需要对不同的数学文化从知识获取、过程经历以及情感态度价值观的角度给出不同的学习水平，给不同的年级的学生开展数学文化监测提供依据。

第七节　小学数学文化的学习成效

从2015那年开始，全国十多个省市开展数学文化项目实验，到2024年有23个省的1200多所学校参与项目实验，项目开展了10年。为此，我们开展了数学文化的学习成效的调研分析。

① 顾沛."数学文化"课与大学生文化素质教育[J].中国大学教学.2007(4)：6-7.

一、研究设计与过程

(一)研究对象的选取

我们按照项目实验学校的比例,分配调查学生的班级数,由于1-2年级《数学文化读本》出版较晚,而《小学数学文化丛书》是针对3-6年级的学生,所以我们仅仅选取了3-6年级的学生,并采用随机抽班,整班调查。为了解数学文化对不同特点学生的影响,我们也将学生分为农村、乡镇和县城及市区(简称"城市"),根据学生数学学习成绩分为优生、中等生和后进生。根据回收的有效问卷统计,相关数据见表1。

表1 调查对象的基本情况

地域	类别	三年级	四年级	五年级	六年级
城市	优生	90	79	90	79
	中等生	375	400	381	284
	后进生	79	67	57	63
乡镇	优生	57	45	29	24
	中等生	90	82	58	65
	后进生	66	64	56	76
农村	优生	17	10	9	15
	中等生	58	45	55	34
	后进生	54	37	53	68

(二)研究工具的研制

数学文化对学生的教育价值和作用受到人们的关注时间不长,但是研究成果比较丰富,这些成果是研制数学文化对小学生数学学习影响调查工具的重要依据。我们梳理了2001年以来关于数学文化对学生的教育价值和作用的相关代表性成果(见表2)。

表2 数学文化对学生的教育价值和作用的研究成果梳理

研究者	主要内容	时间
曾峥①	提升人类科学精神;丰富了人类的语言系统;拓展了人类的理性思维;开发了人类的大脑功能;陶冶了人类的审美情操	2001
张奠宙②	受到文化感染,产生文化共鸣,体会数学的文化品位,体察社会文化和数学文化之间的互动	2003
张亚静③	可以帮助人更好地认识自然和事物,更好地适应社会与日常生活;可以促使人有条理地思考问题,有效地进行表达和交流,运用数学思想方法去分析问题和解决问题;可以使人在定性把握和定量刻画客观事物的基础上逐步加以概括,形成模型、方法和理论;可以培养人实事求是的态度和勇于探索的创新精神;可以培养人的辩证思维能力,使之能够更全面地看待事物;可以培养人的高尚的审美情趣,使之形成良好的非智力品质结构	2006
郑毓信④	思维方式、价值观念和人格	2007
顾沛⑤	体会数学的科学价值、应用价值和人文价值;开阔视野,加强学生对数学的宏观认识和整体把握;使学生受到优秀文化的熏陶,领会数学的理性精神,从而提高自身的文化素养	2008
张维忠、徐晓芳⑥	感受数学精神;认识数学价值;理解数学思想;审视数学科学与人文的双重属性;体悟数学超越科学主义的文化意义;培养学生的理性精神;创新精神以及自由思想和独立人格	2009
杨岚⑦	培养数学思维(抽象思维、逻辑思维和形象思维);培养创造力(批判精神、探索精神、创新精神);提高审美水平;提升文化素养	2011
郭萌、王宁⑧	感知数学内涵;感受数学美;品味数学思想;提高数学学习兴趣;开阔视野;提高数学素养和人文素养	2015
宋乃庆、康世刚等⑨	增强和激发学生的数学学习兴趣,培养学生的数学学习能力、实践能力和创新能力,帮助学生理解数学内涵,开阔学生视野,提高数学素养	2016

在此基础上,我们根据《小学数学文化丛书》主编、部分编委、小学数学教研员和高校专家的建议,最终形成7个维度:学习兴趣、自信心、学习态度、学习能力、实践能力和创新能力、理解数学内涵、开阔视野、增强民族自豪感和17个观测点的《数学文化教学效果学生问卷》,对每个观测点分成3级水平,分别是完全不同意、说不清楚和同意。①②③

① 曾峥.数学文化的魅力[J].华南师范大学学报(社会科学版),2002(1):136-138.

② 张奠宙.数学文化[J].科学,2003(3):52-54.

③ 张亚静.数学素养:学生的一种重要素质——基于数学文化价值的思考[J].中国教育学刊,2006(3):65-67.

④ 郑毓信.数学的文化价值何在、何为——语文课反照下的数学教学[J].人民教育:2007(6):38-41.

⑤ 顾沛.数学文化[M].北京:高等教育出版社,2008.

⑥ 张维忠,徐晓芳.基于数学文化的教学模式构建[J].课程教材教法,2009(5):47-50.

⑦ 杨岚.数学文化的教育功能研究[J].西藏大学学报(社会科学版),2011(3):179-184.

⑧ 郭萌,王宁.在家庭教育活动中渗透数学文化的探索——基于《小学数学文化丛书》的用[J].数学教育学报:2015(4):92-95.

⑨ 宋乃庆,康世刚,黄贵阳.数学文化读本 4年级上册[M].重庆:西南师范大学出版社,2016.

(三)数据的收集与处理

本研究的数据主要通过现场问卷和网络调研,我们聘请实验省市教研机构的小学数学教研员和数学教育方向的研究生作为调查者。共发放问卷3400份,收回3267份,剔除回答不全的问卷56份,收回有效问卷3211份,数据收集后,我们邀请了重庆市小学教师和研究生对相关数据进行输入,并用Excel软件录入和分析。

二、研究结果的数据分析

(一)数学文化对培养学生学习兴趣的影响

学生对学科的兴趣通常表现为喜欢上课。为了区别学生喜欢上常规数学课和数学文化课,我们区分了学生对数学文化课的兴趣和学生学习数学文化课后更加喜欢上数学课,并研究了数学文化对不同地域、不同层次和不同年级学生的学习兴趣,调查结果如图1。

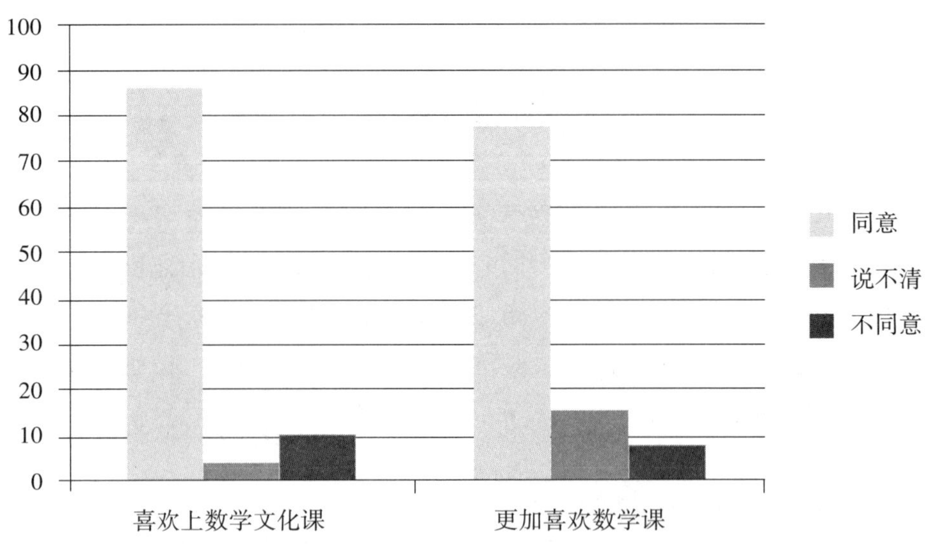

图1　数学文化的学习对学生学习数学兴趣的影响统计图

从图1中可以看出有86.1%的学生喜欢上数学文化课,有77.8%的学生自从上了数学文化课程以后更加喜欢数学课。该数据表明两个方面:一是学生喜欢上数学文化课，学生对数学文化课感兴趣，而且数学文化课有助于学生对数学课的兴趣。二是学生喜欢数学文化课与喜欢常规数学课不能看成同一件事情，也就是说，学生可能感兴趣的是数学的文化，而不是数学本身。

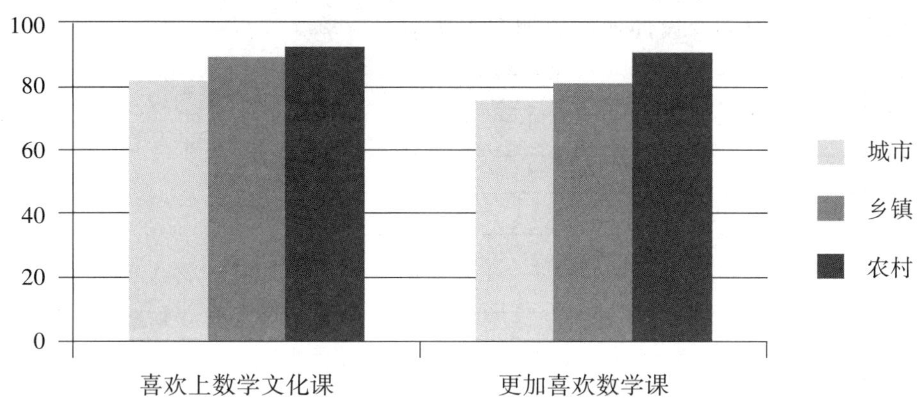

图2　数学文化的学习对不同地域学生学习兴趣的影响统计图

根据图2我们可以看出，不同地域的学生对数学文化课和常规数学课的兴趣是有差异的：84%的城市学生喜欢上数学文化课，89.04%的乡镇学生喜欢上数学文化课，92.97%的农村学生喜欢上数学文化课。而上了数学文化课以后74.12%的城市学生更加喜欢数学课，81.18%的乡镇学生更喜欢数学课，高达90.77%的农村学生更喜欢数学课。同时，我们也不难发现，数学文化课的开设对农村和乡镇的学生的学习兴趣影响更大。我们认为可能与城市学生的阅读面宽而乡镇和农村的学生的阅读面窄有关。

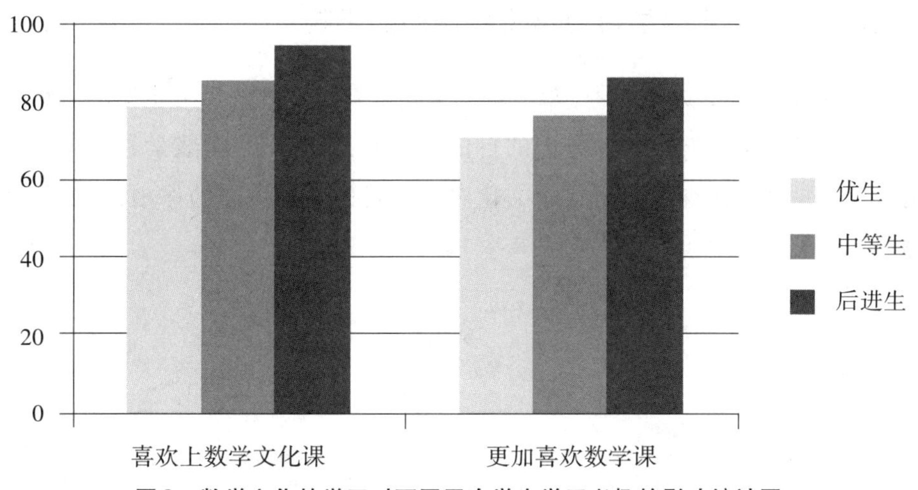

图3　数学文化的学习对不同层次学生学习兴趣的影响统计图

从图3可以看出，78.5%的优生、85.42%的中等生、94.73%的后进生喜欢上数学文化课；自从上了数学文化课以后，有71.14%的优生、76.75%的中等生和86.49%的后进生更加喜欢数学课。从而说明中等生和后进生更加喜欢上数学文化课，数学文化课的开设使他们更加有兴趣学习数学。

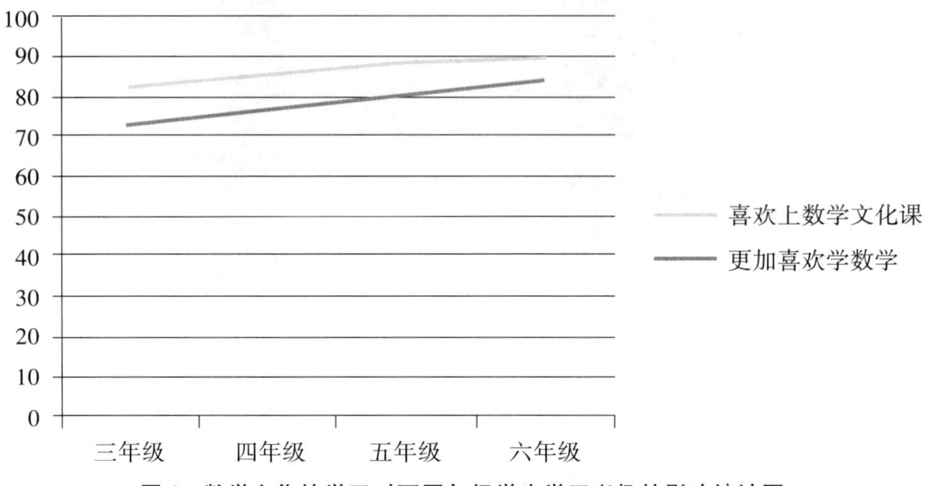

图4　数学文化的学习对不同年级学生学习兴趣的影响统计图

从图4可以看出，三年级有82.25%、四年级有84.92%、五年级有88.58%和六年级有89.69%的学生喜欢上数学文化课，并且依次上升。同时也可以看出，自从上了数学文化课以后，三年级有72.54%的学生、四年级有76.24%的学生、五年级有79.7%的学生、六年级有84.18%的学生更加喜欢数学课，同样是依次上升。

(二)数学文化的学习对学生自信心的影响

自信心对学生的数学学习，乃至对学生的未来发展都是极为重要的。在本研究中，我们将学生在学习数学方面的自信心分为：更有信心学数学和更有信心用数学。为此，我们调查了学习数学文化对学生自信心的培养的作用，调查数据见图5。

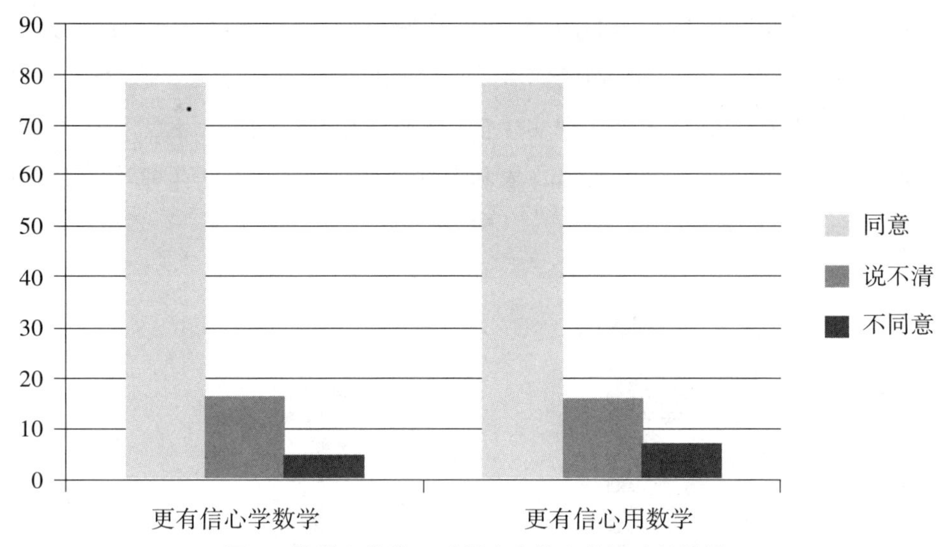

图5　数学文化学习对学生自信心的影响统计图

从图5可以看出,78.73%的学生更有信心学数学,有76.99%的学生更有信心用数学。从而说明,数学文化的学习有助于学生的自信心的培养。我们认为这可能与数学文化课程内容的选取有关。因为在数学文化课程中,有大量的数学在现实生活中的应用的内容,同时也有大量浅显易懂的数学故事等,增强了学生学习数学和在现实生活中用数学的自信心。

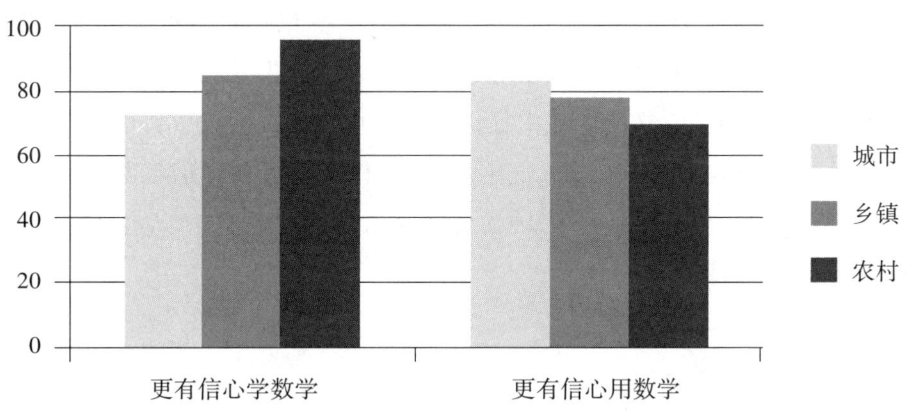

图6　数学文化的学习对不同地域学生自信心的影响统计图

从图6可以看出,数学文化的学习使72.85%的城市学生、84.69%的乡镇学生和95.82%的农村学生更有信心学数学,使82.68%的城市学生、77.38%的乡镇学生和69.45%的农村学生更有信心用数学。总体来看,数学文化的学习增强了学生的数学学习自信心。我们也发现在更有信心学数学方面,城市、乡镇和农村学生依次升高，但是在更加有信心用数学方面，城市、乡镇和农村的学生依次降低。我们认为这极可能与农村和乡镇学生对数学知识学习状况，造成学生数学的自信心不足有关，也有可能与学生在现实生活中用数学的机会有关，因为城市的孩子更有机会在日常生活中用数学，而在农村基本上由大人代替，学生基本上没有用数学的机会。

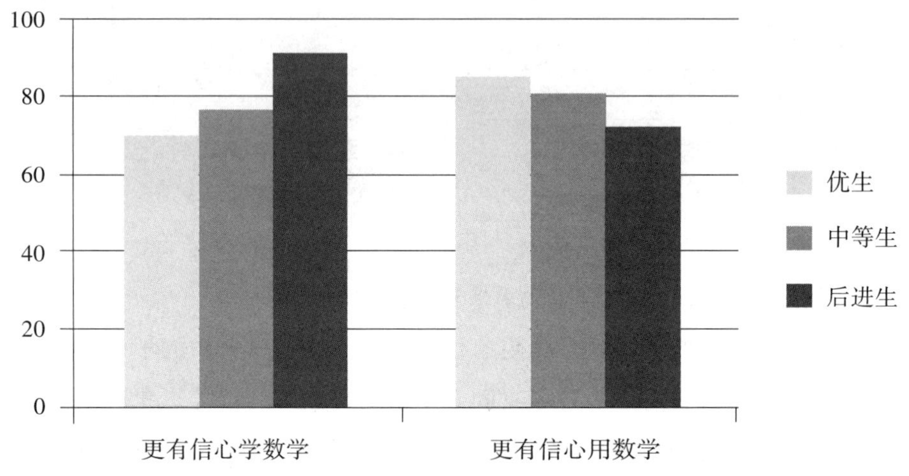

图7 数学文化对不同层次学生自信心的影响统计图

从图7可以看出，70.04%的优生、76.39%的中等生和91.22%的后进生更有信心学数学，84.74%的优生、81.01%的中等生和72.3%的后进生更有信心用数学。从更有信心学数学来看，优等生、中等生和后进生依次上升，后进生的比例更高，我们认为这可能与数学文化课程中提供大量的可以增强后进生自信心的素材有关系。而在更有信心用数学方面，优生、中等生和后进生依次递减，我们认为这与学生的数学基础知识水平有关系，因为良好的知识结构才可能使学生在现实生活中更加有信心并运用自如。

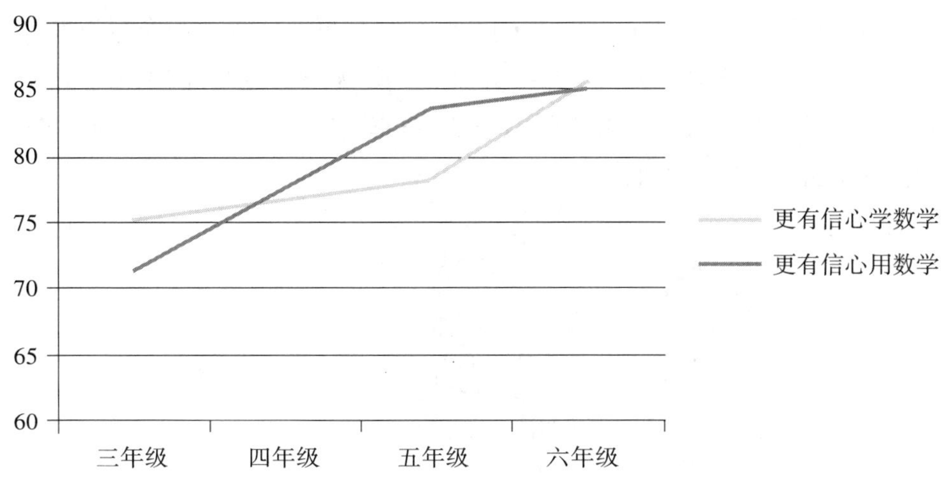

图8　数学文化对不同年级学生自信心的影响统计图

从图8可以看出，在更有信心学数学方面，三到六年的学生比例分别为：75%、76.84%、78.05%和85.31%。在更有信心用数学方面，三到六年级的学生的比例依次为：71.43%、77.93%、83.63 %和85.03%。从这两方面可以看出，数学文化的学习使学生更加有信心学数学和用数学，比例依次升高，表明数学文化有助于增强学生的自信心。

（三）数学文化对学生的学习态度的影响

学习态度对学习具有导向性作用，主要表现为学生积极参与和坚持学习活动。在本研究中我们主要考查了学生是否喜欢与同学讨论数学问题，是否更有毅力解决数学问题，是否喜欢与家长讨论数学问题，为此，我们从不同层面对学生的学习态度做了分析，见图9。

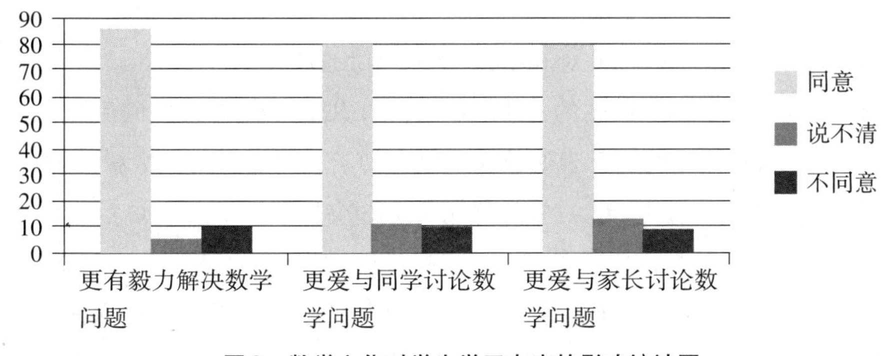

图9　数学文化对学生学习态度的影响统计图

从图9可以看出，自从上了数学文化课以后，有85.49%学生更有毅力解决数学问题，有79.69%的学生更爱与同学讨论数学问题，有79.01%学生更加喜欢与家长讨论数学问题。从而说明，数学文化课能够转变学生的数学学习的态度，能够提高学生的毅力和主动性。

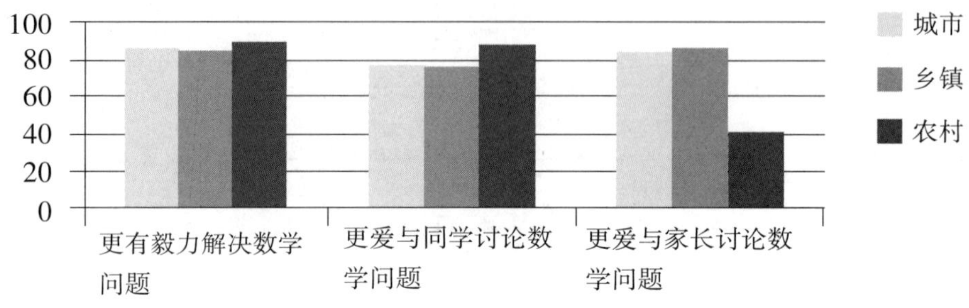

图10　数学文化对不同地域学生学习态度的影响统计图

从图10可以看出，87.28%的城市学生、84.97%的乡镇学生和89.67%的农村学生更有毅力解决数学问题。而76.71%的城市学生、76.26%的乡镇学生和88.79%的农村学生更爱与同学讨论数学问题。同时，我们也发现84.88%的城市学生和86.52%的乡镇学生更爱与家长讨论数学问题，但是农村学生仅有40.88%，我们认为这可能与农村家长文化水平低以及大多数农村学生的家长外出打工有关。

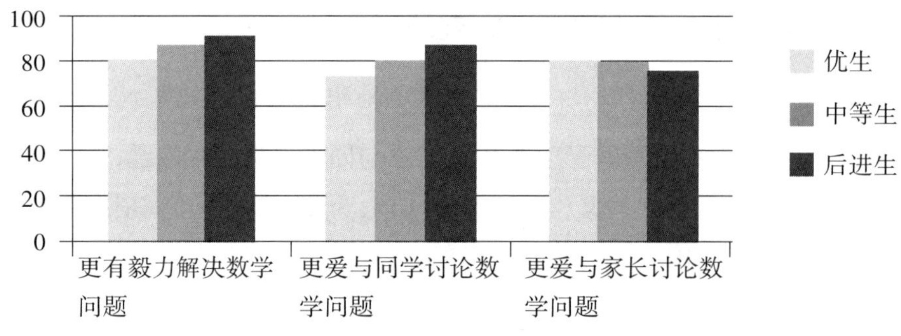

图11　数学文化对不同层次学生学习态度的影响统计图

从图11可以看出，81.43%的优生、86.82%的中等生和92.03%的后进生更有毅力解决数学问题并依次上升表明数学文化有助于不同层次的学生毅力的培养，相比来说更有助于后进生；73.71%的优生、78.73%中等生和86.62%后进生更爱与同学讨论数学问题并依次上升；80.51%的优生、80.08%中等生和75.95%的后进生更爱与家长讨论数学问题。这表明数学文化的学习有助于不同层次学生主动性的培养，而后进生略低一点可能与家长对学生的数学学习的支持有关。

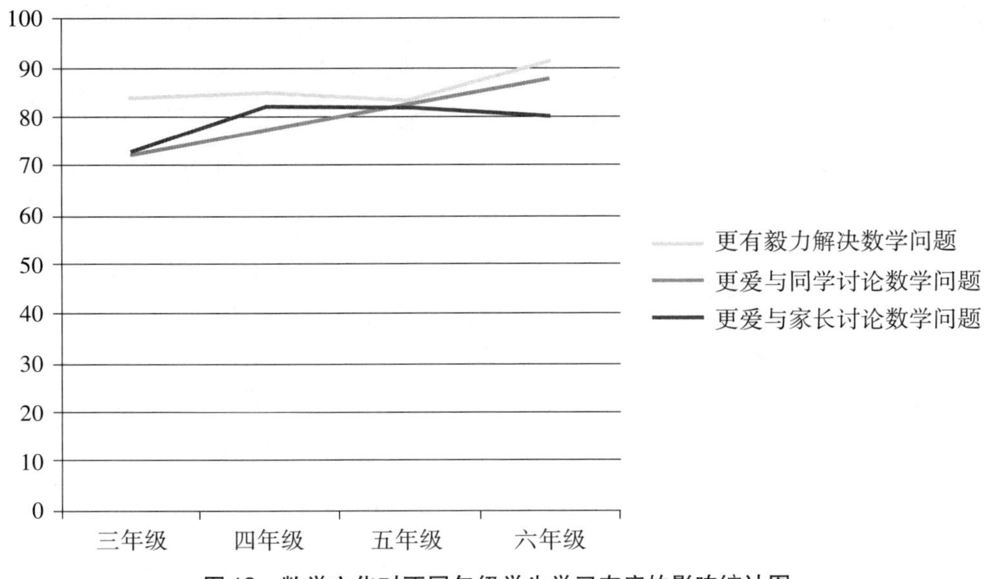

图 12　数学文化对不同年级学生学习态度的影响统计图

从图 12 可以看出，数学文化的学习有助于三到六年级学生更有毅力解决数学问题、更加主动与同学和家长讨论数学问题。总体趋势可以看出是逐步增长。

（四）数学文化的学习对学生理解数学内涵及其民族自豪感的影响

数学知识的学习是理解数学内涵的重要方面，为此我们从对数学知识理解和数学广泛的用途等考查了学生对数学内涵的理解，并进一步分析民族自豪感的增强。我们研究了不同学生对数学知识理解以及民族自豪感的增强，相关数据见图 13。

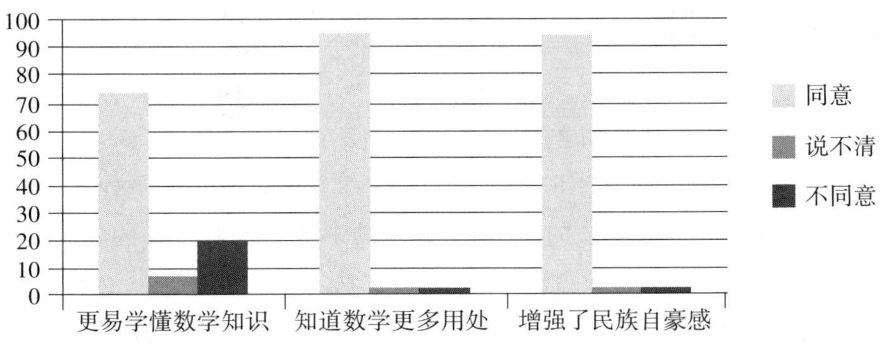

图 13　数学文化的学习对数学内涵理解等方面的影响统计图

从图 13 可以看出，上了数学文化课以后，73.53% 的学生更易学懂数学知识，94.86% 的学生知道了数学的更多用处，94.58% 的学生知道了更多我国数学家的成就，增强了民族自豪感。综合来看，数学文化的学习有助于学生更易学懂数学知识，即理解数学的内涵。也使学生知道了更多的数学用途，开阔了学生的数学视野。数学文化也有助于学生了解我国更多数学家的伟大成就，增强了民族自豪感。但是，我们也看到数学文化在帮助学生更易学懂数学知识方面还有一定的空间来研究。

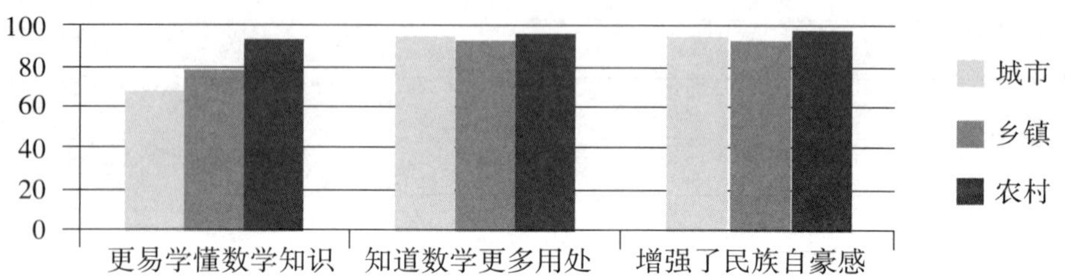

图 14　数学文化对不同地域学生数学内涵理解等方面的影响统计图

从图 14 可以看出，67.47% 的城市学生、78.65% 的乡镇学生、92.75% 的农村学生通过数学文化课，更容易学懂数学知识；高达 95.01% 的城市学生、93.12% 的乡镇学生和 96.92% 的农村学生，通过数学文化课知道了更多的数学知识的用途，有助于学生数学知识视野的开阔。94.47% 的城市学生、93.26% 的乡镇学生和 97.14% 农村学生通过数学文化课，了解了数学家的伟大成就，增强了民族自豪感。

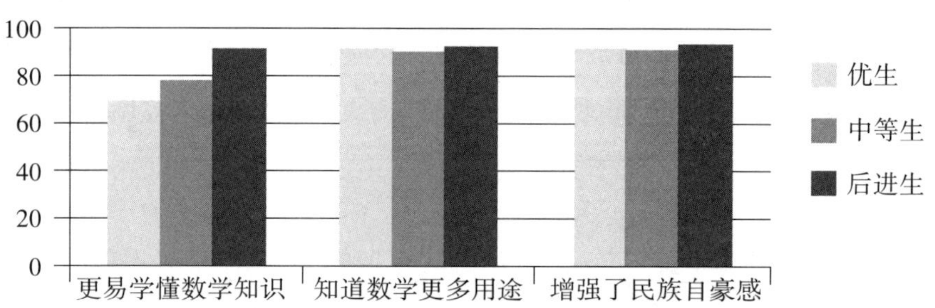

图 15　数学文化的学习对不同层次学生数学内涵理解等方面的影响统计图

从图 15 可以看出，67.47% 的优生、78.65% 的中等生和 92.75% 的后进生认为数学文化有助于学生更易学懂数学知识；95.01% 的优生、93.12% 的中等生和 96.92% 的后进生认为通过数学文化课知道了更多的数学知识的用途。94.47% 的优生、93.26% 的中等生和 97.14% 的后进生通过数学文化课增强了民族自豪感。

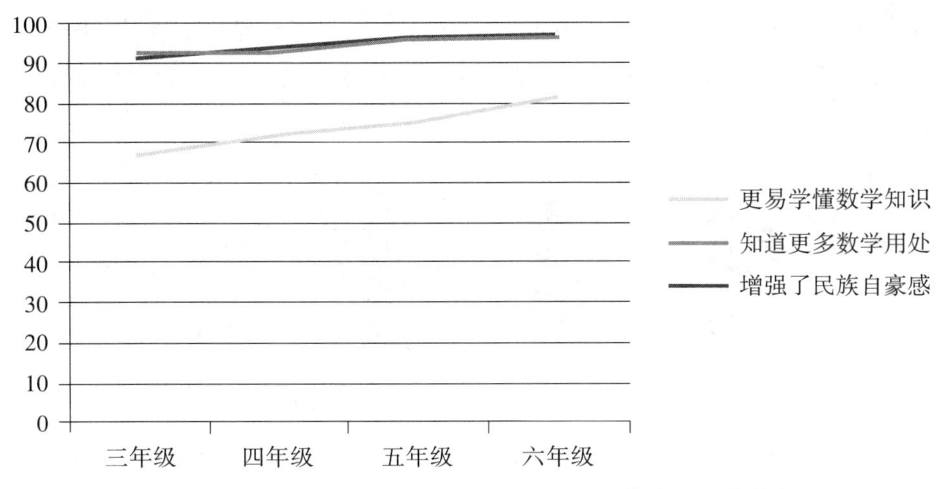

图16　数学文化对不同年级学生数学内涵理解等方面影响统计图

从图16可以看出，通过数学文化课的学习，有助于三到六年级学生在学懂数学知识、数学的用途的了解和数学家的成就等，并且依次上升，同时，我们也发现数学文化在拓宽学生的数学知识视野和增强民族自豪感方面比帮助学生更易学懂数学知识认可度更高。

（五）数学文化的学习对学生学习、实践和创新能力的影响

学生的学习能力、实践能力和创新能力是学生未来发展的三大必备能力。在本研究中，我们通过"是否更爱思考数学问题？"作为学习能力的体现，通过"是否更爱提出数学问题？"和"想象力是否更加丰富？"来考查学生的创新能力，通过"问题解决能力是否增强了？"来分析学生的实践能力，相关数据见图17。

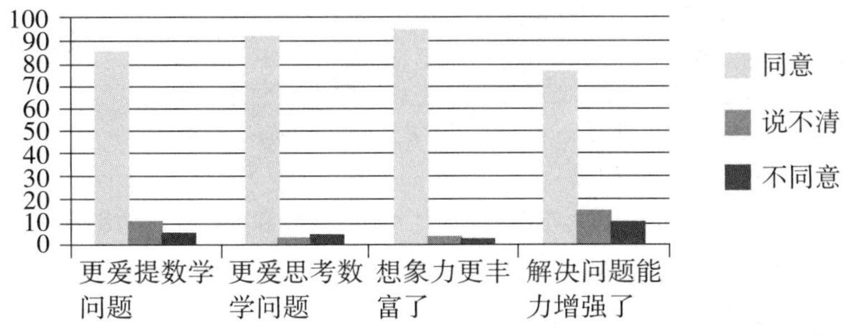

图17　数学文化的学习对学生学习、实践和创新能力等的影响统计图

从图17可以看出，通过数学文化的学习，84.86%的学生认为更爱提数学问题了；91.97%的学生更爱思考数学问题；94.8%的学生想象力更丰富了。76.3%的

学生解决问题的能力增强了。这也表明数学文化的学习有助于学生的学习、实践和创新能力的提升，相对来说数学文化更有助于学生的学习能力和创新能力的提升。

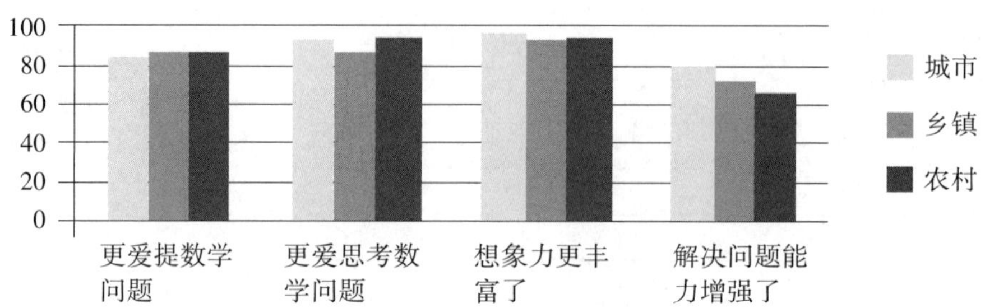

图18　数学文化的学习对不同地域学生学习、实践和创新能力的影响统计图

从图18可以看出，通过数学文化的学习，83.61%的城市学生、87.08%的乡镇学生和87.03%的农村学生认为更爱提数学问题了；93.5%的城市学生、85.81%的乡镇学生和94.51%的农村学生更爱思考数学问题了；95.55%的城市学生、92.42%的乡镇学生和95.16%的农村学生认为想象力更丰富了；79.94%的城市学生、72.47%的乡镇学生和65.93%的农村学生认为问题解决能力增强了。这表明数学文化的学习有助于三类学生的三大能力提升，相比较来说所有学生的实践能力都弱于学习能力和创新能力，特别是数学文化的学习对农村学生的实践能力有待进一步增强。

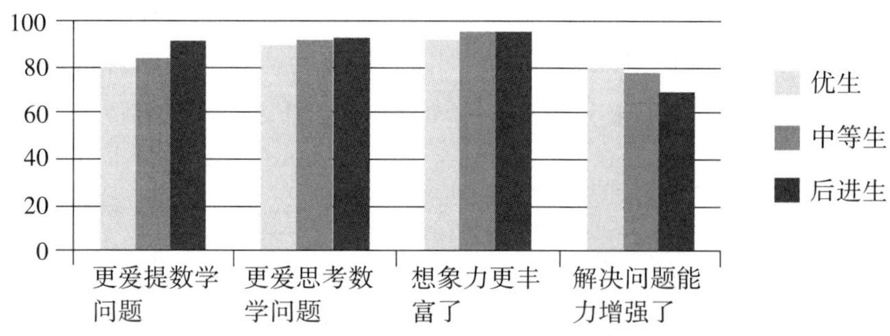

图19　数学文化的学习对不同层次学生学习、实践和创新能力的影响统计图

从图19可以看出，80.51%的优生、83.6%的中等生和91.35的后进生更爱提数学问题；88.97%的优生、92.22%的中等生和93.51%的后进生更爱思考数学问题；91.91%的优生、95.28%的中等生和95.68%的后进生想象力更丰富了；80.33%的优生、78.26%的中等生和68.24%的后进生解决问题的能力增强了。从此可以

看出，数学文化的学习对三个层次的学生都有促进作用，在学习能力和创新能力等方面优生、中等生和后进生依次升高。但是在实践能力方面依次减弱，表明问题解决能力的提升与学生已有的数学经验和知识有关系。

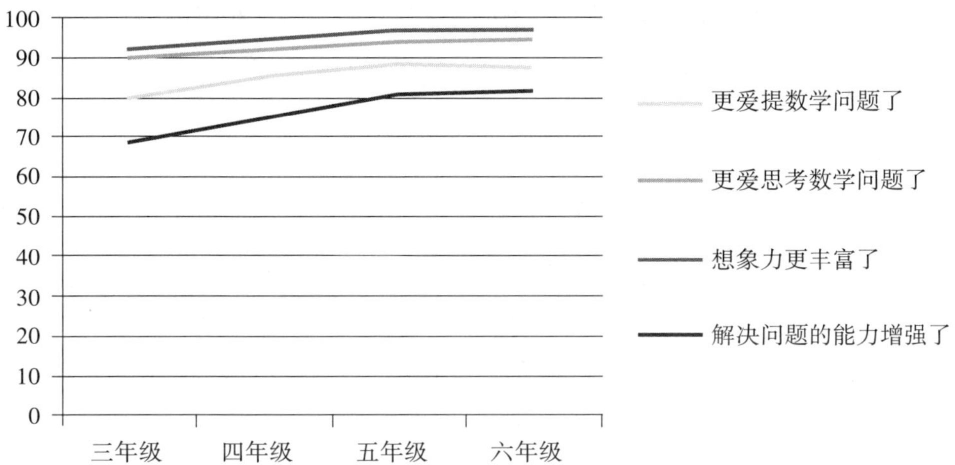

图20　数学文化的学习对不同年级学生学习、实践和创新能力的影响统计图

从图20可以看出来，数学文化的学习有助于三到六年级的学生"更爱提出数学问题""更爱思考数学问题""想象力更丰富了"也使"问题解决的能力增强了"，在这四个方面依次升高。表明数学文化的学习有助于学生学习、创新和实践能力的提升。

三、结论与建议

（一）结论

结论1：数学文化的学习能够促进学生的数学学习。通过调查我们发现，一是学生喜欢上数学文化课，二是数学文化学习有助于培养学生的学习兴趣、增强学习的自信心、转变学生的学习态度、提升了学生的学习能力、实践能力和创新能力，同时也有助于学生理解数学内涵，开阔学生的数学视野，增强了民族自豪感。

结论2：数学文化能够促进不同层次学生的数学学习，对中等生和后进来说帮助更大。在对优生、中等生和后进生的比较中发现，数学文化的学习对三个层次的学生都有影响，除了在学懂数学知识和运用数学方面，数学文化的学习对中等生和后进生影响更为突出。

结论3:数学文化的学习有助于不同地域学生的数学学习,对农村和乡镇学生更有明显的成效。

结论4:数学文化的学习对不同年级的数学学习都有促进作用,而且随着年级的升高和数学文化的积累,数学文化对数学学习的影响逐步提高。

(二)建议

建议1:加强数学文化的教学,促进中等生和后进生的数学学习。在本研究中,数学文化有助于学生的数学学习,特别是对中等生和后进生的数学学习帮助更大,所以要加强对数学文化的教学。同时,我们发现部分城市学校通过组织数学文化节活动和专门的数学文化课等活动加强对数学文化的教学,但是还有一部分实验学校仅仅将《小学生数学文化丛书》作为学生的课外读物,没有充分发挥数学文化的教育与教学功能。

建议2:注重数学文化教学方式的转变,加强数学文化对数学知识理解和问题解决的作用。从本研究中我们发现学生对数学文化的学习,对他们的学习兴趣、自信心、学习能力和创新能力提高,以及知识视野的开阔和民族自豪感的增强认可度较高,但是对更易学懂数学知识和解决问题等方面还有待进一步研究,应加强数学文化课与常规数学课的整合。

建议3:继续开展数学文化的实证研究,用更多的数据和案例来说明数学文化的学习对学生数学学习的影响。本研究仅仅采用问卷调查了学生对数学文化对他们数学学习的主观感受,还没有更为深入地用严谨的数理统计的方式研究其相关性,这也是本研究的不足和局限性,期望在进一步研究中加强大数据的收集和数理统计的方法,更好地分析数学文化的学习成效。

小学数学文化专题教学案例研究

案例研究

根据数学文化的研究成果，结合当前小学数学教材中的数学文化以及当前出版的《小学数学文化丛书》《数学文化读本》等，为了研究的方便，将小学数学文化分为五大专题：数学家与数学、数学史料与数学、游戏活动与数学、生活与数学、其他学科与数学。对每一类专题，我带领小学数学教师从教学价值分析、学情分析、教学目标和教学过程设计等方面开展了研究，并根据这些思想尝试设计一批优秀案例，这些案例获得了重庆市赛课一等奖和全国赛课一等奖等。

第一节　数学家主题教学研究

数学家是数学文化的重要内容之一，各版本小学数学课标教材都在“数学文化”的栏目(如“你知道吗?”“数学小故事”“数学万花筒”等)中介绍了许多数学家。更值得欣慰的是，以国家级教学名师、当代教育名家宋乃庆教授为首的团队组织编写了《小学数学文化丛书》和《数学文化读本》，在《小学数学文化丛书》中用《数学家与数学》专题介绍了许多数学家。在《数学文化读本》中，根据不同年级学生学习数学的特点精选了一些数学家。无论是数学文化专栏还是数学文化丛书或读本，关于数学家的成长故事、成就、贡献及其影响构成了一个与其他具有明显不同特征的教学内容，为了讨论的方便，我们称为“数学家主题内容”。由于在长期的数学教学研究中，关于数学文化(包括数学家等)的教学研究没有得到充分的关注，也没有对一线教师进行相关的专题培训，所以数学家主题内容的教学设计就成为当前小学数学教师较为困惑的一个问题。本节主要从教学价值、教学内容和学情分析、教学目标和教学过程四个方面探索数学家主题内容的教学设计。

一、教学价值分析

尽管数学家是数学学科体系的创立者，也是数学学习成功的榜样，但是专门针对数学家的教学研究的文献较少。据我们掌握的资料，关于数学家的教育教学价值基本零散地分布在数学史或数学文化的教育教学研究文献中。经过梳理概括学者关于数学家的教学价值，我们认为数学家的教学价值主要体现在以下三个方面。

一是通过阅读数学家的生平、成长过程和重要事迹，促进学生对数学的情感、态度和价值观的形成。数学家的生平有助于学生整体了解数学家的概况，其成长过程记载了数学家成长的社会背景和勤奋努力的过程，重要事迹主要反映数学家成长的独特之处，这些内容的学习有助于学生形成对数学的良好的情感、态度和价值观。正如有学者所说“正确的介绍优秀数学家的生平、传记和事迹以及从事科学研究的辛勤劳动和钻研创造精神，追求知识追求真理为祖国为人类服务的信念,有助于培养学生们爱科学、爱劳动、锻炼坚强的意志和性格,并且有助于培养对数学的热爱和兴趣。”①张奠宙先生特别对“中国数学家”的教学指出“中国数学家不能仅限于祖冲之、刘徽等少数古代数学家,也要介绍在落后情况下努力赶超的近现代数学家。在教学中,不能只是简单地介绍他们的成果,更重要介绍他们所处的社会背景,弘扬他们的坚忍不拔创新精神。”

二是经历数学家探索问题的思维过程,提高用数学家的眼光发现、提出、分析和解决问题的能力。数学家的思维过程具有独创性和新颖性,能够引导学生学会数学的思维。著名数学家徐利治教授认为“数学教学中的解题训练就是数学发现的演习。学生解题活动中的探索性思维与数学家从事研究活动的探索性思维,本质上是相通的。正因为这样,有关数学家创造性思维活动过程的历史记录,就成为培养学生数学思维能力的好教材。”②

三是领略数学家的贡献、成就及其影响,树立学好数学的远大理想和信心。数学家的贡献、成就和影响主要是两个方面:一方面是数学家对数学本身的发展做出的贡献、成就和影响。比如:陈景润先生的故事更多的是在解决哥德巴赫猜想的贡献和成就,在数学研究方面产生了重要影响。另一方面是对科技发展乃至社会生活方面的影响。比如:祖冲之不仅研究和改进了圆周率的精确度,还改进了《大明历法》。华罗庚先生发现的“优选法”和“统筹法”在科学研究和日常生活中应用广泛。实际上,早在1958年《小学数学教学大纲(修订草案)》中就要求“要充分注意教给学生数学的历史知识,特别要介绍关于我国数学家的生活和成就。”有学者指出“正确的评价我国优秀数学家的伟大成就,介绍我国古代数学的悠久历史和光辉贡献,这是进行爱国主义教育,培养民族自尊心的很好方式。”

二、教学内容和学情分析

教学内容是教师教和学生学习的主要载体,学情更是学生学习和教学设计的起点,二者是确定教学目标和设计教学过程的主要依据。总体来说,数学家的主题内容有以下三个特点:一是大多数数学家主题内容呈现方式生动活泼,符合小学生的阅读特点。大多数数学家主题内容对“数学家”的介绍都是采用连环画的形式,

① 颜秉海.中学数学课程中数学史知识的引进[J].数学通报,1958(4):6-15.

② 徐利治,王前.数学哲学、数学史与数学教育的结合——数学教育改革的一个重要方向[J].数学教育学报,1994(1):3-8.

以对话方式呈现,语言表述富有童趣,符合小学生阅读特点。二是数学家的故事接近学生的真实生活,学生对数学家的故事兴趣浓厚。选择数学家的故事过程已经考虑了与小学生的生活联系,比如:“数学王子高斯”的故事就发生在学校中,他解决“1+2+3+…+100”的问题是每一个学生都能遇到的问题,由于解决方法的灵活,容易引发学生对高斯的故事的阅读兴趣。调查表明,学生对数学家的故事有极高的学习兴趣。①三是教学内容的难度各异,需要多样化的教学方式。数学家出生背景不同,成长各异,成果多样,学习难度不同,需要使用多样化的教学方式。

三、教学目标设计

一般来说,教学目标的设计主要考虑三个方面:行为主体、教学目标的类型和达到的水平。现代教学论认为应该由教师的“教”转向学生的“学”,显然,学生是行为主体,教师发挥主导作用。所以在教学目标的表述中要突出学生的行为主体。关于教学目标的类型确定,教学论专家指出“由于教学与课程的不可分离性,教学目标在形成学生个体的心理因素方面,必然包括知识与技能、过程与方法、情感态度与价值观三个基本领域,方能实现当前基础教育课程改革的总目标。”②基于此,我们认为数学家主题内容的教学目标的确定也应该从知识与技能、过程与方法、情感态度价值观三个方面来设计。关于达到的水平,按照《数学课程标准(2022年版)》的要求,通过行为动词来表述,即一类是描述结果目标的行为动词,包括“了解”“理解”“掌握”等,另一类描述过程目标的行为动词,包括“经历”“体验”“探索”等,具体要求及其含义与《数学课程标准(2022年版)》一致,不再赘述。下面具体讨论三维目标的设计。

(一)知识与技能目标

由于数学家史料的特殊性,知识与技能不能仅仅局限于纯粹的数学学科知识和技能。依据数学家的教学价值分析,数学家主题内容的“知识”主要包括:数学学科知识、数学家的生平、成长过程及其重要事迹、数学家的贡献、成就和影响。数学家主题内容的“技能”主要包括:数学家创造和应用的数学技能,阅读并理解数学家

① 郭莉,康世刚.数学文化对数学学习影响的调查研究[J].教育评论,2018(10):126-129.

② 李森.现代教学论纲要[M].北京:人民教育出版社,2018.

故事的技能,口头陈述和书面表达数学家故事的能力。如在“中国现代数学之父——华罗庚”中的“知识与技能目标”可表述为:“了解数学家华罗庚的生平及成长经历并简要陈述;知道‘华氏双法’及其应用并能结合实例说明统筹法的用途。”

(二)过程与方法目标

过程与方法目标主要是指引导学生用数学的眼光观察世界、用数学的思维方式思考世界和用数学的语言表达世界以及学生学习数学家故事的过程和方法。具体来说,“过程”是指学生在数学家故事中,间接或者直接体验数学家发现和应用数学的过程,以及学生经历的自主合作、探究的过程。“方法”是指数学家发现和探索数学的过程中形成的独特的思维方法以及在学习数学家故事的过程中形成的学习方法。如“神奇的莫比乌斯带”中的“过程与方法”可以表述为“在教师的指导下,体验莫比乌斯带的制作过程,能够流畅地交流制作过程和心得。”

(三)情感、态度和价值观目标

基于《数学课程标准(2022年版)》对“情感、态度和价值观”的要求,结合数学家主题内容的特点对其要求做了适度的修改,主要内容为:积极主动学习数学家的故事,对数学家故事有兴趣,增强民族自豪感、文化自信和家国情怀;感受数学家学习、探索和创造数学的过程,建立学好数学的自信心;通过数学家的思维特点,体会数学的特点,了解数学文化的价值;养成认真勤奋、独立思考、合作交流、反思质疑等学习习惯;通过感受数学家的治学严谨,形成坚持真理、修正错误、严谨求实的科学态度。如“古代数学家刘徽”中的“情感、态度和价值观”目标可以表述为“初步形成敢于质疑、修正错误的科学态度。”

四、教学过程设计

教学过程的设计应该根据教学内容的特点、学情状况和教学目标,设计不同的过程。根据数学家主题内容的特点,分为阅读类内容和活动类内容的设计。

(一)阅读类内容的设计

阅读类的内容主要指在整个学习的过程中,以学生的阅读为主,其他形式为辅的学习方式。这种内容的特点是故事性较强,需要学生解决的纯粹的数学问题和学习的数学学科知识很少,如数学家的成长故事。阅读类的设计主要分为三类。

一是亲子阅读的设计。亲子阅读主要是指在家庭学习中由家长和学生共同阅读完成阅读内容,其目的在于引导家长和学生一起学习数学家的故事。由于过去的数学教育对数学家故事教育的忽略,大多数家长对数学家的成长过程知之甚少,所以亲子阅读的设计也有助于家长认识数学家的成长过程,增长知识和见识,更为重要的是家长要从故事中学习如何营造学生成长的氛围。如“希尔伯特的故事”中主要讲述了希尔伯特母亲对他的教育。与其他孩子相比较,幼时的希尔伯特显得迟钝和愚笨,没有显示出良好的数学天赋。他的母亲没有放弃他,而是耐心地对他进行各方面的启蒙教育。每年康德诞辰纪念日,母亲都要带希尔伯特去教堂瞻仰康德的半身塑像,教堂墙上有康德的一句格言:“世界上最奇妙的是我头上的灿烂星空和我内心的道德准则。”母亲每次都和他一起读这个格言。可以说,没有母亲,他的数学之路可能会更加的曲折和痛苦,是母亲成就了这个世界级的数学大师。亲子阅读的设计主要有:(1)选择内容。适合亲子阅读的内容的特点是故事性强,数学知识较少,更多突出数学家的家庭教育的内容。(2)问题导向。教师要有意识地设计一些问题,分别要求家长和学生完成,引导孩子和家长带着问题去读。(3)记录过程。主要记载亲子阅读的过程,引导家长学会和学生一起真实而有效地阅读,明确记录家长和学生阅读的方式和内容等。(4)阅读分享。主要交流和分享数学家故事的学习心得体会和存在的问题。分享的主体是家长和学生,家长主要倾向于交流数学家的家庭教育启示。学生主要交流数学家成长对自己的启示。分享的形式可以用口头分享或书面分享。(5)总结拓展。针对亲子阅读的分享心得和提出的问题,教师要给予问题解决和心得的提升引领,给出进一步拓展阅读的建议。比如:阅读了“盲人数学家欧拉”,教师就可以引导继续阅读“结巴数学家塔塔利亚”。

二是自主阅读设计。由学生自主选择合适的内容,在课内或课外自主阅读。自主阅读设计主要有:(1)突出学生自主选择。有学者指出“数学家学习和研究数学的成长道路各不相同,几乎每一位学生都能从数学家传记中找到自己成长的影子。”[①]教师用最简短的表述给学生介绍数学家的特点,供学生根据自己的喜好和特点选择阅读数学家的故事。(2)设计通用型问题。所谓通用性的问题是指适合所有数学家故事的问题。比如:数学家是哪个国家的?数学家成长中最精彩的故事是什么?数学家的成就是什么?数学家的影响是什么?等等。(3)过程记录。主要引导学生学会阅读。内容包括:阅读的时间和地点、通用性的问题、故事的来源和参考资料等。(4)分享展示。主要给其他同学展示自己的收获和启示,分享形式不限。(5)教师引导提升。教师要针对学生自主阅读时形成的观点给予点评,肯定阅读过程中表现出的优点并指出存在的不足,还要引导学生延伸阅读。比如:引导学生比较早期聪明的数学家高斯和早期未显示聪明的数学家希尔伯特的故事,引导不同类型的学生特别是后进生建立学好数学的自信心。

三是群体阅读的设计。主要是由教师在课堂教学中统一组织学生整体阅读数学家的故事。群体阅读的设计主要有:(1)创设群体阅读情境。教师根据数学家故事的特点,创设适合数学家故事的情境。实际上,大多数故事情境可以直接用数学家当时发现数学的真实情境。如学习“笛卡儿的故事”时,教师从笛卡儿自己发现数对确定位置的情境开始,引导学生观察教室屋顶,假如有一个虫子在屋顶爬动,让学生想一想如何描述虫子的位置。(2)共同阅读。有了问题情境之后,教师组织学生带着问题共同阅读并尝试回答。(3)讨论交流。组织学生在小组中交流对问题的思考,并选择部分小组在全班交流分享。(4)教师引领。教师要根据全班交流的情况,给予梳理、归纳、提炼,更为重要的是要引导学生深刻感受和领悟数学家的创造性思维及其价值。

(二)活动类内容的设计

活动类内容主要指在整个学习过程中,以学生的活动为主,其他形式为辅的内容。这种类型内容的特点是活动性强,主要体现数学家的创造性思维活动和技能。如“神奇的莫比乌斯带”主要介绍了莫比乌斯带的制作过程。活动类内容的设计主要分为两类。

一是问题探索类的教学设计。问题探索类主要是以探索中外数学名题和趣题为主,引导学生经历数学家探索数学的过程。比如“盲人数学家欧拉”,探索欧

① 王青建,董晓丽.数学史的教育价值[J].辽宁师范大学学报(自然科学版),2019,42(1):25-30.

拉公式就是非常重要的数学问题。问题探索类的设计主要是:(1)给名题和趣题创设情境。大多数学名题和趣题都可以直接把数学家遇到的真实情境呈现给学生,引导学生经历探索数学的过程。正如M.克莱因所说:"历史上大数学家所遇到的困难,正是学生也会遇到的学习障碍,因而历史是教学的指南:从一流数学诞生开始,数学家花了1000年才得到负数概念,又花了1000年才接受负数概念,因此我们可以肯定,学生学习负数时必定会遇到困难,而且他们克服这些困难的方式与数学家大致也是相同的。"[①](2)给学生搭建脚手架。尽管数学家遇到的问题和学生是一样的,但是数学家当时具备的数学知识显然学生是不能比的,所以有必要给学生介绍一些概念和思想方法,缩短学生经历数学家探索数学的过程。比如"盲人数学家欧拉"的故事中"哥尼斯堡七桥问题",就需要给学生介绍"一笔画"的基础知识。(3)给学生足够的探索时间和空间。《数学课程标准(2011年版)》指出"学生学习应当是一个生动活泼的、主动的和富有个性的过程。学生应当有足够的时间和空间经历观察、实验、猜测、计算、推理、验证等活动过程。"数学家趣题和名题的解决更需要学生反复尝试,学生需要更多的时间来探索解决的方法,很少有学生达到数学家的思维深度,所以在数学家的名题和趣题的解决中,给学生足够的时间,更强调学生主动思考、积极探索的过程,弱化结果的正确性。(4)给学生鉴赏和评价数学家的思维方式和方法的机会。学生一起鉴赏和评价数学家的创造性的思路和方法具有独特之处,发展学生思维,引导学生学会用数学家的思维思考问题。解题学专家罗增儒教授认为"数学史中记载了许多数学家发明、发现的生动过程,向学生介绍这些过程,有助于学生理解掌握创造的方法、技巧,从而增强其创造力。"[②](5)给学生设计应用数学家的方法的拓展性问题。设计与名题和趣题相仿的问题,引导学生体验、应用和巩固数学家的思想方法。

二是动手操作类的教学设计。动手操作类是指以数学家发现操作过程为主,再现数学家的创造过程。如"神奇的莫比乌斯带"主要介绍数学家发现莫比乌斯带的过程。动手操作类的设计主要有:(1)准备相关的工具和材料。动手操作类的内容一般需要操作的工具或者材料。比如"神奇的莫比乌斯带"需要给学生准备胶水、剪刀、彩笔和纸。(2)讲解操作规则。动手操作类内容都有一些具体的操作要求

① Kline M.A Proposal for the High School Mathematics Curriculum[J].Mathematics Teacher, 1966, 59(4):322-330.

② 张楠,罗增儒.对数学史与数学教育的思考[J].数学教育学报,2006(3):72-75.

和注意事项，这些内容是动手操作类内容的核心，需要教师反复说明和示范，引导学生明白操作要领和规则。(3)操作体验。学生掌握了规则和要领后，引导学生自主或者合作完成动手操作的过程，体验操作规则。(4)展示成果。主要展示学生根据操作规则和要求完成的过程和结果。(5)反思与创新。引导学生反思和感悟数学家的创造，学会用数学家的眼光和思维发现问题、提出问题、分析问题和解决问题。同时，也要求引导学生创新和推广数学家的方法和思路。在学生展示完莫比乌斯带后，引导学生从莫比乌斯带的中间画一条线，沿线用剪刀剪开，会形成什么样的图形，操作完成后。如果继续画，继续剪呢？这样的反思和创新对学生创新能力和兴趣的培养是非常重要的。

案例1 研究纵横图的数学家杨辉①

【教学内容分析】

“研究纵横图的数学家——杨辉”选自宋乃庆教授和康世刚博士主编的《数学家与数学》第62-66页。杨辉是我国著名的数学家和数学教育家，是“宋元数学四大家”之一，是中国古代数学家的杰出代表。他一生中有很多重要的研究成果，其主要著作有《详解九章算术》《日用算法》《杨辉算法》，其中“杨辉三角”的研究领先欧洲三百多年，《杨辉算法》流传至世界各地，成为当时的数学教科书之一。他在乘法计算方面的有益探究惠及了百姓大众，推动了中国乃至世界数学领域的发展。从该课内容呈现来看，分三个部分，第一部分是情境导入，让学生从一组熟悉的排列中找规律，引出“杨辉三角”，进而引出数学家杨辉。因为“杨辉三角”在西南大学版小学数学教科书三年级下册中出现过，熟悉的情境一下子拉近了数学家与学生的距离，提高学生的学习兴趣，并激发他们的好奇心和探究欲望。第二部分通过妮妮和天天的对话介绍了杨辉的生平简介及完成的主要著作，他是世界上第一个排出丰富的纵横图和讨论其构成规律的数学家。重点介绍了杨辉小时候研究九宫格的逸闻趣事，反映了杨辉通过勤学善思反复琢磨，最后用自己编制的

① 本案例由重庆市沙坪坝区育英小学贾渝执教，重庆市沙坪坝区育英小学杭仕华和康世刚指导评析。该案例获得全国第六届小学数学文化优质课竞赛一等奖。

口诀破解了九宫图，旨在让同学们感受杨辉的学习品质，让学生经历数学家创造数学的思维过程，培养学生运算推理的数学学科核心素养。第三部分是拓展及应用，介绍纵横图的发展史，鼓励学生继续探究百子图的特点，让学生领略数学家杨辉的贡献、成就及其影响。

【课前思考】

数学文化是数学学科文化品质的集中体现，对培养学生的数学素养有着重要的作用。数学家更是数学文化的核心，是数学文化的创造者、经历者和推动者。他们的故事蕴含着丰富的文化内涵，是小学实施数学素质教育的一笔主要的精神财富，有着极为重要的教育教学价值。本节课内容以故事的方式呈现杨辉的成长经历和数学成就，语言富有童趣，适合学生自主阅读，教材中呈现的纵横图适合学生的自主探究。所以本节课的教学设计需要将学生自主阅读和课堂探索结合起来。课前由老师给学生布置阅读任务，引导学生在课外与父母共同阅读数学家杨辉的故事，了解数学家杨辉的生平简介、成长过程和重要事迹，并做好过程记录，制作成手抄报，在课堂上进行分享和展示。探索活动内容主要通过微视频引导学生间接经历杨辉对乘法的探索，同时，在了解杨辉对纵横图研究的基础上创新方法并推广到百子图等。

基于本课的内容特点和教学价值，本节课的教学目标拟定为：(1)通过亲子阅读、小组交流分享和教师引领等多种学习方式了解数学家杨辉的生平经历及主要成就，培养探究数学家故事的能力，沟通学校教育与亲子教育；(2)通过独立思考和合作讨论方式经历杨辉破解九宫格的过程，会用“杨辉口诀”正确的破解九宫格，进一步探索更多的纵横图，体验中国数学家的创造方法，感悟数学家的思维方式，建立学习数学的自信心；(3)充分利用教师提供的数学文化微视频课程资源，体会数学家杨辉学习数学、研究数学的精神和态度以及取得领先欧洲300多年的数学成就，增强民族自豪感和文化自信。

【教学实录与评析】

一、设计情境展示,小组表演数学家杨辉的故事

故事梗概:在南宋时期,有一位少年无意中听说郊外有位老秀才珍藏了许多古代数学名著,他迫切地想去拜师。老者想让少年知难而退,便考了他一道难度较大的数学题。可没想到,少年很快就用非常简单的方法解答出来。老者十分赞赏少年并且惊叹他的数学天分,并倾心教授其数学。在老者的指导下,少年熟读了很多数学古籍,最终成长为古代著名的数学家。

【评析】数学文化的课堂可以为不同的学生提供不同的学习任务,需要教师给学生提供展示的机会和平台。在课前设计展示活动,由学生分角色模拟表演数学家杨辉少年时期拜师求学的小故事,让学生在喜闻乐见的情景剧形式表演活动中,初识小时候的杨辉,感悟数学家爱数学、研数学的求学热情和知难而进、迎难而上的钻研精神。

二、开展交流分享,初步认识数学家杨辉的成长故事和数学成就

1.小组交流,呈现自主学习成果。

师:大家搜集了杨辉的资料,并制作成了手抄报,我们一起来欣赏一下吧。

课件播放:学生课前完成的部分手抄报作品。

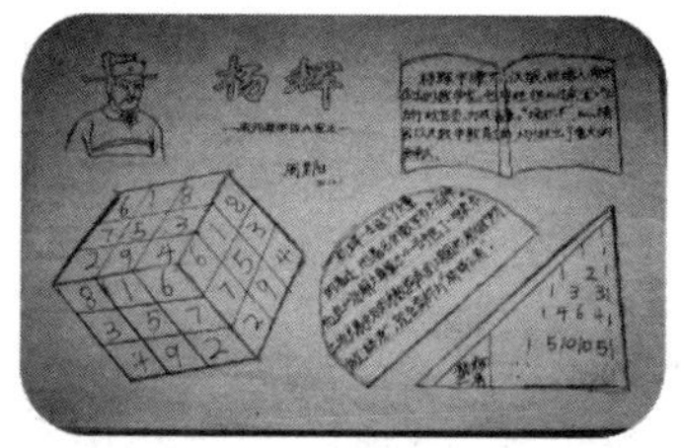

师:想不想把你们的作品和大家分享一下呢?

生:想。

师:接下来,我们在小组里交流交流,在交流之前请看清楚要求。

课件出示交流要求:

(1)我们从哪些方面来了解杨辉。

(2)每个方面有哪些具体的内容。

小组成员依次交流手抄报内容。

2.小组合作,补充和完善手抄报。

师:接下来请每个小组推选一份内容相对完整的手抄报,进行必要的补充和完善,参加全班展示。

【评析】学生在课前与父母一起搜集关于数学家杨辉的相关素材,并整理绘制成形式多样、内容丰富的手抄报。通过亲子阅读提高家长的数学文化素养,让家长与孩子在一个平台上,架起了学校教育与家庭教育的桥梁。同时,通过搜集、筛选、整理、制作一系列学习活动,让每个学生在自主学习中初步构建起杨辉的形象,提升学生的综合能力。在课堂上,老师有效地组织学生以小组为单位进行交流学习,交流自己对杨辉的了解,分享自己的手抄报作品。然后组内推选一份相对完整的手抄报,以滚雪球的方式,组员充分发表意见,补充修正内容,小组合作完善整理成一份优秀成果向全班展示。通过小组成员交流、补充,不仅能让学生更加全面地了解杨辉,同时也带动了课堂学习氛围,实现团队合作、知识共享。

3.全班分享,梳理形成杨辉的知识结构图。

师:每个组推选出的手抄报各有特色,哪一组愿意上台分享"你们了解的杨辉"?

生1:我们小组主要是从杨辉的简介、杨辉的故事、主要成就和后人对他的评价这几个方面去了解他。(生平简介、人物故事、后世评价、主要成就)

生2:我来讲讲杨辉的简介和后世评价。杨辉,南宋人,字谦光,钱塘今杭州人。他是南宋著名的数学家、数学教育家。我在陶彦汐(所执教班级学生的姓名)的小报上补充了杨辉和李冶、秦九韶、朱世杰,他们和"杨辉"并称为宋元数学四大家。

生3:我来讲杨辉的主要成就,我们从著作和贡献两个方面去了解。他的著作有《详解九章算术》《日用算法》《杨辉算法》。他的主要贡献有杨辉三角、纵横图。

生4:我来讲讲杨辉的故事,有一天杨辉坐轿巡游,碰到一个小孩在玩九宫图的游戏,他停下来和小孩一起研究,破解以后对这种游戏产生了浓厚的兴趣,并且继续钻研,研究出很多类似的图。

小组成员交流的同时,其他成员在老师的引导下在黑板上用思维导图呈现小组汇报的成果。

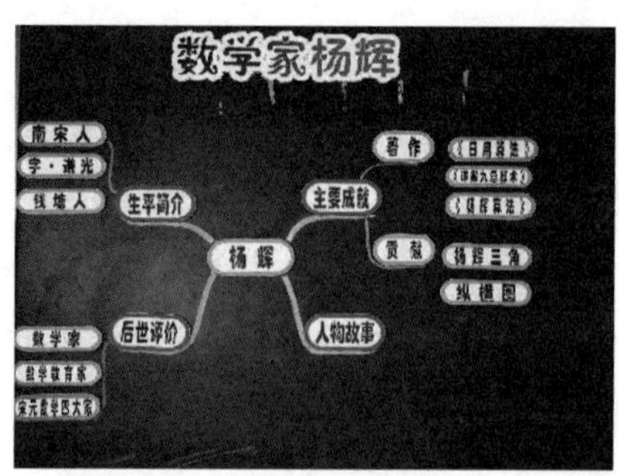

【评析】全班分享时，抽选一个小组作代表面向全体同学重点汇报。其中一个组员利用多媒体平台展示小报作品并发言讲解，其他成员在老师的引导帮助下，同步在黑板上用思维导图呈现主要内容。小组汇报过程中，台上组员之间协调分工、有机配合。通过代表重点分享、师生互动梳理，形成了比较完整的关于杨辉的认识结构图。本思维导图以“杨辉”为中心主题，以“生平简介、人物故事、主要成就、后世评价”关键词作思维放射性结构的第一层级关节点，再向外发散出下一层次的具体内容。由此，让学生对数学家杨辉的了解更简洁清晰，形成直观形象的思维记忆链。

4.反思质疑，加深对杨辉故事及其成就的理解。

师：经过大家的努力我们一起做成了这个结构图，其他同学还有什么疑问和补充吗？

生5：你们能给我们讲讲杨辉三角吗？

生2：杨辉三角的最外层数字始终是1，每个数等于肩上两个数之和。

生6：能再给我们讲讲什么叫纵横图吗？

生2：纵横图就是横着、竖着排三行，每行、每列三个数的和都相等。

生7：杨辉不是还有《续古摘奇算法》《乘除通便本末》《田亩比类乘除捷法》这三本书吗？

生2：这三本书统一称为《杨辉算法》。

师：谢谢你们的分享，让我们从这几个方面系统地了解了数学家杨辉。

【评析】台上台下的同学互动交流、质疑答疑，加深对杨辉故事及成就的理解。经过自主整理、小组交流、全班梳理、生生质疑四个层次的学习活动，使学生个人独立思考的见解转化为全班共同升华的成果，达成对杨辉的深入认识。中国古代数学家杨辉在这些多层次、多形式、多角度的认识活动中立体而鲜活地印在学生心中。学生成为学习的主人,其主体意识、能动性和创造性得到发展,培养了学生研究数学家故事的能力。

三、引导鉴赏探索,体验和感悟数学家的创新思维方式

1.鉴赏杨辉对乘法的探索,感受数学家的创新思维方式。

师:杨辉对中国、对世界数学领域还有什么影响?他还有哪些精神值得我们学习呢?让我们再次走进数学家杨辉。

播放微课:

杨辉在百姓中普及了数学,他不但为百姓编写计算口诀,还教给大家很多实用的数学学习方法。其中“相乘六法”中的第三法“身前因”:250×21=250×20+250,这正是我们以后要学习的乘法分配律。第五法“重乘”:250×42=250×6×7,这也是我们学过的乘法简便计算。他的著作《杨辉算法》,这本书还流传至世界各地,作为当时的数学教科书。杨辉一生中有很多重要的研究成果,其中“杨辉三角”,也出现在我们的教科书中,这项研究成果领先欧洲的帕斯卡300多年!

师:再次了解杨辉后,你觉得他是一个怎样的人?

生1:杨辉有很多的数学成就,他是一个聪明好学的人。

生2:他是一个善于总结的人,他总结了很多学习数学的方法。

生3:他是一个坚持不懈,不怕困难的人,在古代没有计算工具的情况下,有那么多计算的成就,真是了不起。

师:是呀,杨辉在数学方面的成就的确很大,推动了中国乃至世界数学领域的发展。

【评析】教师精心选择数学家杨辉的相关突出贡献,制作精美微视频,运用现代多媒体技术手段,直观生动地呈现数学史料,创新数学文化的呈现方式。《杨辉算法》中“三位数乘两位数”的计算方法论述,以微课形式将学生难看懂的古代数学典籍内容,同步展现为对应的通俗易懂的白话语言,并结合教材中的算式或实例进行阐述说明,有效地促进学生对数学家杨辉的深入认识。

在深入挖掘这些“了不起”的研究成果中,让学生体验和感悟数学家的创新思维方式和刻苦钻研精神,彰显我国古代数学家的聪明智慧,增强学生的文化自信

和民族自豪感，使学生建立对数学良好的情感态度价值观，有效地促进学科育人、文化育德功能。

2.认识杨辉破解“纵横图”的口诀，掌握和创新数学家的方法。

(1)初步尝试。

师：刚才同学们提到了杨辉的纵横图（板书：纵横图），他研究纵横图是受了什么启发呢？

生：杨辉看见牧童在玩九宫图，也去钻研。而且研究出更多这样的图。

师：九宫图是纵横图的一种，你能介绍下九宫图吗？

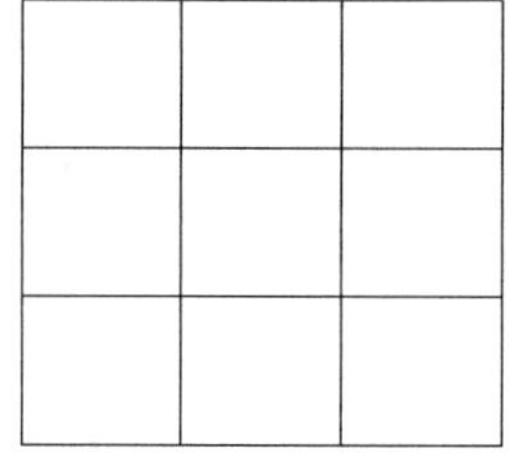

生：9个数排在九个格子中，无论横加、竖加、斜加三个数的和都相等。

师：下面，我们一起走进纵横图之九宫格的数学游戏，进行最强大脑比赛。

师：有信心接受挑战吗？

生：有。

师：好，挑战开始。

学生自主完成九宫格。

4	9	2
3	5	7
8	1	6

(2)介绍口诀。

师：完成得最快的同学，能不能把你的秘诀给大家介绍一下呢？

生：我用的是杨辉的口诀。

师：你能在黑板上给大家一边摆一边介绍方法吗？

生：第一步：九子斜排，将9个数斜着排列。

生：第二步：上下对易，将数 9 和 1 对换。

第三步：左右相更，将数 7 和 3 交换位置。

第四步：四维挺出，将 2，4，6，8 这四个数向外移动。

九子斜排：将9个数按从大到小斜排三行；

上下对易：将数9和1对换；

左右相更：将数7和3对换；

四维挺出：将数4,2,6,8分别向外移动。

师：杨辉真会归纳方法、总结规律，我们再次用它的规律摆一摆吧。

全班再次操作。

师：这次破解九宫图以后你有什么感受？

生：感觉好简单呀！

师：是呀，杨辉的口诀让难题都变简单了，我们再次回顾如此奇妙的口诀。

生：九子斜排、上下对易、左右相更、四维挺出。

师板书过程。

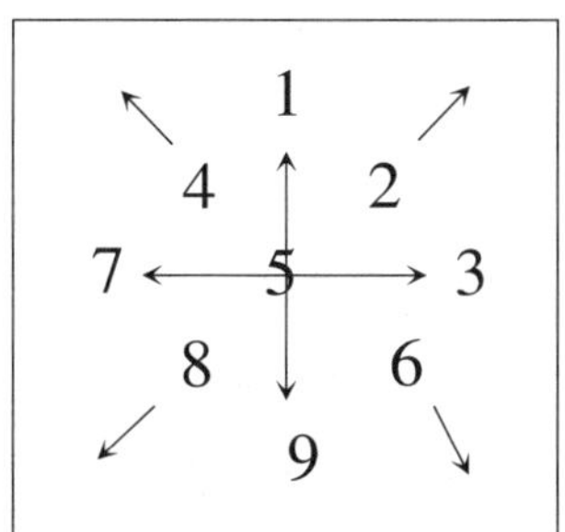

(3)运用口诀。

师：接下来，再玩一个更有挑战的九宫图游戏，比比谁是我们班的脑力担当，请看题。

将4,5,6,7,8,9,10,11,12这9个数组成一个九宫图。

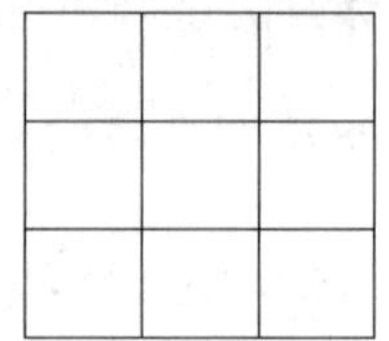

生独立解决。

师:部分同学还是有困难,没关系,有困难我们可以在小组里合作学习,请看学习要求。

课件出示学习要求:

①说说自己的破解方法。

②组长汇总组内方法,做好汇报分工准备。

学生小组交流。

师:请每一组派一名代表说说你们组的破解方法。

7	12	5
6	8	10
11	4	9

生1:我用了杨辉的口诀,将数4−12按1−9的方法排列,再运用杨辉的口诀就破解出来了,每行、每列三个数之和是24。

生2:我用计算器算了一下,发现这个数的平均数是8,就把8放在中间,我只是有这个想法,由于时间关系我还未破解。

生1:我觉得这样算没有杨辉的口诀简便。

师:有想法是好的,我相信,如果你坚持不懈地去研究,一定会有所突破。

【评析】“纵横图”也是杨辉的主要研究成果之一。本堂课,学生除了比较全面地认识数学家杨辉,还进一步深入探究关于“纵横图”的一些知识,体验数学家创造的方法,感悟其思维方式。

数学家是怎样研究数学、创造数学的呢?杨辉到底是受到什么启发而研究“纵横图”呢?学生带着这些疑问走进尝试探究“纵横图”的世界。学生首先了解杨辉是看见牧童玩九宫图的小小民间游戏而受到启发，感悟其如何用数学的眼光观察思考问题，进而刻苦钻研，总结出系列“纵横图”的相关特点。

然后，现场设置一场“最强大脑”挑战赛，让学生初次尝试破解简单的“纵横图”——三阶幻方。借助现场脑力挑战，充分调动学生内在学习热情。挑战结束，让优秀学生介绍秘诀，带领全班学生体验数学家的创造方法，学习用杨辉口诀迅速破解三阶幻方即“九宫图”，并进一步变式练习、巩固运用。学生在初识幻方、破解谜团、运用秘诀、拓展提升的过程中，经历杨辉探索问题的思维过程，学习到数学家的思想方法，体会到由不知到知、由不会到会、由迷茫到惊喜的成功体验。

3. 了解杨辉创新的百子图，感悟数学家的创造性思维。

(1)小组合作，探究百子图的奥秘。

播放微课：

杨辉从九宫图开始，将数学和游戏相结合，研究出更多的纵横图。如四四图、五五图、六六图、七七图、六十四图(八八图)、九九图、百子图的破解方法。其中，七七图和九九图都可以采用五五图的方法排列。六十四图(八八图)可采用四四图的方法排列。百子图也就是十阶纵横图，它也有相应的排列方法。杨辉把这类图统称为纵横图并将他们写进自己的著作《续古摘奇算法》中。杨辉研究的纵横图精妙绝伦，耐人寻味，给后世数学家很大的启发。他不愧为研究纵横图的第一人。

师：同学们，知道百子图的特点吗？请在小组内合作探寻一下百子图的奥秘吧！

92	99	1	8	15	67	74	26	58	65
98	80	7	14	16	73	55	32	64	66
4	6	88	95	22	54	56	38	70	72
85	87	19	21	3	60	62	44	71	53
86	93	25	2	9	61	68	50	52	59
17	24	76	83	90	42	49	51	33	40
23	5	82	89	91	48	30	57	39	41
79	81	13	20	97	29	31	63	45	47
10	12	94	96	78	35	37	69	46	28
11	18	100	77	84	36	43	75	27	34

(2)全班交流，总结发现。

师：你们找到了百子图哪些秘密？

生：百子图横加、竖加、斜加10个数的和都是505。

师:再仔细观察,如果把百子图平均分成4份,你又有什么发现?

生1:百子图平均分成4份以后,每一份横加、竖加、斜加和的都相等。

生2:百子图是由4个五五图组成的。

师:其实,百子图还有很多奥秘等待我们去发现,如果你有兴趣,下课以后可以再次探索,我相信,只要你有数学家杨辉的精神,你一定能够揭晓谜底的。

【评析】微课进一步介绍杨辉是如何从最简单的"纵横图"之一三阶幻方开始,刻苦钻研,研究出更多的纵横图。老师带领着同学们一步步走进杨辉研究的"纵横图"世界,学生像数学家杨辉一样沉浸在纵横图的世界里,全身心投入在计算与寻找规律中。通过研究百子图,促进了学生的数学思考,也让学生快乐地享受着数学文化的魅力。

四、回顾总结引领,畅谈对数学家的学习体会和感悟

师:今天我们全面了解了杨辉,还一起研究了纵横图。学习了这节课,你有什么收获?

生1:杨辉真是一个有创新精神的人。

师:他对你学习数学有什么帮助吗?

生1:我也要像他一样敢于创造、积极动脑。

生2:我要学习他善于总结的学习方法。

师:只要你聪明好学、善于总结、坚持不懈、敢于质疑、敢于创新,有较强的专注力,就一定能学好数学。

师:在中国的数学发展史上,还有很多像杨辉一样伟大的数学家,如刘徽、祖冲之等数学家的数学成就在当时领先于世界各国,对世界数学的推动都起到了非常重要的作用。我们还可以去了解苏步青、华罗庚、陈景润等数学家以及现代数学家复旦大学谷超豪教授和北京大学张继平教授。

【评析】本节课,学生在不断质疑思考、合作交流、体验探究中,全面深入地认识了数学"大家",学习了数学"大家"的精神。在课尾,全体师生一起总结梳理本节课的学习收获,让学生再次感受数学家杨辉的伟大成就,感悟他坚持不懈、刻苦钻研和善思善问的治学精神。教师也再次引导学生,在中国数学发展史上,还有很多像杨辉一样的数学家,他们对中国数学、对世界数学的发展都起到了非常重

要的推动作用，激发学生进一步研究更多数学家，探究更多数学奥秘的学习动力，让数学文化的魅力深深扎进学生心田。

案例2　毕达哥拉斯的故事①

【教学内容分析】

“毕达哥拉斯的故事”选自宋乃庆教授、于波和张广祥教授主编的《数学文化读本》五年级下册第1-4页。毕达哥拉斯是古希腊数学家。毕达哥拉斯建立了毕达哥拉斯学派，该学派是最早把数的概念提到突出地位的，他们对数学做过深入研究，并得到很多结果。该学派将学问分为四类，即算术、音乐、几何、天文；将自然数进行分类，如奇数、偶数、完全数、三角数、平方数、五角数、六角数等；发现勾股定理和勾股数；发现五种正多面体。在《数学文化读本》中，该教学内容的呈现分三部分，第一部分是情境导入，由波波提出两个很有意思的问题“数有什么用?”“数是如何出现的?”，数学中最基本的就是围绕“数”的学习，由此激发学生的好奇心和探究欲望。第二部分是数学家毕达哥拉斯的生平简介及其学派，通过博士与波波、妮妮的对话，重点介绍了毕达哥拉斯用摆放小石子的方法进行计算、把自然数分成奇数和偶数、质数和合数以及创建毕达哥拉斯学派。第三部分是本课的重点，介绍毕达哥拉斯在数学上的主要成就：整数及四则运算，奇数、偶数、质数、三角数、平方数等，勾股定理，黄金分割比，探索规律，数形结合思想等。

【课前思考】

“数学家的故事”作为数学文化的一个重要组成部分，数学家们对数学执着地热爱，不怕困难的坚毅品格，对数学问题的钻研精神等这些难能可贵的品质是我们当代孩子所缺少的。本节课教学内容是毕达哥拉斯的生平故事及其数学成就，适合五年级学生自主阅读和自主探究。课前由老师给学生布置阅读任务，分版块

① 本案例由重庆市大渡口区钢城实验学校张丽执教，由重庆市大渡口区育才小学张帮敏和康世刚评析，该案例在“全国数学文化推进小学素质教育实践探索专题研讨会”上展示交流。

分小组查阅资料，比如：按毕达哥拉斯的个人简介及学派、毕达哥拉斯与“数”、毕达哥拉斯与“形数”、毕达哥拉斯与“勾股定理”、毕达哥拉斯与“黄金分割”等版块进行自主查阅相关资料，鼓励小组成员共同制作成PPT，在课堂上进行分享交流，在老师的组织引导下充分展示学生学习的自主性和课堂的主体性。通过学习毕达哥拉斯的故事，在孩子们幼小的心灵里播下一颗热爱数学的种子，用数学本身的魅力去激发孩子们对数学的兴趣，用数学家们的研究精神去重塑孩子们的三观。

基于本课的内容特点和教学价值，本节课的教学目标拟定为：(1)了解毕达哥拉斯的个人经历和他在数学方面的成就，感悟数学家的人格品质，激发对数学家的崇敬之情；(2)在自主探究、小组互学、整体感知的过程体验中，感受数学的神奇和价值，并感知学习方法；(3)通过对数学家毕达哥拉斯的资料的收集、整理、汇报，学会信息处理和表达交流。

【教学实录与评析】

一、谈话激趣

师：你知道数学家是做什么的吗？

学生畅所欲言。

(课件显示)数学家就是以数学研究为职业，在数学领域做出一定贡献，并且其研究成果能得到同行普遍认可的一类群体。

(课件显示)世界上最早的数学家——古希腊的泰勒斯；中国古代最早的数学家——东汉时期《周髀算经》的作者赵爽；世界上最早的女数学家——古希腊的海帕西娅；中国最早的女数学家——东汉的班超。

师：同学们还知道哪些数学家？

生答：高斯、华罗庚等。

师：今天我们就一起去了解一位伟大的数学家、哲学家——毕达哥拉斯。

【评析】从“数学家是做什么的？”“你还知道有哪些数学家？”谈起，自然地将学生带入数学文化的情境，拉近了学生与学习内容的距离，在世界上最早的数学家、中国古代最早的数学家、女数学家的简要介绍中唤起了学生对“数学家”的探究欲望，为学习的真正发生奠定基础。

二、小组互学

师：课前同学们已经去搜集了有关毕达哥拉斯的信息，谁能说说你们是从哪些方面去了解毕达哥拉斯的呢？

生1：我是从毕达哥拉斯对数的认识来搜集的。（板书：数）

生2：我是从毕达哥拉斯在形数方面的研究来搜集的。（板书：形数）

生3：我了解的是毕达哥拉斯与黄金分割的故事。（板书：黄金分割）

生4：我了解的是毕达哥拉斯创立的学派——毕达哥拉斯学派。

生5：我了解的是毕达哥拉斯与勾股定理的故事。（板书：勾股定理）

师：同学们分别从毕达哥拉斯所创立的学派以及他在数学方面的成就进行搜集，这是我们要了解一个数学家的基本方法。今天这节课我们就围绕这些内容进行交流，同学们先在小组内将你们搜集的信息进行交流，然后我们再分组进行展示汇报。

【评析】通过学生对自己在课前自主搜集毕达哥拉斯的相关信息交流，让学生感知“了解一个数学家，我们可以从哪些视角去切入”，明确学习方法。同时，在交流中也促进学生学会表达、学会倾听、学会借鉴。

三、展示与研讨

师：刚才我们在小组内进行了交流，同学们准备得很充分，交流得也很激烈，现在就让我们一起在分享中走近毕达哥拉斯这位伟大的数学家吧！

1. 毕达哥拉斯的个人经历。

师：老师课前将你们制作的课件链接在我的课件上，现在请两位同学上台来汇报。

生1：毕达哥拉斯，生在公元前约580—公元前500年，是古希腊数学家、哲学家。

生2：毕达哥拉斯学派亦称“南意大利学派”，是一个集政治、学术、宗教三位于一体的组织，由古希腊哲学家毕达哥拉斯所创立。

……

师：听了这些介绍，你对毕达哥拉斯有什么印象？

生：毕达哥拉斯是一个追求数学真理，非常有科学、严谨的数学家。

【评析】先借助毕达哥拉斯的生平简介、奇闻逸事等，让学生整体感知毕达哥拉斯的形象，感悟数学家的精神，从而激发学生对数学家的崇敬之情。

2.毕达哥拉斯对“数”的研究。

师：毕达哥拉斯在数学方面有很多的成就，我们先来看他在“数”方面的成就。（课件显示）哪个同学来介绍一下毕达哥拉斯对“数”的研究结论？

毕达哥拉斯“万物皆数”与他对数的研究

2500多年前的毕达哥拉斯认为“万物皆数”，“数是万物的本质”，是“存在由之构成的原则”，而整个宇宙是数及其关系的和谐的体系。”。其实这是因为当时他所感兴趣的和正在研究的是“数”的性质，因此他并不关心不同物体的那些其他的物理的或化学的性质，他只是专门研究数的概念和性质，这是他把数的概念提到突出的地位的原因。

毕达哥拉斯学派认为世界万物都是数，最重要的数是1、2、3、4，而10则是理想的数；相应地，自然界由点、线、面和立体组成。他们认为自然界中的一切都服从于一定的比例数，天体的运动受数学关系的支配，形成天体的和谐。

毕达哥拉斯学派是最早研究数论方面的问题的，他们对整数进行了分类 将数分为奇数、偶数、素数、亲和数、完全数、平方数、三角数、四角数和五角数等形数，在数论方面做了很多开创性的研究。

自然数分类

一、按是否是2的倍数分类：

1、奇数

2、偶数

二、按因数的个数分类：

1、合数

2、质数

3、1既不是质数，也不是合数。

生1：毕达哥拉斯认为“万物皆数”，还认为“数是万物的本质”。

生2：毕达哥拉斯还对自然数进行分类，他按是不是2的倍数把数分为奇数和偶数；按因数的个数进行分类，把数分成：合数、质数，1既不是质数也不是合数。

师：通过看课件和同学们的介绍，我们知道毕达哥拉斯一生都在研究数的很多特点，他认为1~10这十个数字都有它自己的含义。同学们，1~10这十个数中，你最喜欢哪个数？为什么喜欢它？

生1：我最喜欢数字9，因为在最古代的时候，人们都认为9是最大的数。

生2：我最喜欢10，因为10包含了一切数目，是完满和美好。

师：和毕达哥拉斯想到了一块儿，我们一起来看一下。

课件出示：

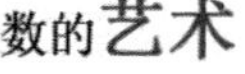

毕达哥拉斯学派认为：

“1”是数的第一原则，万物之母，也是智慧；

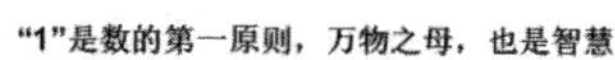

“2”是对立和否定的原则，是意见；

“3”是万物的形体和形式；

“4”是正义，是宇宙创造者的象征；

“5”是奇数和偶数，雄性与雌性的结合，也是婚姻；

“6”是神的生命，是灵魂；

“7”是机会；

“8”是和谐，也是爱情和友谊；

“9”是理性和强大；

“10”包容了一切数目，是完满和美好。

3.毕达哥拉斯关于“形数”的研究。

师：我们在小学二三年级时就知道了人类很早就采用实物记数、结绳记数和刻痕记数等方式来记数，人们在漫长的记数过程中逐渐抽象出数的概念。古希腊的毕达哥拉斯用摆放小石子的方法对“数”进行了大量的研究。谁来介绍一下他对“形数”做了哪些研究呢？

出示学生制作的课件：

首先来看看三角数

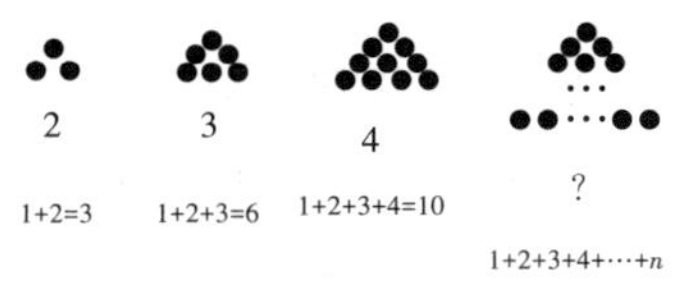

三角形底层是多少，

就从1加到多少。

生1：首先让我们来看看三角数，图形下面的数字表示它底层的颗数，大家知道第1个图形的颗数是多少吗？（其余生齐答：3）

生1：第2个图形呢？第3个图形呢？（其余生分别齐答：6、10）

生1：你们是怎么看出来的呢？

生2：因为第1个图形是1+2=3；第2个图形最底层是3，所以是1+2+3；第3个图形是1+2+3+4=10。

师：如果最底层有n个点，那么它一共有多少个圆点呢？

生3：$1+2+3+\cdots+n$。

师：对了，看来大家总结出了一个关于“三角数”的规律。

生1：下面我们再来认识平方数。你们能找到它们的规律吗？

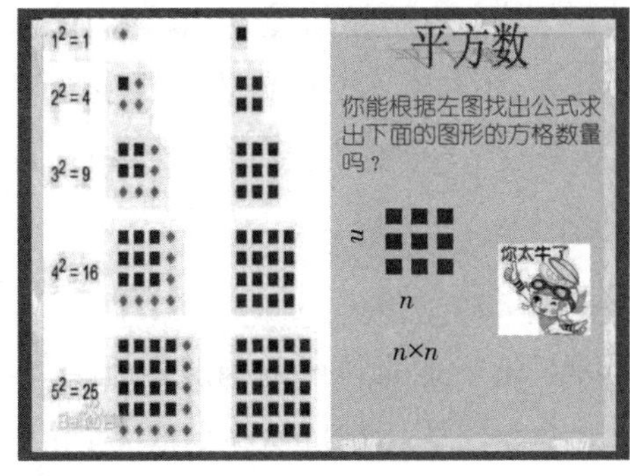

生4:第1个图形有1个方格;第2个图形有两层,每层有两个方格,共4个方格,第三个图形有9个方格,第4个图形有16个方格,第5个图形有25个方格。

师:想一想,谁能分析它有什么规律?

生5:第1个图形有1个方格,就是1×1;第2个图形就是2×2,等于4个方格;第3个图形就是3×3,等于9个方格。我们以此类推,就能算出它们有多少个方格了。

师:同学们能根据左边图形找到的规律,求出右边这个图中方格的个数吗?每层有n个,有n层。

生6: 应该是$n×n$,方格数量也就是n的平方。

师:你们真会思考,一下就找到了平方数的规律。

生1:接下来我们再来看五角数,你们能找到规律吗?

4人一组,观察、思考、讨论,寻找规律。学生分组探索时,教师相机指导学生可以把图形用线段连起来。

师:这些数连起来后,就形成一个个形状不同的图形,原来有些数也可以用形状展示。

(课件显示)

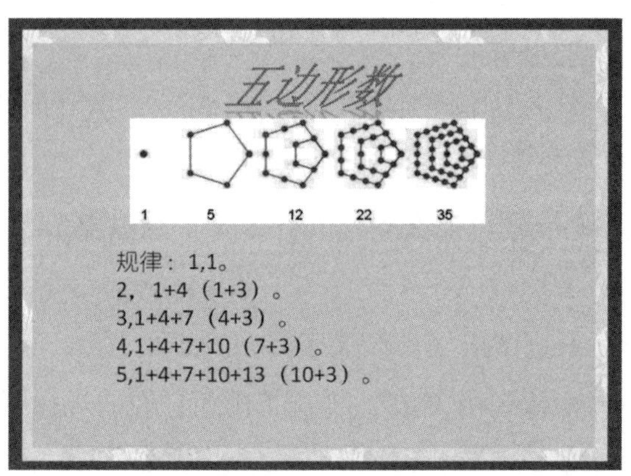

【评析】在老师组织引导、小组展示、互动交流的学习方式中,学生自主发现、总结出三角数、平方数、五角数中的规律,获得积极、成功的情感体验,感叹毕达哥拉斯探索数学的智慧和成就。

4.毕达哥拉斯与勾股定理。

师:接下来我们再继续了解毕达哥拉斯与勾股定理。

生1:下面我们来给大家介绍毕达哥拉斯与勾股定理的故事。

(课件同步显示)

毕达哥拉斯是怎样发现勾股定理的?

毕达哥拉斯有次应邀参加一位富有政要的餐会，这位主人豪华宫殿般的餐厅铺着是正方形美丽的大理石地砖，由于大餐迟迟不上桌，这些饥肠辘辘的贵宾颇有怨言。这位善于观察和理解的数学家却凝视脚下这些排列规则、美丽的方形磁砖，但毕达哥拉斯不只是欣赏磁砖的美丽，而是想到它们和[数]之间的关系。

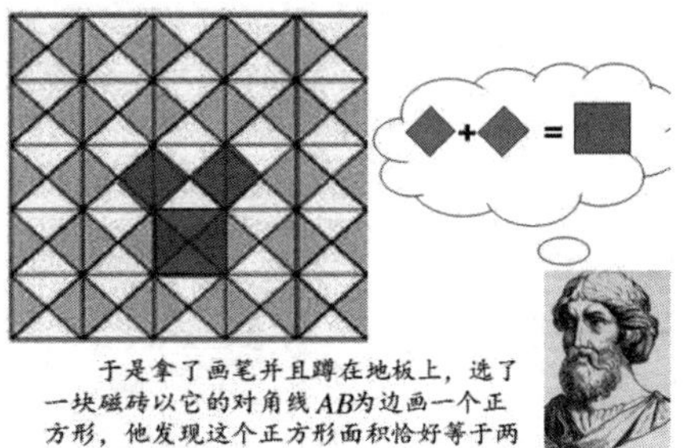

于是拿了画笔并且蹲在地板上，选了一块磁砖以它的对角线AB为边画一个正方形，他发现这个正方形面积恰好等于两块磁砖的面积和。

他很好奇，于是再以两块磁砖拼成的矩形之对角线作另一个正方形，他发现这个正方形之面积等于5块磁砖的面积，也就是以两股为边作正方形面积之和。至此毕达哥拉斯作了大胆的假设：任何直角三角形，其斜边的平方恰好等于另两边平方之和。那一顿饭，这位古希腊数学大师，视线都一直没有离开地面。

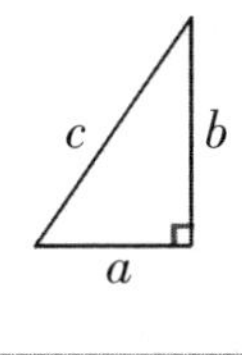

$a^2+b^2=c^2$

毕达哥拉斯树是由毕达哥拉斯根据勾股定理所画出来的一个可以无限重复的图形。又因为重复数次后的形状好似一棵树，所以被称为毕达哥拉斯树。

$t=8$

生1:毕达哥拉斯有次应邀参加一位富有政要的餐会,这位主人豪华宫殿般的餐厅铺着正方形美丽的大理石地砖……

生2:毕达哥拉斯树是由毕达哥拉斯根据勾股定理所画出来的一个可以无限重复的图形。又因为重复数次后的形状好似一棵树,所以被称为毕达哥拉斯树。

师:那对他们的讲解,有什么疑问或补充?

生3:我知道为什么又叫勾股定理……

师:有什么方法可以验证呢?(师借助课件介绍拼图方法)。

师:任何直角三角形,其斜边的平方恰好等于另两边平方之和,这个定理大家到初中才会学,但是现在用拼图的方法发现了这个规律。其实在重庆科技馆也有这样的一个实验。(出示科技馆的动态验证勾股定理的视频)

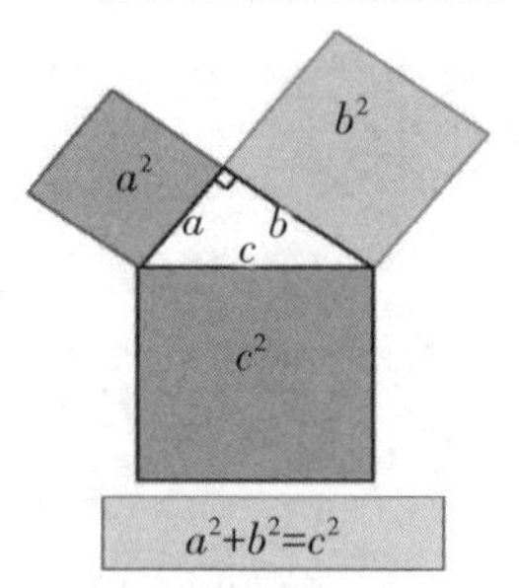

师总结：毕达哥拉斯对“形数”的研究，他将数用几何图形来呈现，这种方法叫作“以形解数”；而对于勾股定理的研究，他将几何图形用数来呈现，这种方法称为“以数解形”。毕达哥拉斯这种将形和数结合起来解决问题的思想方法，称为“数形结合的思想”，在我们的数学学习中也经常用到。（板书：数形结合）

【评析】学生借助自己制作的精美的课件、落落大方地讲解，在生生互动、教师点拨中自主学习了勾股定理，并联系生活实际，深入浅出地感悟了毕达哥拉斯的数形结合思想。

5.毕达哥拉斯与黄金分割。

生1：下面我们给大家介绍的是“黄金分割”。我们先来看看有关黄金分割的图片吧！（课件同步播出）

黄金分割　A　C　B

$AC:AB=0.618:1$

或$BC:AC=0.618:1$

毕达哥拉斯学派发现，当线段AC长度与线段AB长度的比是0.618。他们把这种比例关系叫作黄金分割比例。

6.毕达哥拉斯在其他领域的成就。

师:毕达哥拉斯在其他方面也颇有研究,比如音乐、哲学。

(课件出示)

音乐

毕达哥拉斯是音阶的发明人。据说他在听见铁匠铺打铁发出的高低音时，产生了音阶的灵感。

哲学

据说毕达哥拉斯是第一个使用“哲学家”这一名词的。他强调社会公正的重要性，其实，毕氏是道德哲学的开创者，比著名的道德哲学家苏格拉底早很多。

【评析】聚焦数学家与数学,重点展示小组对“毕达哥拉斯在数学领域上的研究成果”的学习研讨情况,一方面让学生在讲述与倾听、体验与思考、辩论与反思中促进数学思维的发展,感受数学的魅力与价值。另一方面也让学生在展示中感悟数学家锲而不舍的研究精神以及他们对人类社会发展所做出的伟大贡献,最大效能地发挥数学家对孩子们情感态度价值观的引领作用。

四、故事导理

师:对毕达哥拉斯有了这么多的了解,你认为毕达哥拉斯是一个怎样的人?你有什么想说的呢?

生1:我觉得毕达哥拉斯非常的伟大,他不光在数学方面有成就,在音乐和哲学方面也有很大的成就,他是一个多才多艺的人。

生2:我觉得毕达哥拉斯的这些发现都是源于他善于观察和思考。

……

师:通过同学们的自主阅读、信息收集、小组互学、全班交流,我们基本了解了数学家毕达哥拉斯的故事,下面老师想把我最喜欢的一个故事和大家分享!(借助PPT讲述“教穷人学几何”的故事)

师:其实,老师想要告诉大家的是:世界上有的东西很宝贵,但一经授予他人就不再归你所有,如财富、权力。但知识是你能通过学习从别人那里获得的,而教授你的人却不会因此失去了知识。

（课件出示）

齐读：只要你努力学习，你就能得到而又不会损害他人，并可能改变你的天性。

师：感谢毕达哥拉斯给予我们这么多的思考！如果同学们还意犹未尽，下来之后还可以继续去图书馆查阅更多关于毕达哥拉斯的资料，或者应用这样的学习方法，再去走近更多的数学家，我想你们的收获会更多的！

【评析】首尾呼应，再次整体感知毕达哥拉斯的形象，引导学生畅谈感想，辅以教师的故事讲解和及时引导，充分感受毕达哥拉斯的人格品质，深化学习主题，最后，将学习从课堂延伸至课外，拓展学习空间和提升学生探究欲。

案例3 华氏双法①

【教学内容分析】

“华氏双法”选自宋乃庆教授和康世刚博士主编的《数学文化读本》四年级上册第49-53页。“华氏双法”是我国著名数学家华罗庚先生所推广的，在生产、生活中运用极为广泛的数学方法，能帮助我们学会合理安排时间和节约资源、提高效率的重要方法。在《数学文化读本》中，该教学内容的呈现由三部分构成。第一部分开门见山，直接介绍我国著名数学家华罗庚先生是世界上最有影响力的数学家之一，被誉为“中国现代数学之父”，他推广的“华氏双法”在生产、生活中有着广泛的应用。从而，激发学生想进一步探究的学习欲望。第二部分结合生产、生活中的具体实例，如“邮递员送信路线最短问题”“沏茶问题”等，初步认识什么是优选法、统筹法，初步理解优选法、统筹法的数学思想和方法，感受其运用价值。第三部分创设生活情境，利用博士早晨起床到上班的生活案例，让学生初步运用统筹法解决生活中的实际问题，进一步感受“统筹法”的作用，进而了解到“优选法”和“统筹法”思想，推动了数学中的一门分支“运筹学”的形成。第四部分“拓展与应用”：一个人带一条狗、一只鸡、一篮子青菜过河的经典问题，让学生进一步探索

①本案例由重庆市大渡口区育才小学张毅平执教，由重庆市大渡口区育才小学刘凤和康世刚指导评析。本案例曾在全国“数学文化推进小学生素质教育中的实践探索”研讨会上展示交流。

"华氏双法"的奥秘。纵观该内容,是以华罗庚先生的人物简介、成就运用为线索,通过丰富而又生动的例子,充分让学生感受到统筹和优化思想及其运用价值,激发他们对数学家的崇敬之情,对数学的热爱之情。

【课前思考】

基于对《数学文化读本》的深入认识和理解,结合四年级学生的学习基础和学习能力,认识到该内容中所介绍的"邮递员送信路线最短问题",四年级学生由于缺乏生活经验,在认识、理解上均有一定的难度。因此,本内容的学习,在充分了解学生数学课本学习内容和学习基础的前提下,在充分尊重编者意图、学习目的的基础上,做出适当调整,去掉了"送信问题",增加华罗庚在工农业生产中推广使用的"二分法"作为"优选法"的实例融入课堂学习,并调整优选法和统筹法的学习顺序,让学生从贴近自己生活的实例"沏茶问题"谈起,感受统筹法的思想和方法,进而再学习稍复杂一些的"优选法",学生认识和理解就更为顺畅。因此,本内容主要采用教师提前布置调查任务、学生收集整理资料,并采用小组合作学习,课上教师讲授、学生演示、交流研究成果,辅以微视频、课件动画演示手段,帮助学生更好地理解"华氏双法",了解华罗庚先生为我国生产、生活做出的巨大贡献,学习数学思想和方法的同时,感受数学家的伟大之处,增强学好数学的信心。

结合本课教学内容分析和学生的学情,将教学目标拟定为:(1)了解华罗庚的成长经历和在数学方面所取得的成果,激发爱国情怀,培养严谨求实的科学态度,勤奋学习、刻苦钻研的优秀品质。(2)掌握简单的统筹法和优选法,理解三分法,进一步渗透"优化"的数学思想,体会数学的应用价值。(3)体验数学思想与方法在实际问题中的巧妙作用,激发对数学的热爱与兴趣。

【教学实录与评析】

一、开门见山,谈话导入

师:同学们,你们知道"中国数学之神"是谁吗?

生齐答:华罗庚。

师：对，他就是我国伟大的数学家——华罗庚（板书：华罗庚）。看来，孩子们课前对我国这位数学家做了不少的了解。这节课，我们就一起聊聊“华罗庚”的成就，听听他的故事。

【评析】由于课前有布置学生查阅和收集“华罗庚”以及“华氏双法”的相关资料，并且教师也对学生收集的资料做好课前分析，合理选用学生收集的资源中与本内容学习密切相关的资源，以学定教，顺学而导。因此，开课就可以开门见山，直奔主题，目的明确，让学生很快进入学习状态。

二、师生共谈，初识华罗庚

（播放微视频：华罗庚的简介以及主要成就）

师：谁能用一两句话给大家介绍一下你对华罗庚的了解？

生1：华罗庚出生于1910年，他是美国科学院的外籍院士。

生2：华罗庚1948年被美国伊利诺伊大学评为终身教授。

生3：华罗庚身残志坚，取得了很多成就，被人们称为数学之神。后来不幸在日本东京演讲，在接受献花的那一刹那，身体突然往后一仰，倒在讲坛上，再也没有醒来。

师：是啊，华罗庚为自己所热爱的事业付出了整个生命，他一生所取得的成就和所做的杰出贡献，不愧被称为“中国数学之神”“中国现代数学之父”“中国的爱因斯坦”，他是世界上最有影响力的数学家之一，也是我国最早把数学理论和生产实践紧密结合做出巨大贡献的科学家。他推广的统筹法和优选法被称为“华氏双法”，被广泛地运用到生产和生活中。（结合课件介绍）

【评析】通过教师精细制作的4 min的微视频，深入浅出地帮助学生了解“华罗庚”的生平简介以及他所取得的成就，从而激发学生主动走进数学家的世界，去领悟他的数学思想和精神，探究“华氏双法”的强烈愿望。

三、分享成果，再识华罗庚

师：通过上面的介绍中，你知道什么是“华氏双法”吗？

生：“华氏双法”指的是统筹法和优选法。

师：课前同学们分组收集了统筹法和优选法的相关资料和例子。这节课我们就一起来分享一下同学们的收集成果。谁能首先来分享一下“统筹法”？

1.统筹法。

生：统筹法，是一种安排工作进程的数学方法。它的适用范围极其广泛，在企业管理和基本建设中以及关系复杂的科研项目的组织与管理中都可应用。举个例子：我需要给爸爸泡茶，要完成以下几件事：洗烧水壶1 min，烧水5 min，准备茶叶0.5 min，洗茶杯2 min。请大家帮我算一算，爸爸要想喝到茶，最少需要多少分？

生1：需要6 min。

生问：说说你是怎么想的？

生1：因为洗烧水壶需要1 min，烧水需要5 min，合起来需要6 min，在做这2件事的同时可以洗茶杯和准备茶叶。所以总共需要6 min。合理地安排工作进程以节省时间的方法就是统筹法。

师：这位同学举的例子太好了，同学们一下子就明白了“什么是统筹法？”。谁还想为大家再分享一个统筹法的例子？

生：每天早上我都要做这几件事情，整理被子1 min，漱口1 min，洗脸1 min，吃早饭10 min，蒸馒头8 min，如果一件一件依次做，那需要21 min，可是我可以在蒸馒头的时候整理被子，漱口和洗脸，吃早饭的10 min加上蒸馒头的8 min一共需要18 min，这样就节省了3 min。

师：看来，按照事情的发展顺序，能同时做的事尽量同时做，这样就节省时间。节省时间，就是创造效益呀（板书：节省时间）！同学们，除了这些生活中的小事，其实还有很多生产中的大事也要用到“统筹法”。

2.优选法。

师：如果统筹法有节省时间的好处，那优选法又有什么作用呢？谁能为大家介绍介绍“优选法”？

生：我来给大家介绍一下优选法中的猜数游戏。我手中有一张卡片，它是0到80中的一个自然数，你们猜它可能是几？

生1：40。生：小了。生2：20。生：还小了。生3：30生：还是小了。生4：80生：大了。生5：50。生：还是大了。

师：5次都没猜中？那到底是怎么回事？

生:(画线段)因为这个数是0到80的数,我们可以用80除以2折半的办法,所以这里是40,如果40小了,我们就可以用40到80中间的一个数就是60,如果60大了,40到60之间有一个50,40到50之间有一个数字45,所以这就是我得到的数字45。(全班自主鼓掌)

师:还想玩一次吗?

生齐答:想。

师:老师也想了一个数。(把写有70的卡片遮挡着张贴在黑板上,并用纸条引导学生思考猜数的方法)这个数仍是一个0到80的自然数。谁先来猜第一次?

生1:40。

师:40小了。这样,我们就可以在哪个范围内来猜?

生2:40到80的范围内来猜。(师对折纸条)

生3:60。

师:60也小了。第三次又可以在哪个范围内来猜?(师对折纸条)是多少呢?

生4:70。

师:(打开卡片验证)我们来看,第三次我们是否猜得对?

生:70。猜对了!

师:这位孩子举的是优选法中的一种方法,它叫二分法,也叫折半查找法。运用二分法,其实就在于不断缩小我们猜数的范围,减少猜的次数,这样就能较快地找到这个数。

师:还有一位同学收集到了优选法的一个例子,很有意思。下面,我们请他来讲一讲!

生:我也给大家讲一个优选法的问题。这个问题的名字叫"找次品"。在三个玻璃球中,有一个次品较轻。如果用天平来查找,最少要称几次才能保证找出次品?

师:同学们明白这个问题是什么意思吗?什么叫最少要称几次才能保证找出次品?

生1:称的次数要最少,还要一定找到。

师:也就是即使在最不利的情况下,也能找到次品所需的最少次数。

生:(操作演示)现在我手里有3个瓶盖,就代表3个玻璃球,如果天平平衡,那次品就一定是剩下的,如果不平衡,次品就在抬起的一边。因此,在3个玻璃球中找次品,至少需要称1次就能保证找到。

师：那如果是9个球，要怎么称次数最少也能保证呢？动手试一试。（学生动手实验，可一人操作，也可两人合作）

生：我现在可以把这9个球平均分成3份，每份就是3个，我可以这样称，这样称的话（左边重，右边轻），说明这边重这边轻，说明次品是这里边的3个其中之一，如果是这样的话（右边重，左边轻），次品就是这3个其中之一，如果这样的话（平衡），次品就在剩下的3个中的一个。现在我再把含有次品的这3个拿来称，就和刚才找3个中次品的方法一样了。所以只需要称2次就能保证找到。

师：这位同学讲得很形象啊，还加上了自己的动作演示。你们都听明白了？

生1：有些不明白。

师：没关系，现在随老师的课件一起再来回顾一下这种方法。（课件）看，无论是3个球还是9个球，首先，我们都是把玻璃球均分成三份来称，这样的方法，也是优选法中的一种，叫作三分法。运用三分法，同样可以减少实验的次数。

以上同学，从不同的角度找到了优选法的例子，看来，无论是二分法、三分法，都可以减少实验次数。减少次数，就是创造效益呀！（板书：减少次数）

小结：感谢同学们的积极分享，让我们进一步了解了“华氏双法”。其实，运用“华氏双法”的地方还有很多。比如：有位同学收集到一个关于“华罗庚优选法成就酒业大王五粮液”的故事。一起来听！

师：华罗庚推广的“华氏双法”，确实能为我们生产生活节省时间，减少实验次数，在我国节约资源，提高效率上做出了巨大贡献。

【评析】充分利用学生课前收集的“华氏双法”的部分精彩事例，采用教师组织引导、学生参与互动学习、实验操作、交流展示等活动，在体验中充分感受“华氏双法”的思想和价值，体会“华氏双法”在“节省时间”“减少次数”里的精妙之处，培养学生热爱数学、学好数学的积极情感。

四、交流深化，走进华罗庚

师：孩子们，除了“华氏双法”，华罗庚还有很多的成就，国际上以他名字命名的数学科研成果还有很多（课件展示）。这些成绩取得的背后，还有着他一个个感人的故事。谁愿意给大家分享一下华罗庚的小故事？

生1：我给大家讲一个华罗庚“爱国情深的故事”。

师:听了这个故事,你想说点什么?

生2:华罗庚不抛弃自己的祖国,回到祖国,为自己的祖国建设强大,做出了巨大的贡献。

师:是的,正因为华罗庚有一颗忠诚于祖国的赤子之心,人们才尊称他为“人民的数学家”“我们的数学家”。

生3:我给大家讲一个“华罗庚勤奋成才的故事”。

师:讲得非常好!正因为华罗庚的勤奋好学,才使得他用6年半的时间从一个初中生成为大学老师。在清华大学的四年里还发表了十几篇论文,自修了英语、法语、德语。看(课件出示:埋头苦干是第一,熟能生出百巧来。勤能补拙是良训,一分辛劳一分才。)一个要想取得成就的人,都应该像华罗庚一样,只有“一份辛苦”才能换来“一分收获”!

【评析】通过学生自己来讲华罗庚的小故事,进一步感受华罗庚的严谨治学、甘于奉献、热爱祖国的优秀品质,激发学生向数学家学习的积极情感,增强爱国主义精神。

五、总结提升,深化主题

师:在这节课里,我们一起谈到了“华氏双法”,讲到了华罗庚的故事,感受到数学家的智慧和人格魅力以及他们为社会发展所做的贡献。只要我们刻苦学习,用心钻研,说不定你就是未来的数学家!

第二节　数学史料主题教学研究

数学史料是数学文化教育的重要组成部分。正如数学家们所说:“数学史在今天已成为一门具有无可否认的重要性学科,无论从数学的角度还是教学的角度来看,其作用变得更为明显,因此,在公众教育中给予恰当的位置乃是不可或缺的事。”①各版本小学数学教材都依据数学知识的进度,介绍相应的数学史料。认识数学史料的教学价值和教学内容的特点,依据学情,恰当地确定教学目标,设计合理的教学过程对小学数学文化的教学极为重要。下面从教学价值、教学内容和学

① 汪晓勤.HPM 数学史与数学教育[M].北京:科学出版社,2017.

情分析、教学目标设计和教学过程设计进行分析。

一、教学价值分析

在我国数学教育中，数学史在中小学数学教育中的作用在很久以前就被人们重视，早在1929年的《高级中学普通科算学暂行课程标准》、1932年的《初级中学算学课程标准》以及1936年的《初级中学算学课程标准》的教学建议中就曾强调："凡教材具有特别历史兴味者，教师最好能随时提及，以引起学生之兴趣。"数学史的教育学者们极为关注，发表了一批数学史教育的文献。笔者也在2009年就发表过"对我国'数学史与中小学数学教育'研究的现状分析与思考"①，发现我国学者对数学史在数学教学中的作用主要集中在德育（辩证唯物主义、学习品质和科学人生观）、学习兴趣培养、数学知识的学习、学生能力的培养以及数学教师等方面。英国数学史家福韦尔（J.Fauvel）总结了数学教学中运用数学史料的各种理由，共有15条：（1）增加学生的学习动机；（2）改变学生的数学观；（3）因为知道并非只有他们自己有困难，因而得到安慰；（4）使数学不那么可怕；（5）有助于保持对数学的兴趣；（6）给予数学以人文的一面；（7）有助于解释数学在社会中的作用；（8）有助于发展多元文化进路；（9）历史发展有助于安排课程内容顺序；（10）告诉学生概念如何发展，有助于他们对概念的理解；（11）通过古今方法的对比，确立现代方法的价值；（12）提供探究的机会；（13）过去的发展障碍有助于解释今天学生的学习困难；（14）培养优秀学生远见卓识；（15）提供跨学科的合作机会。②经过梳理概括学者们关于数学史料教育的观点，结合小学生学习的特点，笔者认为小学数学史料的教育价值主要体现在以下几个方面。

一是了解数学知识产生的历史文化背景，增强文化自信。任何知识都已深深地烙上了那个时期的民族文化烙印。比如：古埃及的象形计数、古巴比伦的楔形计数和中国算筹等，都是当时社会文化的体现，数学知识的表述方式受各种民族文化的影响。

二是感悟数学知识的发展变化，增强对数学知识的理解，形成正确的数学观念。在日常教学中，许多对数学史料不熟悉的老师，经常把一些数学知识用

① 康世刚等.对我国"数学史与中小学数学教育"研究的现状分析与思考[J].数学教育学报，2009，18(5):65-68.

② 汪晓勤.HPM数学史与数学教育[M].北京：科学出版社，2017.

"规定"来搪塞,影响学生正确的数学观念的形成。比如:"分数"的写法,有很多老师就是讲"规定"。

三是探索数学名题趣题和数学知识,培养学生对数学的兴趣。研究表明,同一个知识以不同的形式呈现的时候,会激发学生的学习兴趣。数学知识的史料呈现了数学史上数学家对数学知识的不同探索,这样的呈现方式能够激发学生学习数学的兴趣。

二、教学内容和学情分析

数学史料以学生数学知识学习的进度编排,数学知识与史料是相互依存的。因为是数学知识的历史,有一些是非常有趣的,但是大部分比较枯燥。数学史料的教学内容具有以下三个特点:一是数学知识是数学史料的载体,数学史料蕴含着数学知识的来龙去脉,蕴含着丰富的数学文化。这些知识是学生非常有兴趣的。比如:"="是怎么来的?面积的符号为什么要用"S"?等等。数学教育家张奠宙教授说:"教师要有这样的经验,学生如果能知道知识的来龙去脉,那么就能较好地掌握知识。"二是数学史料需要教师再加工,要体现"为儿童而文化"。大多数古代的数学史料,语言晦涩难懂,需要教师再加工。《小学数学文化丛书》和《数学文化读本》采用连环画的形式呈现,有助于学生直观通俗地阅读学习。三是数学史料的难度各异,需要教师的讲授和学生的自主阅读结合。比如:算筹计算,就比较难,需要教师讲授。

三、教学目标设计

按照数学课程标准的要求,数学史料教学目标也应该体现知识与技能,过程与方法,情感、态度和价值观。

(一)知识与技能目标

数学史料是蕴含了数学知识本身和数学知识的发展变化,所以在数学史料方面的"知识"主要包括:理解数学知识本身和了解数学史料知识。"技能"主要包括:数学技能的变化,阅读并理解不同技能的特点。比如:在"分数的由来"中的"知识与技能”可表述为“了解分数的发展历史知识，理解分数的写法。”

（二）过程与方法目标

混沌数学的开创者庞加莱说“若想预见数学的将来，正确的方法是研究它的历史和现状。”数学史料记载了数学知识的发展变化，有一些数学知识可以引导学生经历数学史料的探索，引导学生经历数学知识发展变化的探究过程，通过对比现在的数学知识与历史上的数学知识，丰富数学方法，促进学生思考。比如：在“格子乘法”中的“过程与方法”的目标就可以写成“通过古今乘法方法的比较，凸显竖式计算的简便，感受算法发展过程中的优化。”

（三）情感、态度与价值观目标

基于《数学课程标准（2022年版）》对“情感、态度和价值观”表述，结合数学史料的特点，数学史料的情感、态度和价值观主要内容有：积极主动学习数学史料，对数学史料有兴趣，增强民族自豪感、文化自信和家国情怀。经历数学史料的探究过程，建立学好数学的自信心；通过感受数学知识的发展变化，体会数学的特点，感受数学在人类文明进程中的价值和数学家的贡献，形成正确的数学观；养成独立思考、合作交流、反思质疑等学习习惯；形成坚持真理、敢于质疑、严谨求实的科学态度。如“一封读不懂的信”中的“情感、态度和价值观”就可以写成“经历制作密码表、撰写密码信、探究制作原理的全过程，感受数学好玩、神奇、有用，培养对数学的兴趣。”

四、教学过程设计

数学史料的教学过程设计应该体现以下几个方面：

一是要紧密结合数学知识的教学进度。数学史料是按照小学生数学知识的学习进度编排的，教学设计时要按照数学知识教学进度安排。比如：“度量单位的统一”可以安排在“克和千克的认识”之前，由学生自主阅读。“格子乘法”可以安排在三位数乘以两位数之后，教师引导学生探索经历。

二是要处理好阶段性和学生的知识储备。数学史料比较散乱，应该根据学生所处的年级阶段，给学生布置合适的数学史料学习。同时，给学生布置相关作业时，应该关注学生的知识储备和查阅资料的能力和条件。比如："阿拉伯数字的来历"不能安排在低年级，应该安排在高年级。

三是根据学生的年龄特征组织不同类型的活动。由于数学史料类型多样，就应该开展与之对应的学习活动；对于阅读类的内容可以安排学生自主阅读后，交流学习的收获；对于名题、趣题，可以设计探究性学习，比如：百鸡问题、鸡兔同笼问题和李白买酒等，注重学生数学问题的探究激发学生学习数学的兴趣，体现数学探究的过程，感悟数学思维和思想方法。

四是评价形式以手抄报、"名题赏析"和活动表演等方式实施。

案例1 年号纪年法与公元纪年法①

【教学内容分析】

"年号纪年法和公元纪年法"选自宋乃庆教授和张健老师主编的《数学文化读本》三年级上册第59-63页。在《数学文化读本》中，该部分内容的呈现由三部分构成。第一部分是情境导入：首先呈现赤壁之战的精彩场面，通过"建安十三年"这一细节聚焦，进一步说明"建安十三年就是汉献帝刘协使用建安这个年号的第十三年，这是古人记录时间的一种特殊的方法"，由此切入主题：纪年法就是记录与区分年份的方法。第二部分带领读者深入认识年号纪年法及公元纪年法各自的特点：首先详细介绍了年号纪年法是如何具体记录年份，并采用举例子、列数据等方式引导读者深入体会年号纪年法的特点及其纪年方法上的不便。接下来，在天天、妮妮及博士等的讨论中带领读者详细了解了公元纪年法的特点及其具体纪年方法，并介绍了公元纪年法以其独特的优势，成为目前世界通用的纪年方法。这部分内容还同时介绍了中外历史上使用过的其他纪年方法。部分国家和地区仍在坚持使用自己的纪年方法，以及我们国家开始使用公元纪年法的时间。通过

① 本案例由重庆市大渡口区实验小学刘芳执教，由重庆市教育科学研究院康世刚评析。该案例获得全国第三届小学数学文化优质课竞赛一等奖。

这部分内容的介绍，读者能更加深入地了解到年号纪年法和公元纪年法各自的特点。通过对比，能更深刻地体会到为什么世界上大多数国家和地区选用公元纪年法作为通用纪年。同时，还借助历史事件与数学计算的巧妙结合，深刻体会到历史发展的必然。第三部分是拓展应用：通过习题的方式，引导学生通过查阅资料，详细了解本文中介绍到的其他纪年方法，培养学生主动获取知识的能力。同时，通过介绍中国最早有确切纪年开始的西周共和元年，让学生计算从当时到现在的年份，即通过数学计算，运用到公元纪年法的特点，同时又开阔了学生的视野。

【课前思考】

"年号纪年法和公元纪年法"属于历史与数学相结合的内容。对于绝大多数小学生来说，纪年方法对他们或许有些陌生、遥远、深奥、枯燥。因此，如何将深奥、枯燥的学习内容与学生已有生活经验产生联系，激发学生学习的兴趣是本课首先要思考的问题。历史本身对学生来说，有些抽象、陌生，但历史故事、历史人物对学生来说却不遥远。学生平时通过课外书、电视剧、听音频等方式对历史故事、历史人物有一定的了解。因此，靠历史故事、历史人物能激发学生学习的兴趣。通过提炼历史信息，能帮助学生有效掌握本课知识。传统的教学方法，学生在学习历史过程中，一般通过背诵历史事件名称、相关人物、事件发生时间等进行学习。学生只能孤立地死记硬背出一些零散的知识点、结论，但未必会进一步思考知识点与知识点之间的联系、事件结果的因由。因此，本节课在设计上，让学生不仅了解到年号纪年法和公元纪年法各自纪年的方法、各自的特点，还要让学生通过数学计算、对比体会到统一纪年方法的必要性。

中外古今涉及的纪年方法纷繁复杂，可以分主次部分介绍给学生。所以本课的教学目标拟定为：(1)初步认识年号纪年法及公元纪年法各自的特点。增强数学运算能力和应用意识。(2)了解古今中外部分纪年方法，体会统一纪年法的必要性。(3)体会数学的价值，增强学习数学的兴趣。

【教学实录与评析】

一、故事引入、唤醒经验,激发学习兴趣

师:我们来看一段视频。

教师播放赤壁之战的简短视频,场面精彩,学生惊叹不已。

师:这场战争是三国时期有名的赤壁之战。它发生在什么时候呢?

生:建安十三年。

师:建安十三年,孙刘联军在赤壁火烧曹军,大获全胜。(板书:建安十三年)

师:建安十三年就是指汉献帝刘协使用建安这个年号的第十三年。这是古人记录时间的一种特殊的方法,也就是我们今天先要来了解的年号纪年法。(板书:年号纪年法)

【评析】三年级的孩子对于历史感显得还比较淡,对于年号的感觉更是陌生。因此,本环节设计的目的是从学生相对熟悉的历史题材剧中唤醒学生的历史感,并通过细节聚焦从中感受到"年号"似曾相识,并不完全陌生。视频还激发了学生的学习兴趣,有利于后续活动的开展。

二、深入探究,经历学习的过程,认识年号纪年法

1.介绍年号纪年法。

师:年号是我国古代帝王用来纪年的名号。历史上,汉武帝最先使用年号来记录与区分不同的年份。汉武帝在位(54)年,共用了(11)个年号。不同的年号意味着不同的含义。

师:接下来我们来玩一个游戏,请孩子们根据老师提供的信息,大家来猜年号。

(1)汉武帝在一次狩猎时获得了一只叫作"白麒麟"的兽,觉得这是非常吉祥的事情!于是,他便更改了年号。大家猜猜,改成了哪一个呢?

生:元狩。

(2)汉武帝喜欢四处征战,经过他多年的努力,天下逐渐安定下来。他便开始陶醉于自己"征服周边民族而使天下和平"的伟业之中,于是又改了年号。又是哪一个呢?

生:征和。

师:汉武帝的这11个年号,前面的五个都是后来才追加的,他本人亲自定的第一个年号是——“元封”。“元封元年”是什么意思呢?

生:元封元年就是使用“元封”这个年号的第一年。

师:元封元年的下一年呢?

生:元封二年。

师:再下一年呢?

生:元封三年。

……

师:年号纪年法就是这样,规定好年号之后,一年一年地记录下去。

资料介绍:自汉武帝使用年号开始,此后,每个皇帝继位都要改年号,并以年号纪年。元代以前,一个皇帝一般有多个年号,明清时期,一个皇帝基本就只用一个年号。中国历史上使用时间最长的年号是清朝的“康熙”,使用了61年。

用不同的年号来记录与区分各种不同的年份,这种纪年方法叫作年号纪年法。年号纪年法不仅是我国的一种纪年法,而且还影响到朝鲜、日本等国。

【评析】本环节通过游戏猜年号,让学生感受到不同的“年号”背后代表着不同的含义。同时,通过理解“元封元年”的含义,下一年,再下一年……体会到古人是如何使用年号纪年的。微视频进一步对年号纪年法有了一个整体的概述。

2.感受年号纪年法的特点。

师:古代帝王用年号来纪年。因此,我们在面对历史故事时,经常都会遇到年号纪年。

(微视频介绍李白的生平故事)

师:这是李白一生经历的所有年份信息。你能看出开元这个年号使用了多少年吗?

长安元年(出生)	长安二年	长安三年	长安四年
神龙元年	神龙二年		
景龙元年	景龙二年	景龙三年	
(唐隆元年	景云元年)	景云二年	
(太极元年	延和元年	先天元年)	

开元元年　　　　开元二年　　　开元三年……开元四十三年

至德元年　　　　至德二年

乾元元年　　　　乾元二年

上元元年　　　　上元二年

宝应元年(逝世)

注意:(　　)表示同一年内使用了不止一个年号

生1:用了43年。

生2:我也认为用了43年。通过看开元这个年号的最后一个年份就能看出,开元这个年号使用了43年。

师:她的办法真巧妙,只看最后一个年份就可以看出这个年号所使用的时间。景龙这个年号使用了多少年呢?

生:三年。

师:括号里表示同一年内使用了不止一个年号。比如:第一个括号里的唐隆元年,景云元年表示这是在同一年内先后使用的两个不同的年号。你还能看出这样的例子吗?

生1:我能看出太极元年,延和元年,先天元年也是在同一年内先后使用的三个不同的年号。

生2:这三个年号一共使用了一年。

师:李白生于长安元年,在宝应元年去世,你们能推断出李白到底活了多少岁吗?

学生小组合作完成任务单(先分段统计出年份,再将统计结果加起来),再汇报。

生1:我算出李白活了62岁。我的办法是,先分别计算出每个年号所使用的年份,再将结果加起来。我的算式是4+2+3+2+1+43+2+2+2+1=62岁。

生1:我不同意他的做法。因为李白生于长安元年。长安元年他才出生,不能算1岁。所以长安这个年号,我们只能统计成3岁。所以我的算式是3+2+3+2+1+43+2+2+2+1=61岁。

师:刚才仅仅是算一个李白的年龄,你们怎么就加了这么多个数呢?

生1:因为李白一生经历的年号很多,所以我加了好多个数。

生2:每个年号用的时间也不一样。有的时候,还有两个或者三个年号共用一年,所以计算的时候要很细心,仔细加。

师:你们的意思是:换了年号,意味着纪年又要从头开始计算。不同的年号意味着不同的起点。每个年号使用的时间也可能不一样。计算起来轻松吗?

生1:比较麻烦。而且,我开始看到长安四年,我就把长安这个年号算成了4年,算错了。

生2:我也觉得很麻烦。算一个年龄就算了好多个数。不像我们现在算年龄,一个很简单的算式就可以算出来。

生3:数太多,我也算错了。

师:年号越多,参与计算的数也越多,这样不仅麻烦,而且容易出错。

师:长安元年到现在又经历了多少年呢?你打算怎么算?

生:像刚刚这样,算出每个年号的使用年份,再加起来。

师:老师为你们提供了分段统计的素材。还能像刚才这样很快算出来吗?

(课件逐条滚动出现从长安元年一直到宣统三年所有的年份信息)

师:刚刚我听到大家一片惊叹声。你们在惊叹什么呀?

生1:这也太多了吧,看得我眼花缭乱。

生2:年号太多了,我估计下课也算不完吧。

生3:可惜我没带计算器。

生4:即使有计算器也很难算。年号这么多,算起来实在是太麻烦了。我不想算。

师:年号纪年法需要随时更换起点。从汉武帝到末代皇帝薄仪,一共出现过600多个帝王年号,你们惊奇吧!

师:要是有一种纪年法,不用更换起点那多好啊!这样的纪年法有吗?是什么呢?

【评析】通过李白的生平年份信息计算李白的年龄,学生能深入体会到年号纪年法的特点:频繁更换起点,计算的烦琐不便。学生通过浏览从长安元年到宣统三年的所有年份信息,更是能从中体会到年号纪年法的特点及其使用的不便。此时,公元纪年法呼之欲出,水到渠成。

三、对比研究,深入认识公元纪年法

1.公元纪年法。

(微视频介绍公元纪年法)

公元纪年法起源于基督教。基督教规定:耶稣诞生之年为公元元年,公元元年以后的时间称为公元XX年或XX年,公元元年以前的时间称为公元前XX年。

2.感受公元纪年法的特点。

师:刚才大家算李白的年龄,算了好久,还差点出错。可是,老师能轻轻松松算出李白活了多少岁。大家相信吗?

生1:我不相信。

生2:我相信。

师:睁大眼睛观察,我做了一件什么事?

生:老师将年号纪年换算成了相应的公元纪年。

师:想想,老师是怎样轻松计算出李白年龄的呢?

生1:762−701=61(岁)。

生2:李白去世于公元762年,生于公元701年。所以,直接用762−701就算出来了。

师:(课件出示数轴)将去世的年份减去出生的年份就能轻松算出来。

师:李白生于长安元年,也就是公元701年,到现在又有多少年了呢?

生:2017−701=1316年。

【评析】对比年号纪年法,本环节运用公元纪年法的纪年方法计算李白的年龄,并进一步计算长安元年(公元701年)距今的年份,与前面的学习内容前后呼应。学生通过两种纪年法的对比计算学习,更是深刻体会到公元纪年法只有一个起点的特点,及其在计算上的便捷。

师:大家知道中国历史上第一位皇帝是谁吗?

生:我知道,是秦始皇。

师:秦始皇统一六国后,进一步统一了文字、货币、度量衡,为我们中华文明的传承与发展做出了不可磨灭的贡献。从公元前221年,秦始皇统一中国,到现在又有多少年了呢?

生1:2017−221=1786年。

生2:221+2017=2238年。

师:请用减法的同学来说说你的想法。

生1:我用后面的年份减去前面的年份,就能算出经历了多少年。

师:用加法的同学,谁能来证明自己的想法是正确的呢?老师为你准备了数轴,你可以借助它来说明你的想法。

生1:这里的221年是公元前221年,不是公元后221年。如果是公元后

221年,就用减法,但是是公元前,当然不能用减法,所以我认为应该用加法。

生2:我觉得可以这样想。公元前221年,可以想成-221,用2017-(-221)不就是2017+221了吗?

师(小结):先算公元前221年到公元元年有221年,再算公元元年到现在有2017年。将公元前的年份加上公元后的年份,就能算出总共的年份。

师(追问):对比这次的计算和刚刚算李白的年龄,有什么不一样?

生1:算李白年龄时,我们用的是减法。这次的计算我们用的是加法。

生2:算李白年龄时,两个时间都是公元后。这次是一个公元前,一个公元后。

生3:两个时间节点都在公元后,用减法 。两个时间节点,一个在公元前,一个在公元后,用加法。

师:西周共和元年,即公元前841年,以"国人暴动"作为中国历史有确切纪年的开始。距今又是多少年了呢?你能自己算一算吗?

生:2017+841=2856年。

【评析】本环节让学生计算公元前221年距今的年份。学生在争辩中进一步认识到公元纪年法只有公元元年这一个起点的特点。公元前的年份和公元后的年份所不同的表达方法及其含义,学生也能通过计算和数轴的直观呈现,更加深入地理解公元纪年法。

四、资料延伸介绍

师:了解了年号纪年和公元纪年法,我们来看看,我国古代还用过哪些纪年法。

1.中国历史上其他纪年法。

我国古代常用的纪年法主要有六种。除了刚刚介绍的年号纪年法,还有如下几种。

(1)王公即位年次纪年法:比如齐桓公二年。

(2)干支纪年法(这种纪年法每60年一循环,比如:今年是农历丁酉年)。

(3)年号干支兼用法。

(4)生肖纪年(比如:今年是鸡年)。

(5)星岁纪年法,这种纪年方法在春秋战国时期很盛行,目前用得很少了。

师:中国古时候已经有这么多纷繁复杂的纪年方法,我们再来看看国外历史上又有哪些纪年方法呢?

2.国外纪年法。

在西亚地区,古代巴比伦王国使用纳波纳沙尔纪年,又称巴比伦纪年。

古代希腊曾使用希腊纪年。

古代罗马兴起之后,占有地中海沿岸广大地区,通行罗马纪年。

大多数伊斯兰教国家通行伊斯兰纪年(有三种起点)。

东南亚各国采用的塞种纪年,又称大历纪年。

在日本明治维新之后,流行开国纪年。

师:中外这些曾经用过的纪年方法都是人类智慧的结晶。在当时,也是人类文明发展的重要体现。而现在,世界上使用公元纪年法的国家有这些,而且越来越多。

为什么越来越多的国家开始采用公元纪年法了呢?

生1:因为公元纪年法计算起来方便。不像年号纪年法,计算麻烦,还容易出错。

生2:公元纪年法只有一个起点。

生3:大家采用相同的纪年法才方便,否则大家的年份记录都不一样,很容易弄错。

师(小结):随着时代的变迁,世界各国之间的交流越来越频繁、深入。大家采用相同的纪年法方便国际交流。公元纪年法只有一个起点,比较方便,所以成为世界通用的纪年方法。

师:公元纪年法是目前世界通用的纪年法。也有部分国家仍然采用自己的纪年方法,比如:日本、大多数伊斯兰教国家、以色列等。

师:你们知道我们国家是从什么时候开始采用公元纪年法的吗?

为了加强国际交流,在1949年9月,新中国成立之初,中国人民政治协商会议第一届全体会议决定采用现代世界大多数国家公用的纪年制度,即用公元纪年法作为新中国的纪年。

【评析】本环节向学生介绍了中外曾经用过的部分纪年方法,这些纪年方法都是人类研究天文、感知自然节气变化的智慧结晶。学生通过对纷繁复杂的纪年方法的了解,在师生、生生的讨论中体会到统一纪年法的必要性。

五、小结

师:今天,同学们了解了年号纪年,又了解了公元纪年。对比一下,两种纪年方法，它们各自有什么特点呢？

生1：年号纪年法需要随时更换起点，不太方便。

生2：年号纪年法不同的年号使用的时间也不一样，计算起来很麻烦，还容易出错。

生3：公元纪年法只有一个起点，计算方便。

师：年号纪年法非常具有中国特色，彰显着中华文明悠久的历史文化。公元纪年法只有一个起点，不用担心改朝换代而带来的纪年名称的改变，计算起来也很方便。对于我们研究历史，带来了不少便利。

师：课后，大家可以查阅资料，详细了解一下本课介绍的纪年法。

学了本课后，你产生了哪些课上没有弄明白的疑惑，也可以上网了解一下。

【评析】本课在尾声部分让学生对比两种纪年方法各自的特点。学生在对比中，从宏观上进一步深化了对两种纪年方法的认识。学生在阐述中也能感受到对两种纪年方法认知的有限和进一步认识的渴望。数学文化课堂的时间是有限的，但给学生的未来继续学习提供了可能。

案例2　格子乘法[①]

【教学内容分析】

“格子乘法”选自宋乃庆教授和康世刚博士主编的《数学文化读本》四年级上册第40-43页。格子乘法是一种通过画一些格子来计算乘法算式的方法，500多年前，这种计算方法从意大利传入中国，记录于我国明朝数学家程大位著述的《算法统宗》，叫作“铺地锦”。在《数学文化读本》中，“格子乘法”的内容呈现大体包含三部分。第一部分是追溯历史，了解由来。该课首先呈现了三道不便口算的乘法算式并设问：除了竖式计算，还有其他的计算方法吗？博士直接给出答案，“有一种方法叫格子乘法，又叫铺地锦”，美丽的名字，神奇的算法，旨在激发学生学习的兴趣和热情，而后安排自主阅读的材料让学生对格子乘法进行初步的探寻。第二部分是算法简介及迁移应用。该课中博士以三位数乘一位数为例，首先讲解格子

① 本案例由重庆市沙坪坝区育英小学王音执教，重庆市沙坪坝区南开小学王小燕和康世刚指导和评析。本案例在重庆市数学文化经验交流研讨会上展示交流。

乘法的计算步骤,而后安排了两位数乘两位数和三位数乘三位数的计算,迁移应用三位数乘一位数的格子乘法的计算方法。第三部分是对比发现,感悟发展:对比格子乘法和竖式计算、珠算乘法等,感受算法间的区别与联系。通过格子乘法的学习,让学生进行一场乘法计算历史文化的追溯,感悟历史进程中算法的优化,古今智慧的相通。

【课前思考】

顾沛教授曾说:"数学文化可开阔视野,加强学生对数学的宏观认识和整体把握;使学生受到优秀文化的熏陶,领会数学的理性精神,从而提高自身的文化素养。"然而现实教学中,学生对数学的认知和把握往往是微观而片面的,因为数学知识常常以结论的形式呈现给学生,这些数学知识是怎样发展变化的?一代代数学家做了哪些思考与贡献。"数学史料"的教学,教师需引导学生了解数学知识的由来与文化特点,感悟数学知识发展变化的特点,进而体会数学知识发展中数学家的贡献,改变对数学知识的规定看法。

从"数学史料"的内容特点来看,"格子乘法"的学习是对乘法计算发展历史的追溯,从画线数点到现在竖式乘法的出现,格子乘法起到了桥梁的作用。"格子乘法"的学习不是简单的学习一种计算方法,而是将这部分内容作为数学文化传递给孩子们。因此,教学中重视培养学生独立阅读的能力、自主探究的能力、迁移应用的能力和对比思辨的能力,紧抓"数学文化"这个关键词,引导学生经历乘法发展的过程,让学生感受数学家的探索与创造。根据教学内容的特点和学生学情的分析,将教学目标拟定为:(1)简单了解古代乘法发展的历史,掌握格子乘法的计算方法,并会应用此法计算多位数乘法;(2)通过古今乘法方法的比较,加深对三位数乘两位数相关知识的理解,凸显竖式计算的简便,感受算法发展过程中的优化;(3)经历探索、应用格子乘法计算方法的过程中,发展自主探索的能力,感受人类文明进程中对计算的探索与创造,激发学习数学的兴趣。

【教学实录与评析】

一、追溯历史，了解乘法的发展

师：今天的学习内容和乘法有关，在乘法计算中，朗朗上口的“九九乘法口诀表”是古代人们智慧的结晶，是所有乘法计算的基础。比如：2×3=?（生将答案脱口而出。）

师：那如果不用乘法口诀，你知道怎么算吗？

生：2个3相加，3+3=6。

师：非常厉害的小朋友，应用了乘法的意义。古人可智慧了，通过画线就可以算出乘法来，想不想看看？（小视频：画线乘法：2×3，见图1）

师：想不想自己试一试呢？生尝试画线计算3×4。

师：想一想，要计算12×13该怎样画线呢？思考后，老师介绍。看完了画线乘法（见图2），你有什么想说的呢？

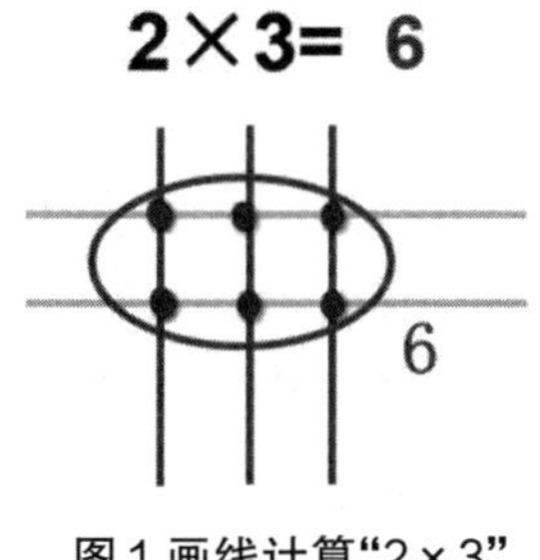

图1 画线计算“2×3”

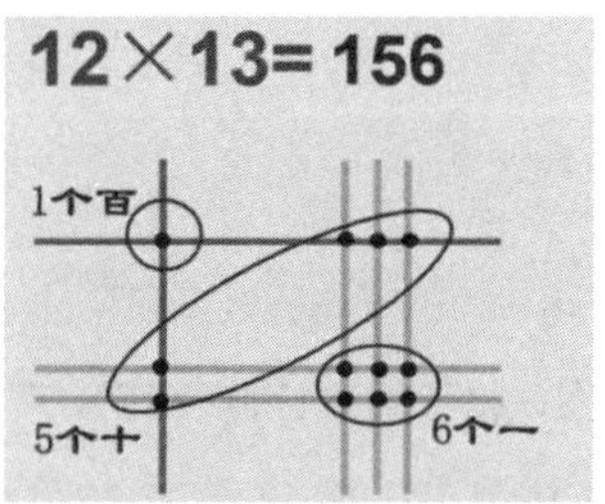

图2 画线计算“12×13”

生：画线乘法很神奇，真好玩，但是对于因数较大的乘法算式，画线多，数点就有点麻烦了。

师：孩子们真厉害，会计算更是会思考。梳理乘法的发展：古时候的人们从结绳记事上得到启发，发明了画线数点计算乘法的方法。春秋战国时期发明了九九表，随着数字的出现，九九表和数字进行了结合，在画线法的基础上发明了格子乘法。（短片介绍格子乘法：格子乘法是一种古时候计算乘法算式的方法。相传，这种方法最早记载于1150年印度数学家婆什伽罗的《丽罗娃提》。500多年前，这种计算方法从意大利传入中国，记录于我国明朝数学家程大位著述的《算法统宗》。顾名思义，格子乘法就是通过画一些格子来计算，在地上画好格子，写算时密密麻麻排列后的结果，犹如一匹匹锦缎上密织的花纹图案，因此给它取了一个美丽的名字——“铺地锦”。）

【评析】兴趣是最好的老师。上课伊始，通过简单的乘法计算2×3=？走进历史上比格子乘法更早出现、更为直观而又与格子乘法的算法相通的画线乘法，探寻画线乘法的奥妙与不足，感受数学家的贡献和创造。梳理乘法计算的发展，渗透数学文化的精神，激发学生学习格子乘法的兴趣。

二、引导观察，解密格子乘法

（一）自主探究，归纳格子乘法的计算方法

师：美丽的名字，神奇的算法，看735×5=？在一本古书里，智慧先贤用了这样的格子来计算（见图3）。仔细观察一下，你已经看明白了哪里呢？

格子乘法算出：
735×5=3675
7 3 5
3 5 1 5 2 5
3 5
6 7 5

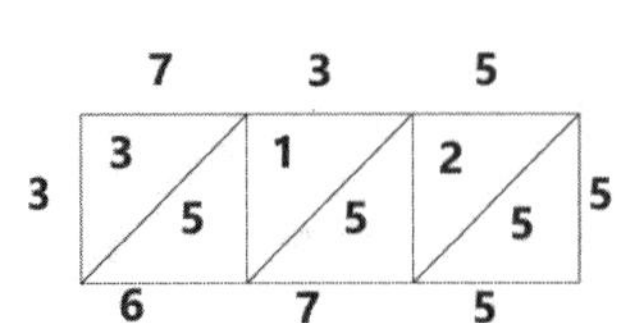

图3 格子乘法计算“735 × 5”

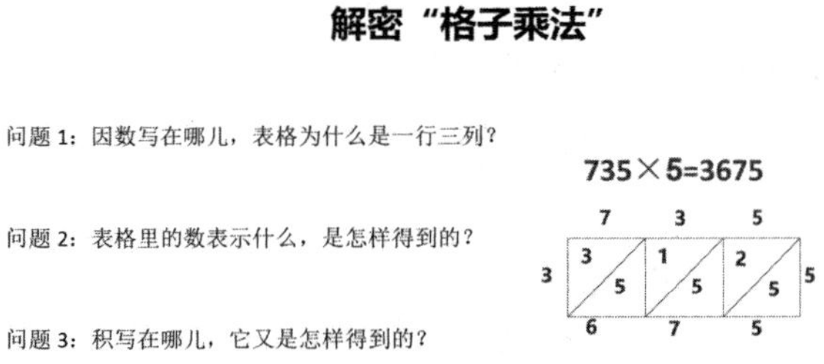

解密“格子乘法”
问题1：因数写在哪儿，表格为什么是一行三列？
问题2：表格里的数表示什么，是怎样得到的？
问题3：积写在哪儿，它又是怎样得到的？
735×5=3675
7 3 5
3 5 1 5 2 5
3 5
6 7 5

图4 探究格子乘法计算方法的题单

借助题单（见图4）上三个关键问题解密格子乘法，学生独立思考后，小组内交流自己的发现，教师引导提炼总结格子乘法的计算方法。

师：格子乘法的算法的第一步就是先根据两个因数的位数，画一个三列一行的表格，再用对角线把小格一分为2，简而言之就是“画表格”。

第二步，把因数写在表格的上面和右边，注意一个数字要对齐一个格子。简称“站因数”。

第三步：将两个因数各数位上的数分别乘一次，写在对应的格子里，简称“分别乘”。

第四步：把每斜行的数相加，从个位加起，这是个位，这是十位，这是百位……相加满十就向前一位进一。把每斜行的数相加，简称“斜相加”。

师追问：斜相加有道理吗？为什么要斜着相加呢？

生：第一斜行是积的个位，第二斜行是积的十位，第三斜行是……相加的时候我们从右边开始加起。从低位加起，是我们计算多位数加法的习惯。

第五步：将各位加数的和从左到右的顺序排列，就得到乘法的结果。按顺序，依次写出积。简称“顺序写”。

一起小结：格子乘法的计算方法有几个步骤呢？(5个)依次是？

生齐：画表格，站因数，分别乘，斜相加，顺序写！

【评析】教育家布鲁纳指出：“知识的获得是一个主动的过程，学习者不应该是信息的被动接受者，而应该是获取过程的主动参与者。”教学中直接给学生展示一道用格子乘法计算的题目，顺接孩子们开课时被激发出来的强烈探索欲，设计由浅入深，指向格子乘法的形式、格子乘法的数据怎么来的、格子乘法数据的填写位置三个核心问题，引导孩子们主动探求格子乘法的计算方法。这样的安排给孩子们主动参与、自主学习的机会，更是在必要的地方搭建好学习的脚手架，让孩子们探究有方，思考有法。在孩子们有了充分的探索经历后，教师作为组织者、引导者的身份需要凸显，组织分享交流，归纳出格子乘法规范的计算方法和简洁的计算步骤，让不同层次的孩子都共享格子乘法计算的奥妙。

(二)迁移应用，延伸格子乘法(三位数乘一位数)的计算方法

1.基础练习：三位数乘一位数。

师小结：孩子们真厉害，齐力探究，我们明白了格子乘法的计算方法，如果给你们其他的乘法算式，你会用格子乘法来计算吗？

算一算：(1)625×3=（0占位）；(2)764×4=（有进位）。

师：尝试用格子乘法计算，再用竖式计算验证一下。

生拿出题单，独立完成。

师：完成的小朋友可以同桌相互说一说你是怎么计算的，想一想哪个地方需要特别提醒大家注意的。

展示：生结合题单讲一讲自己的算法。

2.延伸练习：两位数乘两位数和三位数乘两位数。

师：除了这样的三位数乘一位数，我们还学习过其他的乘法算式吗？

生:两位数乘两位数,三位数乘两位数?谁能给我们出一个两位数乘两位数的题目呢?生出题:比如说,54×27=(同步板书算式),这个题目需要画一个几列几行的格子呢?为什么?(一生回答,师贴好格子。)

师:现在看,老师这里还画好了一个格子,它可以解决什么样的乘法算式呢?你能出一个这样的题目吗?生出题,师板书。

请大家拿出题单,挑战一下吧!

课件出示(题单):(2)先用格子乘法计算,再列竖式验证计算的结果。

①54×27= ②257×46=

一组同桌上台展示。

小结:不管相乘时拆分为几部分,它们最后都是把相同数位上的数加起来的,古代与现代智慧相同。

【评析】课堂中的练习是学习中非常重要的一个环节,是对新学知识的检验、巩固、消化、吸收的重要途径。有层次的课堂练习能够促进学生准确地掌握新的知识,增强数学应用的能力,让有效的学习真正发生。当学生理解格子乘法的计算方法后,摩拳擦掌,跃跃欲试,这个时候他们期待的就是有没有其他的算式,检验刚刚学习的格子乘法的计算方法"灵不灵"?教学中,顺势而导,首先及时巩固,落实新知。安排两个基础练习,即三位数乘一位数的题目,分别涉及在格子中用0占位和满十进一的两种"新状况"。而后,拓展延伸,加深对方法的理解与灵活应用。安排两个延伸练习,即两位数乘两位数和三位数乘两位数的题目,呈现也分两种方式,一是根据算式明确格子的形式,二是根据格子的形式来自主出题,不同思维层次的孩子都有思维的发展。

(三)深层挖掘,领会算理连通性

师:比较一下格子乘法和列竖式,你发现了什么呢?

生:竖式中第一层乘积个位上的2,在铺地锦的这里。十位上的,百位上的,千位上的……

师小结:不管相乘时拆分为几部分,它们最后都是把相同数位上的数加起来的,古代与现代智慧相通。结合PPT动画演示相同数位上的数用同一种颜色表示,见图5。

54×27= 1458

格子乘法　　　　竖式计算

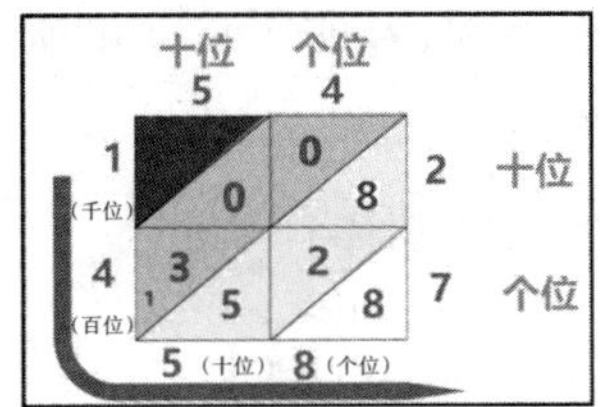

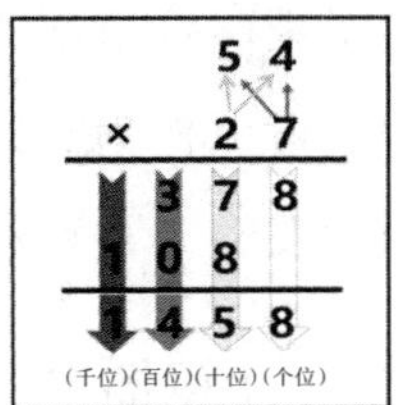

图5　格子乘法和竖式计算的比较

【评析】数学学习不能停留在对算出正确结果即为满足的状态，呵护好学生心底的神奇与小疑惑，浇灌这颗疑惑的小种子，让学生将那份疑惑进行到底，引导学生深入的思考与探究，不仅有益于对知识的深度理解，更是对学生思辨能力的培养。虽然格子乘法和笔算乘法的计算方法不同，但是两种方法算出来的结果都正确，这究竟是怎么回事呢？引导学生进一步的观察、比较，最终发现两种算法的算理相通，同样要用到乘法口诀、满十进一和乘积数位上的数是从低位往高位加。到此，格子乘法的计算与竖式计算搭建起互通的桥梁。

三、比较辨析，优化算法传承智慧

(一)古今算法比较，感知格子乘法的局限

师：通过今天的学习，你喜欢格子乘法呢，还是喜欢竖式呢？喜欢格子乘法的孩子们向老师挥挥手，喜欢竖式乘法的同学有没有？谁来说说理由？

生1：我喜欢格子乘法，觉得它很有意思，好玩，计算简单准确。

生2：我喜欢竖式乘法。

师：格子乘法和竖式乘法大比拼，我们现场一决胜负好吗？请选择你喜欢的算法，同时计算，比比谁算得又快又准。(325×51)前十名小朋友诞生就比赛结束。

采访一下，你算得最快，你用的什么方法，得数是多少？统计一下，用竖式计算的起立。怎么回事，用格子乘法的孩子们你们在偷懒吗？通过这一次大比拼，你有什么想说的吗？

生1：格子乘法算得准确，但是格式太麻烦了！

生2:我知道格子乘法被古人淘汰的原因了。

师:难道我们今天的学习就没有意义了吗?

生:我从格子乘法这里知道了古人们很了不起,发明了这么准确的算法。

生:格子乘法可以作为竖式乘法的检验方法。

师:同学们的发言非常精彩,有自己的思考,特别棒!

(二)竖式与计算器的比较,感知竖式计算的局限

师:看来,现在同学们又成为竖式乘法的知音了。竖式乘法一定优越吗?敢不敢再跟老师比拼一次。这次,由你们出题:658×72=?

教师计算器计算,3秒出结果。

师:你想说点什么呢?

生:计算器比竖式计算快。

师:随着生产生活的需要,人们发现写算不能很好地满足现实的需要了,便积极动脑发明了计算器。是不是很神奇呢?

(三)中西文明中乘法计算发展的梳理

师:这节课我们体验了格子乘法,中国人的“铺地锦”。除了格子乘法,历史上人们还发明了画线乘法,十字相乘法等算法。西方文明古国希腊和巴比伦也发明了乘法表,巴比伦乘法表有1700多项,表格很长,而且不够完全。在13世纪之前,能计算大数乘除法的人就会被视为数学家。

【评析】自古以来,人类就在不断的发明和改进计算的方法,但巧妙的计算智慧永远熠熠生辉,如何引导学生畅游历史的长河,高效而真切地体验计算方法的变迁,感受数学文化的魅力呢?在充分掌握和理解格子乘法的基础上,教学中尝试将学习“活动化”:一是古今算法比较活动,感知格子乘法的局限;二是竖式与计算器的比较活动,感知竖式计算的局限;三是中西文明中乘法计算发展的梳理。在活动中,学生真切地感受算法变迁的合理性,数学文化肆意流淌,中华儿女的文化传承有责在肩。

案例3 一封读不懂的信[①]

【教学内容分析】

“一封读不懂的信”选自宋乃庆教授等主编的《数学文化读本》五年级下册第63-67页。在《数学文化读本》中,该教学内容的呈现由三部分构成。第一部分是情境引入:学习小伙伴妮妮在书桌上发现了一封“根本看不懂的信”,激发学生的好奇心并引发思考:这是一封怎样的信?怎样才能读懂这样的信?这样的信是怎么写出来的?为什么要用这样的方式写信?等等。第二部分是故事展开:通过波波和天天对话揭示这是一封密码信。在天天的介绍下了解读懂密码信的关键是需要密码表,并且要将密码表和密码信完全重合后按一定的规则旋转才能解开密码信。接下来,在三位小伙伴与博士的对话中学习制作密码表、撰写密码信。这部分内容一方面通过了解密码信的产生、演变和发展等历史,激发学生的学习兴趣,另一方面通过破解密码信,理解其制作原理,学习制作方法,在主动探究的过程中体会一一对应的数学思想,并获得积极的情感体验。第三部分是拓展应用。鼓励学生利用不同规格的方格纸制作密码表、撰写密码信和朋友进行信件交流,从而体验操作的乐趣。

【课前思考】

五年级学习图形的平移、旋转是在学生认识了平移、旋转现象基础上,对图形运动的再一次研究。教学中学生能在方格纸上认识图形的平移与旋转,并且能操作、会表述。对于在生活中的应用尚停留在能从图形的平移、旋转以及轴对称的角度欣赏生活中的图案,并运用它们在方格纸上设计简单图案的水平,因此,需要让学生进一步感受图形的平移、旋转更为广泛的应用。本课内容的学习能帮助学生更好地认识数学、理解数学、学习数学,开阔学生视野。

“一封读不懂的信”属于数学史料,蕴含着应用图形的平移、旋转解决问题

① 本案例由重庆市梁平区品字小学杨君玲执教,由重庆市梁平区梁山小学颜红和康世刚评析。该案例获得全国第二届小学数学文化优质课竞赛二等奖。

的数学内涵和一一对应的数学思想。通过“引出密码信”“破解密码信”“制作密码表”“撰写密码信”等系列活动,丰富学生的数学学习内容,让学生体验数学的趣味性,感受数学的应用价值,培养数学的应用意识。教学目标拟定为:(1)了解密码信,能读懂密码信,会制作密码表、撰写密码信;(2)运用图形变换的原理探究密码信的制作原理,感悟一一对应的思想;(3)经历制作密码表、撰写密码信、探究制作原理的全过程,感受数学好玩、神奇、有用,培养对数学的热爱之情。

【教学实录与评析】

一、开门见山,揭示课题

师:今天,我们一起来研究“一封读不懂的信”。(教师出示课题)

【评析】开门见山揭示课题,直奔研究问题,简洁明快。

二、小组分享,交流读法

(一)初识密码信

(课件出示一封密码信)

师:通过昨天的自学,你知道这是一封怎样的信?

生:这是一封密码信,它由两张纸组成,一张是用来写文字的,另一张是用来打孔,让我们看懂这封信的。

师:如你所说,这封读不懂的信其实是一封密码信(板书:密码信),让我们能看懂这封信的就是密码表(板书:密码表)。

【评析】自主学习是高质量的学习,能够有效促进学生可持续发展。本课是学生很感兴趣的活动内容,课前的自主学习能更好地帮助学生在有限的课堂时间内解决最关键的核心问题,提高课堂教学效率。

（二）读懂密码信

1.组内分享。

师：借助专门的密码表就能读懂密码信。请在小组里分享你制作的密码信。

小组活动。

教师巡视，收集典型作业，准备展示交流。

2.展示交流。

师：哪位同学愿意为我们展示一下你的密码信？

生1：把密码表放在密码信的上面，就可以通过密码表上的小孔读出信的第一句“吴玥佳你好！你在星”；然后把密码表顺时针旋转90度，就可以读出下一句“期六有没有时间来我”；把密码表继续这样旋转就可以读出后面的两句……

师：从他的展示中，你有没有发现读懂密码信的关键点？

生2：要旋转密码表。

生3：我补充，每次旋转90度，可以顺时针，也可以逆时针。

生4：我发现只旋转了3次，第一次没有旋转。

师：第一次是怎样的？

生4：第一次应该是平移密码表，让密码表与密码信重合。

师：是的，通过平移和旋转密码表（板书：平移、旋转），让密码表的小孔与密码信的文字对应（板书：对应），就能读懂密码信。

【评析】学生在课前学习中，已经了解了这是一封用密码写的信，需要密码表破译密码方可读懂。在课堂中，教师让学生经历“组内分享”到“展示交流”的全过程，满足了更多学生分享的愿望，同时在交流碰撞中帮助更多学生懂得破译密码信的方法，初步感悟蕴含其中的数学内涵（图形的平移、图形的旋转）和数学思想（一一对应）。

三、聚焦问题，探寻本质

（一）引发质疑

师：在自学时，你遇到了哪些困难？还有什么疑问？

生1:我在自学的时候,知道密码表需要挖9个孔,我也挖了9个孔,但是在写密码信的时候还是没有成功,我不知道为什么?

生2:为什么只能挖9个孔呢?

生3:不一定,我的密码表就只挖了6个孔,也写出来一封密码信。

生4:为什么密码表旋转之后,读到的密码信内容没有重复?

生5:在制作密码表的时候,为什么要按照从外到内的顺序依次编号?

师:很佩服同学们,边学习边思考,才会有新的问题产生。

【评析】学生在自学和尝试制作的过程中一定遇到了不少困惑,也有很多问题需要讨论,知道学生疑在何处、困在哪里,方能有的放矢。这也是本课"先学后教、以学定教"设计理念的具体体现。

(二)分析释疑

师:让我们来对比分析这几份作业,看看能否帮助大家解决这些疑问。

1.第一次分析,发现密码表孔的数量相同、位置可以不同。

展台演示3封密码信及密码表如下。

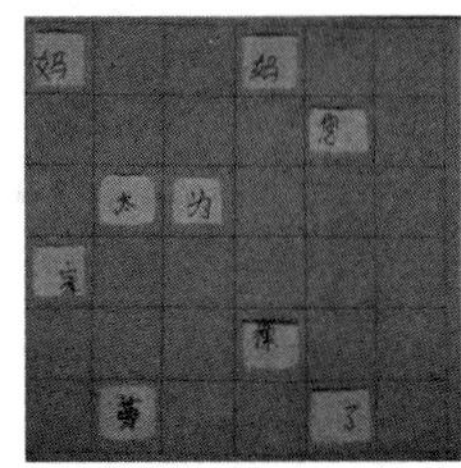

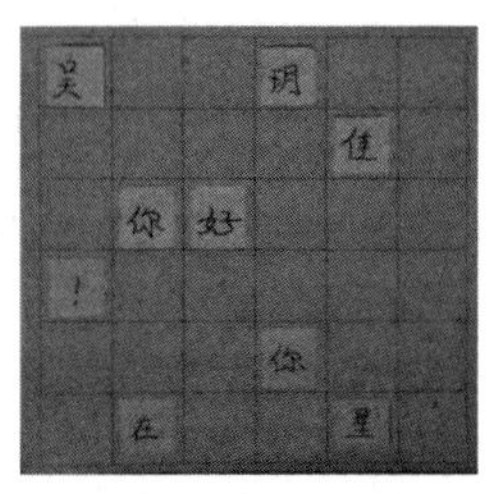

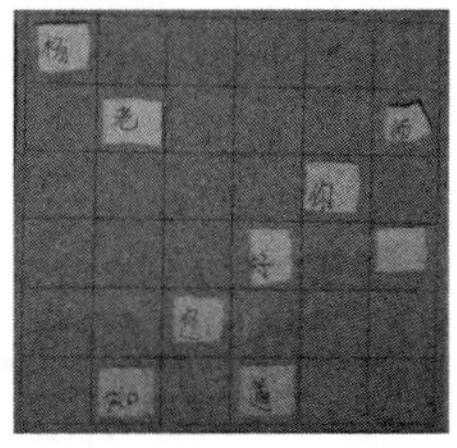

师:观察这三张密码表,有什么相同?又有什么不同?

生1:它们相同的地方是,都挖了9个孔;不同的是,前两张挖的孔和书上都是一样的,第3张挖的孔不一样。

师:看来密码表挖孔的位置可以不一样,但数量必须相同,对吧?很会观察!

生2:我补充,第3张密码表不能去读前两封信,但是前两封信所用的密码表是可以互换的,因为密码表是相同的。

生3:我知道,写信的人和读信的人所使用的密码表需要一样的,否则就读不懂对方写的信了。

师:说得好,密码表和密码信必须配套才行。

【评析】放手让学生先自学，学生在模仿和创造过程中生成新的学习资源，这实质是教与学方式的转变，恰好让师生对“一封读不懂的信”的问题研究有了正确的方向。研究材料3封密码信及对应密码表的展示，促使学生发现制作密码表不仅与孔的数量有关，还与孔的位置有关，每张密码表都只能破译与之对应的密码信。

2.第二次分析，在对比中发现本质：孔的位置不能重复。

师：刚才这位同学说，他的密码表也挖了9个孔，但是在写密码信的时候还是没有成功，这是怎么回事呢？我们一起来看看。

课件演示前一位学生提供的9孔错表如下。

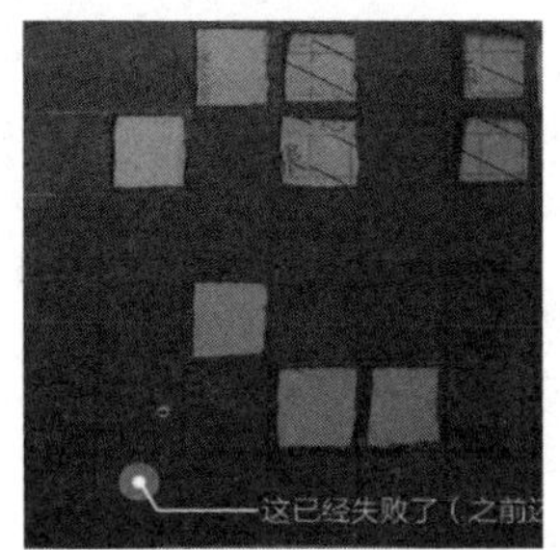

师：仔细观察，先独立思考，然后再把你的想法在小组里交流。

小组交流，教师巡视。

师：哪位同学愿意分享你的发现？

生1：我发现，他这9个孔，有些是重复的。

师：请到讲台上来指给大家看。

生1上台指：假如我们把这个孔叫作1号孔，它每次旋转90度都可以写一个字，从第一次开始，到旋转3次后，这1个孔就可以写出4个字，所以这4个位置只挖1个孔就可以了，但是他这里又多挖了一个孔，所以就重复了。

师：为了方便大家观察和思考，我们给他刚才指的这个小孔编上1号，按每次旋转90度，旋转3次试试看。(在6×6的方格纸上操作)果然如他所言，密码表每次旋转后这个孔总能找到一个不同的字和它一一对应，所以这个编号为1的位置就只能挖一次。那其他位置呢？

课件演示编好号的方格纸。

1	2	3	4	5	1
5	1	2	3	1	2
4	3	1	1	2	3
3	2	1	1	3	4
2	1	3	2	1	5
1	5	4	3	2	1

师（小结并板书）：从刚才的演示中我们发现，在6×6的方格纸上，外圈要挖掉编号为1，2，3，4，5的5个孔，中圈挖掉编号为1，2，3的3个孔，内圈挖掉编号为1的1个孔，一共挖掉5+3+1=9个孔。这样，通过平移、旋转，就可以用密码表上的9个孔读出密码信上的36个字符。看来，密码表上的9个孔的确不能乱挖，每个编号只能挖一次，才能让密码表旋转之后，每个孔都能与一个字符一一对应。

板书如下：

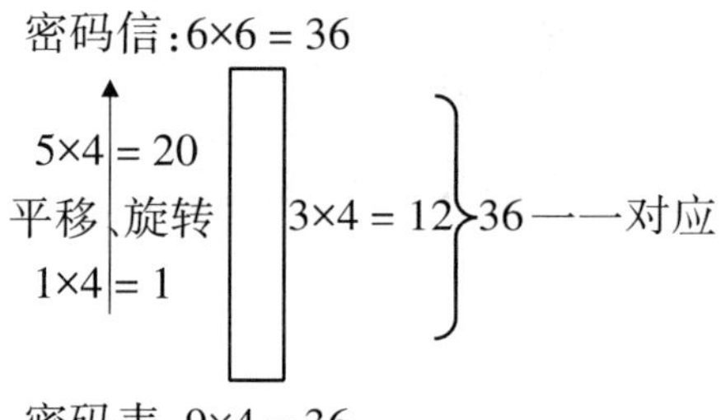

师：试试看，你能判断出这几张密码表问题出在哪里吗？

课件出示下图：

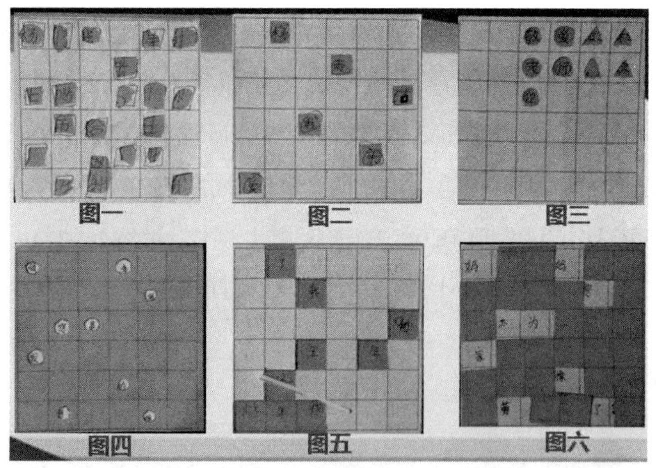

生1：图一和图二都是错的，图一挖的孔太多，图二挖的孔又太少，只有6个。

生2:图三的9个孔连在一起,别人一眼就能看出写的什么内容,就不叫密码信了。

生3:我觉得后面三张都不太好,图四的孔挖得太小了,不好写信,最后两张把格子都挖断了。

师:看来,挖孔既需要思考,也需要技巧。回头看看你的密码表,还有哪些需要修正的地方,课后去完善。

课件出示图二:

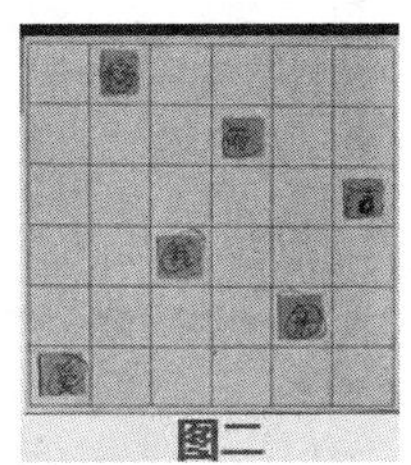

图二

师:刚才有同学说图二挖的孔太少,只有6个,这个表是错的。有不同看法吗?

生4:我觉得不一定,他这6个孔不是也读出了6个字符吗?只不过旋转之后读不完36个字符而已。

师:真是这样吗?我们请这封信的作者自己来演示她的作品。

学生在展台演示,学生齐读信的内容,教师圈出每次读到的字符。

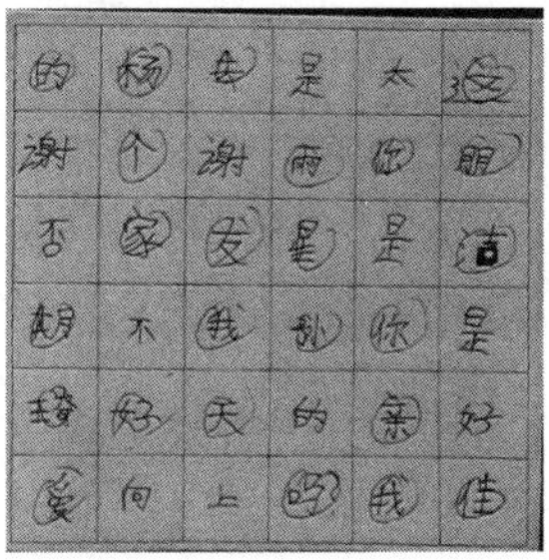

师:你能告诉大家,你在制作的时候是怎么想的吗?

生:我的密码表只挖了6个孔,只能读出24个字符,其他位置我就随便写些字,别人也猜不出来我信的内容。

师:大家有什么问题想问她吗?

生5:你这6个孔是随便挖的吗?

生:肯定不是,还是要先编号,根据编号选数字,每一圈的数字也是不能重复的。

师:看来,只要孔的位置不重复,即使数量不够,也是可以写出密码信的。谢谢你这么有创意的想法!

师:如果我要用7×7的方格纸制作密码表,在挖孔的时候又要注意什么?对比一下,你有什么发现?

1	2	3	4	5	6	1
6	1	2	3	4	1	2
5	4	1	2	1	2	3
4	3	2	1	2	3	4
3	2	1	2	1	4	5
2	1	4	3	2	1	6
1	6	5	4	3	2	1

1	2	3	4	5	1
5	1	2	3	1	2
4	3	1	1	2	3
3	2	1	1	3	4
2	1	3	2	1	5
1	5	4	3	2	1

生6:用7×7的方格纸制作密码表,最里面的那个方格不能挖,不然旋转之后这个孔不是每次读1个不同的字,而是要读4个同样的字。

师:这样的话,密码表每次使用的时候,孔和字符就不是一一对应的了。说得真好!

生7:我发现,如果每边的格子数是单数的话,最中间的那个格子都不能挖,不然旋转的时候就会重复。

师:很会总结!谢谢。

【评析】三个层次的活动设计,深度探究密码表的制作,学生深刻体会图形变换的原理在制作密码表中的作用,让教学难点"探究密码表小孔的位置规律,体会方格与某个数存在一一对应关系"得以突破。聚焦问题的数学文化探究性学习,提高了学生的学习能力、实践能力和创新能力。

四、引发追问,渗透文化

师:学到这里,关于密码信,你还想了解点儿什么?

生1:我想知道,用圆形的纸能不能制作密码表?

师:这个老师真还没有思考过,不过咱们下课可以去尝试一下。

生2:我想知道是谁发明了密码信。

生3:我想知道密码信还有什么用。

师:让我们穿越历史去了解更多关于密码信的知识。

课件播放图片,介绍历史上最早的密码信:腰带情报。

课件播放图文,介绍密码及密码学在战争、外交及日常生活等各个领域的运用。

师:一封读不懂的信,从课前到课中,让我们感受到的不仅仅是数学的神奇、好玩(板书:神奇、好玩),密码信的广泛应用更让我们体会到数学的有用(板书:有用)。

【评析】儿童具有好奇、好问的特点，具有探究的天性。这种天性只有通过教师的引导才能转化为对数学探究的热爱和兴趣，在课堂上教师给学生提供丰富的、神奇的感性材料，开放学习空间，打开学生思路，促进学生思维向深度和广度拓展，数学文化的渗透润物细无声。

五、现场赠书，拓展延伸

师：今天我们研究的密码信只是密码学中的冰山一角，更多有趣、好玩、神奇、有用的知识藏在书里面，送给大家两本少儿科普读物：《破译神奇密码信》《密码全攻略》，希望同学们对密码和密码信能有更多了解。

【评析】课已尽、意无穷，现场赠书引领学生将数学文化的探究延伸到更广泛的领域。在数学文化的课外阅读中开阔视野，加强学生对数学的宏观认识和整体把握；使学生受到优秀文化的熏陶，领会数学的理性精神，从而提高自身的文化素养。

案例4　一封读不懂的信①

【教学内容分析】

“一封读不懂的信”选自宋乃庆教授等主编的《数学文化读本》五年级下册第63-67页。在《数学文化读本》中，该内容的呈现由三部分构成。第一部分是情境导入：妮妮收到一封读不懂的信，让她丈二和尚——摸不着头脑。这封信太奇怪了，按照正常的阅读习惯：从第一行起从左到右，从上到下，根本读不通顺。由此激发了学生强烈的好奇心和迫切的破解欲！第二部分是天天和博士来解密：通过3人的对话，天天告诉伙伴儿要密码表才能破解密码信。先把密码表与密码信完全重合，从左到右、从上到下就可以看见信的内容；再把密码表逆时针旋转90度，仍要做到两者重合，按照相同的规则读，连续3次就能破解密码信。而制作密码表的方法和其中原理是学习难点。为了方便叙述且不重复，要先把6×6的方格纸

① 本案例由重庆市沙坪坝区南开小学张炼执教，由重庆市沙坪坝区树人博文小学张鹏和康世刚指导和评析。该案例获得全国第三届全国小学数学文化优质课大赛暨课堂教学观摩研讨会讲课一等奖。

编号,即从外到内一圈一圈地写数字。为什么使用密码表是逆时针旋转,编号却要顺时针,相信学生在操作的过程中自然是能弄明白的。但这挖孔的数量和挖孔的位置是难中之难,教材通过组织讨论,得到结论:每一圈每个数只挖一次,从外到内一共要挖5+3+1=9个孔,破解的总字符数就是9×4=36个。这个环节给我们的设计和突破留了很大的发挥空间。这个密码表的制作运用了许多数学知识,比如图形的旋转、方格与某个数的一一对应等。孩子们在亲自制作的过程中对不同的数字与文字一一对应的数学思想有切身的体会。第三部分是拓展应用环节:引导孩子们思考制作密码表编写密码信时,需要书写更多内容时,怎样挖孔呢?又需要注意哪些问题?……帮助学生打破思维定式,发现写信方法的多样化。

【课前思考】

细研数学文化读本内容后,我开始思考开课的信的内容要怎样编写才能吸引学生眼球?要设计什么样的操作活动才能引导孩子们一步一步感悟数学的神奇呢?苏联著名数学教育家斯托利亚尔明确指出,数学教学是数学思维活动的教学。教师不要教给学生死记的现成的材料,要让学生经历发现数学知识的过程。因此,颇花心思地准备了课前的交流活动——“诗词大会”,渗透一一对应思想,为初次展现在学生面前的信会让他们有迫切地破解欲望而埋下伏笔;精心设计出精致的信件、信纸以及能快速挖孔的密码表为破解密码信和制作密码表助力!

这一封“读不懂”的信,会牢牢抓住学生好奇的心理,迫切想探出究竟。到底是一封什么样的信,会让人读不懂呢?后来读懂了吗?怎样读懂的?看到课题的每一个人都会心生出一种挑战的欲望!苏霍姆林斯基说过,在人的心灵深处都有一种根深蒂固的需要,就是希望自己是一个发现者、研究者、探索者,在儿童的精神世界里,这种需要特别强烈。利用学生的好奇心调动他们挑战破解密码信成了我们首先要突破的问题。

本课属于数学史料主题,通过探究后要让学生了解到密码学虽然神秘但也并不是深不可测。在中华民族悠久而奇妙的历史长河中,密码学是一门既年轻又古老的学科,它用于军事、政治和外交方面,而今与人们的生活息息相关:网上购物,使用银行卡等都需要密码学的知识来保护人们的个人信息和隐私。既然这一数学文化植根于我们的生活，我们就有责任把这一宝贵的文化传承下去！

本课要充分体验图形的旋转在生活中的应用价值，感受数与方格、数与文字、密码信与密码表之间的一一对应关系，渗透对应思想的数学内涵。教学目标拟定为：(1)掌握密码信的破解方法和密码表与密码信的制作方法；(2)在探究方法的过程中体验图形的旋转在生活中的应用价值，感受方格与数之间的一一对应关系，渗透对应思想；(3)在活动中体验数学的趣味性，提升思维品质，培养探索精神。

【教学实录与评析】

课前交流：现场诗词大会！

课前交流环节，教师客串“中国诗词大会”主持人与现场孩子们互动、挑战、拿奖！孩子们走进诗词的国度，在3×3，4×4，5×5的格子中找到五言、七言诗句。一方格一字符，带着诗意进入数学文化课堂！

一、情境引入

师：孩子们，真厉害！古诗词都能这么快地识别出来！唉，张老师班上的一个孩子用6×6的格子给你们写了一封信，请看！

大	识	，	家	你	会
有	的	们	礼	好	王
一	，	我	物	丁	，
是	给	，	请	与	大
家	我	很	四	。	希
望	三	联	认	班	系

师：读懂了吗？

师：这就是一封读不懂的密码信。(课件出示课题，板书课题)

【评析】有课前诗词大会作铺垫，学生自然会用同样的方法去识别，但受时间限制，不能很快进行准确的识别。这样用小小的一封信作为引入，给这封“读不懂”的信又蒙上了一层神秘的面纱，必将与学生刨根问底的好奇心理产生极大的共鸣，激发学生迫不及待解开其中的奥秘的欲望，这就是这个情境设计最大目的所在。

二、探究活动

（一）活动一：破解密码信

1.独立尝试。

师：想读懂吗？

师：要想读懂这封密码信，需要一样工具？

生：密码格。

师：差不多！就是和它对应的密码表。

师：请从1号信封里拿出密码信和密码表，尝试破解这封信的内容。（板书：破解密码信）

2.抽生展示。

师：我们来听听这位同学的破解的内容。

生：大家好，我是四三班的王一丁，很希望认识你们，请与我联系，会有礼物给大家。

3.老师启发思考。

（1）探究密码表的运动方向。

师：咱们破解这封密码信，密码表是怎样运动的？

生：旋转。（板书）

师：能说得更完整一些吗？

生：逆时针旋转90度。

（2）密码表一共使用了几次？每次破解几个字符？一共破解了多少个字符？

生：（板书：4 9 36）

如果学生回答困难，适时切入课件。

师：到底几次，我们通过动画再来看看！

4.小结。

师:每一次使用,密码表的每一个空格都对应了密码信的一个字符。(板书:一一对应)4次一共破解了36个字符。(板书:× =)这样,我们就破解了密码信。

【评析】在这个环节,教师一方面是为了让全体学生都参与到探究活动中,另一方面也顾及部分操作能力和观察能力有限的学生,让他们在大家的帮助下也能找到破解密码信的方法。这个活动把学生自主学习和老师引导点拨结合在一起,充分体现了"先学后教,以学定教"的精神,既充分发挥学生在活动中的主体性,又体现老师对学生活动的引领作用,以实现学习效果的最优化。

(二)活动二:制作密码表

师:孩子们,破解这一封密码信,有意思吧?我们也来写一封,好不好?

师:要想写密码信,咱们首先得制作一份独特的密码表。怎样制作呢?

1.编号。

(1)自学密码表的制作方法。

师:请看!第65页下半部分、第66页上半部分,边学边想:制作密码表第一步要做什么?第二步要做什么?(板书:制作密码表)

(2)步骤。

师:孩子们,通过自学,我们知道制作密码表第一步要?(板书:编号)编好号后要?(板书:挖孔)

(3)课件启发。

师:那这编号和挖孔里究竟藏有什么学问呢?请看!

师:看完动画,你发现了什么?

生:从方格的最外侧开始一圈一圈地编号……

师:还有补充吗?

生:每次都是顺时针旋转的。

生:这是6×6的格子。

师小结:对!我们只要从外到内(手势)一圈一圈有序地写数就行!

师:这编号里还有学问吗?请看!(课件:符号和闪1到5)这最外圈儿标了4组1到5,第二圈标了4组?(1到3)最内圈标了?(4组1)

师:为什么每一圈都要标4组相同的数?

生:从外到内每次少写两个数字。

师:看来这个问题值得思考,在4人小组讨论讨论!

生:解密时,我们逆时针旋转了4次,所以我们要标4组。

师:旋转了几次?

生:4次。

生反驳:旋转了3次。

师:旋转了3次,使用了4次。

师:我们借助最外圈的1到5再来感受一下!(课件辅助)

(3)小结:由于密码表要重复用4次,每一圈要写4组相同的数。

2.挖孔。

(1)小组讨论。

师:编好了号就要?(挖孔)请看!(课件)小组讨论,起! 挖几个孔? 这些孔挖在哪儿? 圈出要挖的孔。

师:请组长拿出大信封中的这张标了数的方格纸,小组讨论!

师指导:你们挖了几个孔? 第一圈挖了几个? 分别是哪几个? 第二圈挖了几个? 哪几个? 内圈挖了几个?

(2)学生展示。

组长1:我们挖了9个孔。第一圈圈了5个数,分别是……

组长2:……

(3)对比、找共性。

师:孩子们,他们两个组都挖了几个孔?(板书加红9)

师:他们都挖了哪9个孔? 我们一起来看看!(准备纸块儿遮)

最外圈挖了几个? 哪几个? 1,2,3,4,5(两份指完了后板书:5)

第二圈?(两份指完了后板书:3)

最内圈?(两份指完了后板书:1)

师:5+3+1,也就是9了!(板书:5+3+1=9,板书加号和箭头)

师:唉? 这两张表挖孔的位置有点儿不一样,但它们挖孔的方法有什么共同之处呢？

生：最外圈都挖了1，2，3，4，5，这5个数……

师：你明白他的意思吗？

师：也就是，每圈每个数字都只挖一次。（板书）

（4）特殊情况。

师：（出示9个数连成一片的情况）他是不是按照每圈每数只挖一次来圈的？

生：虽然这样挖的孔连在了一起，但也是按照每圈每数只挖一次来挖的，是对的。

师：但是我们要制作密码信，这样的话？

生：太容易被破解了！

（5）巩固。

师：知道怎么圈了吗？

师：怎么圈？谁来说一说。

3.学生制作密码表。

师：孩子们，我们每个人的2号信封里都有这样的一张有数字的方格纸。（举2号信封和方格纸）请你快速圈出9个孔，同桌检查！圈好的举起来！

师：接下来该干什么呢？

生：挖孔、写信。

师：怎样用挖好孔的密码表写信？（师挖好展台上的一份密码表并举起）谁来教教我们？

生教写。

【评析】自主阅读是获取数学知识的一种重要方法。这一环节教师先放手让学生独立阅读，去找到制作密码表的两个步骤，然后借助课件演示帮助学生深入、透彻地理解制作密码表的过程与方法，突破学习难点。在介绍标数的方法时，除了书上介绍的“顺时针写”，还可以“逆时针写”，而且发现不管是顺时针还是逆时针，甚至是两种混合写，只要从外到内一圈一圈有序地写，都能制作密码表，鼓励学生大胆探索，培养了学生的创新精神。确定挖孔的个数和位置是制作密码表的重点和难点，因此该环节老师采取观察法、讨论法进行启发式教学。讨论：要挖几个孔？这些孔挖在哪儿？圈出你想要挖的数。学生通过观察、思考、讨论，发现：第一圈挖5个孔，分别有数字1，2，3，4，5，第二圈挖3个孔，有数字1，2，3，第三圈挖1个孔,就是数字1,一共是5+3+1=9个,使重点迎刃而解。

(三)活动三:写密码信

1.学生写密码信。

2.展示密码信。

师:这是咱们班上速度最快的学霸写的密码信。谁来破解?孩子,带上密码表来读一读!

生:(试后)不行。

师:他们都有密码表,为什么不能破解这封密码信?

生1:必须要他制作的密码表才行。

师:看来,密码表和密码信要一一对应!(指板书)所以你在寄信时,要同时寄出你写信的密码表。

师:掌声有请这封信的主人为我们破解!

信的主人破解。

3.写信延伸。

师:唉,像他这样,想说的话很多,在这张6×6信纸上没写完,怎么办?

生:画7×7,8×8……的格子。

师:这里头还藏着不同的奥秘呢,课后去研究?

三、全课小结

师:今天的数学课好玩吗?你都玩了些什么?

生:怎样编写密码信和制作密码表。

师:同学们,今天我们运用了图形的旋转和一一对应的思想研究了密码表与密码信。(板书大括号)

【评析】这个环节帮助学生摆脱写信方法的单一化,打破学生的思维定式,引导学生写信方法多样化。由于受到活动一破解密码信方法的影响,害怕孩子把思维局限在“逆时针旋转”写信上,引导孩子也可以用“顺时针旋转”写信,而实际上,只要看信方法,与写信方法相同就能破解。同时,这样教学让学生体会到了密码信与特制的密码表之间的对应关系,也培养了学生举一反三运用知识的能力。通过信内容的增多，学生有了更大信纸的需求，激发他们往更深更难的方向延伸。全课小结时，教师问孩子们“玩了些什么”，一改数学在大部分学生心中枯燥、乏味、冷冰冰的印象，进一步感受数学文化的神秘、有趣！

四、知识链接

1.视频介绍历史上最早的密码信“腰带字母”。

师：历史上最早的密码信，让我们来看看！

2.视频播放：电视剧《美人心计》片段。

师：在一些影视剧中，也有密码知识的运用。

播放视频。

【评析】知识链接环节，教师安排了两段视频：最早的密码信“腰带字母”、电视剧《美人心计》片段。在众多与密码信相关的资料中选择这两个，是因为它们与这节课学习的内容联系非常紧密，有异曲同工之妙，让学生直接体会到密码信在军事、生活中的应用价值，同时也体现了图形的旋转和平移在实际生活中的应用价值。

3.赠书。

师：密码学在生活中的运用还有很多！送大家几本书，有什么发现或疑问？咱们下来切磋切磋！书中藏有我的联系方式哟！

【总评】新课程标准中不仅认为数学是一种文化，同时，我们也能够看出数学文化由数学知识和数学观念系统组成，数学文化的教学在知识技能教学的基础上，还必须注重数学文化的教育培养，也就是要求数学教师对数学思想、数学精神等的教育。这节“一封读不懂的信”从破解密码信、制作密码表、编写密码信三个重要活动把图形的旋转与平移以及一一对应的数学思想融入其中，使学生对数学的认识不仅仅是数学知识、技巧的推敲和逻辑的推导，同时也使学生了解到数学对社会发展和人类文化发展的影响，了解数学在科学中的地位，帮助学生形成动态的、正确的数学观。教师通过充满文化意趣的教学活动为学生提供富有挑战性的问题，并科学而艺术地进行组织和调控，使学生经历一个完满的学习过程，最终让数学成为一种文化流淌并内化于学生心灵深处。学生初次面对时，陷入迷茫，当经过艰难的“挣扎”后，最终表现出一种满满的兴奋与感慨——“啊！原来是这样！”

在整节课的教学活动中，教师秉承传承数学文化、丰富数学内涵、渗透数学思想的教育理念，让学生通过对数学文化的学习，真正理解数学、喜欢数学、热爱数学。

案例5 π的传奇①

【教学内容与分析】

“π的传奇”选自宋乃庆教授等主编的《数学文化读本》六年级上册，或数学文化丛书《历史与数学》分册。两册内容大体一致，有细微差别。“π的传奇”这一课适合在六年级学习的圆的周长和面积之后进行学习。无论是在哪种版本的教材中，都是通过测量数据来计算圆的周长与直径的比值。这样的方式简便、快捷，立竿见影。但对其他方式研究圆周率知识介绍较少，导致部分学生甚至老师都会产生疑问：圆周率是圆的周长和直径的比值，除法除得的结果要么是有限小数，要么是循环小数，为什么圆周率却是一个无限不循环的小数呢？建议六年级的同学们学完教材上的内容后，都去了解一下圆周率的研究历史，解决心中的困惑。《数学文化读本》中“π的传奇”这一课主要分为以下几个部分：第一部分，通过圆周率日(3月14日)引入圆周率，引发思考：科学家们为什么要不懈研究圆周率π的值呢？激发学生的研究兴趣。第二部分是讲解圆周率在生活中的运用。第三部分是讲解科学家们研究圆周率的历史。从中国讲到其他国家，从测量计算讲到几何法推算，再到分析法用公式计算，最后讲到了用计算机演算。让学生了解人们研究的方法在不断进步、工具在不断进化。

【课前思考】

“π的传奇”这节课，对每一个六年级的学生都是必要的补充和完善。这节课不仅要回答困扰学生的“圆周率为什么是一个无限不循环小数”的问题，而且要通过以圆周率的精确度不断提升的过程，让学生体会到数学家们为了这一目的不断

① 本案例由重庆巴南巴蜀小学唐飞执教，由重庆市教育科学研究院康世刚评析。该案例获得全国第一届小学数学文化优质课竞赛一等奖。

改进方法、不断转变研究思路、不断改进计算工具的历史长卷，感受数学家们严谨、执着的科学研究精神。

怎样挖掘这节课的数学内涵，怎样培养学生发现问题、提出问题、分析问题、解决问题的能力呢？我们设计了三个学生活动的环节，让学生不断思考：一是让学生再次通过小组合作测量圆形物体的周长与直径，体会到测量数据计算圆周率受各种因素影响，测量结果不够精确，从而有更新研究方法的必要。二是让学生推算正六边形周长与对角线比值，从而推算圆周率的活动。这一活动的目的是培养学生的观察能力、逻辑推理能力、表达能力。三是让学生把正六边形扩展到正十二边形并进行比较的活动。这一活动在于让学生体验“割圆术”是怎样把一个正多边形逐次逼近圆的过程，理解要想得到更加精确的圆周率，就要计算更大数量的正多边形的周长与对角线的比值，从而理解圆周率为什么是一个无限不循环小数的过程。同时体会到祖冲之对圆周率贡献的巨大意义。只有学生亲身经历这些活动，才能让学生体会数学家们不懈追求研究圆周率的意义，体验他们的艰辛，激发学生对数学学习的兴趣！

鉴于以上理解，本节课的教学目标设定为：(1)通过阅读和探索活动，了解数学家们研究圆周率的必要性和发展历程。(2)经历测量活动、推理活动、观察比较活动，理解圆周率是一个无限不循环小数的原因，并培养推理能力、空间想象能力，渗透化曲为直的转化思想、极限思想。(3)感受数学家们执着的研究精神，艰辛的奋斗历程，先辈们为了探究圆周率执着的研究精神，培养学习数学的兴趣。

【教学实录与评析】

一、问题引入

师：有一个数，从古到今许多数学家孜孜不倦地研究它，但它具体是多少，没有人能说得完，知道它是什么数吗？

生：圆周率，π。

师：你知道哪些有关圆周率的知识呢？

生：圆周率是一个无限不循环小数，是一个无理数。

生：π是圆的周长与直径的固定比值。

生：祖冲之把圆周率精确到了小数点后第七位。

师：你能记住圆周率小数点后多少位？

学生非常兴奋，相互比试自己背的小数点位数。

老师问背得最久的那位学生：你能背到小数点后多少位？

生：30多位。

师：你真厉害！

师：圆周率用π这个字母表示，你们知道它是哪种语言的字母吗？

生：拉丁文？阿拉伯文？希腊文？

师：圆周率是希腊文的第一个字母，1706年英国数学家威廉·琼斯最先使用“π”来表示圆周率。1736年，瑞士大数学家欧拉也开始用“π”表示圆周率。从此，π便成了圆周率的代名词。

师：圆周率的研究经历了一个非常漫长的过程。想知道圆周率为什么是一个无限不循环小数？人们曾经用过哪些方法研究圆周率吗？这节课我们就一起来认识一下π的传奇。（板书课题）

【评析】在这节课前，学生已经学习过圆的相关知识，也知道圆周率，但是对圆周率的研究历史很陌生，许多学生甚至认为，两个数相除，商要么是有限小数，要么是循环小数，为什么会算出无限不循环小数呢？在了解了学生认知基础的前提下，教师提出这两个核心问题，激发学生的学习兴趣和研究热情。同时对π这个字母的介绍，也拓宽了学生的视野。

二、体验测量计算法研究圆周率的优势与不足

1.带着问题阅读。

师：请同学们带着两个问题阅读《数学文化读本》六年级上册第16-20页。“1.人们用过哪些方法研究圆周率？2.怎样才能计算出更加精确的圆周率？”

学生独立阅读。

生：我知道了人们用过测量计算法、割圆术、电脑计算圆周率。

生：祖冲之最早把圆周率算到3.145926~3.1415927之间，很了不起。

师：同学们有什么不理解的问题吗？

生：我还是没看明白圆周率为什么是一个无限不循环小数。

生：我没有看懂刘徽的割圆术是怎样割圆的。

生：我没有看懂第19页那些计算圆周率的公式的意思。

【评析】让学生先阅读数学文化读本，对圆周率的研究历史有一个大致的了解。因为数学文化读本是连环画，学生非常有兴趣。但是对隐藏在数学文化读本中需要思考、拓展的知识还不能很好地理解，为此，教师鼓励学生发现问题、提出问题。

2. 圆周率的研究文献。

师：早期的文献中，对圆周率的研究结果有哪些记载？

生：《周髀算经》中记载有"圆径一而周三"。

师：知道"圆径一而周三"的意思吗？

生：如果圆的直径是一份，周长就是三份。

生：就是说，圆周率是3。

【评析】通过理解"圆径一而周三"，让学生知道要探究前人的方法，必须从前人的文献中去寻找证据，渗透科学研究的方法。

3. 体验通过具体测量计算圆周率，激发更新研究方法的必要性。

师：人们最开始研究圆周率采用的方法叫作测量计算法，测量计算法就是通过实际测量得到的数据来计算圆周率。这种方法的好处是什么？

生：方便，快捷。

师：我们一起来测量一下你们手中圆形物体的相关数据，再算一下圆周率吧。

学生两人一组测量圆形物品的直径和周长，并进行计算。

序号	周长/cm	直径/cm	周长/直径
1	12.5	4	3.125
2	19	6	3.16666666666667
3	23	6.5	3.53846153846154
4	7.2	2.5	2.88
5	10.1	3.6	2.80555555555556
6	10.1	3.1	3.25806451612903

师：圆周率不是3.14左右吗？仔细观察这列数据，你想说什么？

生：可能是测量的工具不精确，有误差。

生:测量时手抖一下数据相差就很大。

生:可能测量的不是标准的圆。

生:曲线段的测量难度比线段大,测出的数据是近似数,所以除得的结果相差比较大。

师:用直接测量的数据计算出的圆周率,只能满足一般的需求。如果我们生产和生活中需要用到更加精确的圆周率计算呢?

课件出示贵州500米口径球面射电望远镜资料,圆周率分别用3,3.14,3.1415926这三个数据计算面积,让学生比较。

师:看了这个例子,大家有什么想法?

生:圆周率越精确,对大型圆的面积的计算就越精确。

生:我们用测量的数据计算圆周率不够精确,那后来数学家们又是用的什么方法呢?

师:你的问题有价值,是啊,用什么方法计算的圆周率才会越来越精确呢?我们接着来看第二阶段,几何法研究圆周率。

【评析】学生在数学文化读本中学习圆周率时,通常都是用的测量计算法,这种方法直观、简洁、易操作,但测出的结果受各种因素影响误差较大。这个环节重点是让学生体会它的不足,从而激发起要用其他方法研究圆周率的欲望。

三、体验几何法研究圆周率

1.体验正六边形周长与对角线长度的关系。

师:当人们意识到直接用测量数据研究圆周率不够精确之后,就不断地探索用其他方法计算圆周率。比如:中国的数学家刘徽用割圆术来研究,有没有同学看懂什么是割圆术?

生:先从圆内正六边形开始,变成正十二边形、正二十四边形、正四十八边形等,让多边形越来越像圆形。

师:刘徽很了不起,他的这种思想叫作化曲为直。我们先来看一下为什么要从正六边形开始研究吧。

课件出示下图:四人小组讨论正六边形的周长与它的一条对角线长度有什么关系?

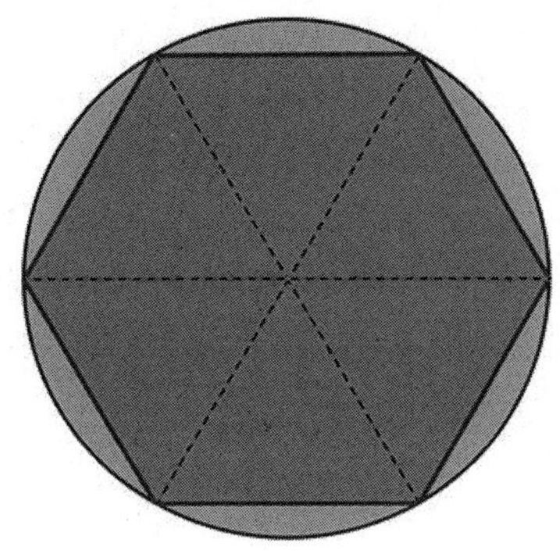

全班汇报交流。

生:正六边形被它的三条对角线分成了六个一样的等腰三角形。它的一条对角线相当于两条半径,正六边形的周长相当于六条半径。所以正六边形的周长是它的一条对角线的三倍。

师:大家听白了吗? 有补充吗?

生:刚才***同学说的正六边形被均分成了6个等腰三角形,它的对角线相当于2条腰,周长相当于6条底,除非这个三角形的底和腰相等,不然不能说明正六边形的周长是对角线的3倍。

师:这位同学的思维好严密,倾听特别专注,为你点赞! 如果等腰三角形的底和腰相等,那这个三角形岂不就是正三角形啦,怎样证明这个三角形是正三角形呢?

全班静静思考了一会儿,一个学生举手回答:圆心角被平均分成了6份,每份是60度,一个等腰三角形里如果有一个角是60度,那么这个等腰三角形一定是等边三角形。

师:敏锐的观察力! 了不起! 他的发现对吗?

学生齐答:对!

师:谁能完整说一遍这个过程?

生:正六边形的三条对角线把它平均分成了6个一样的正三角形,每一条对角线相当于两条正方形的边长,正六边形的周长相当于6条正方形的边长,所以它的周长是对角线长度的3倍。

师:说得真好!这个对角线就是圆的直径,圆的周长比正六边形的周长要长一点,所以圆的周长是直径长度的3倍多一点,是吗?

2.体验割圆术。

师:正六边形还不太像圆,怎样让它更像圆呢?

生:把正六边形变成正十二边形。

师一边演示,一边讲解:我们找到正六边形每一条边的中点,它与圆心所连的直线会与圆相交,连接对应的点,我们可以把正六边形变成正十二边形。请继续把研究题单上的正十二边形补充完整。

学生独立操作。

学生展示作品。

课件出示正六边形与正十二边形与圆的关系图:

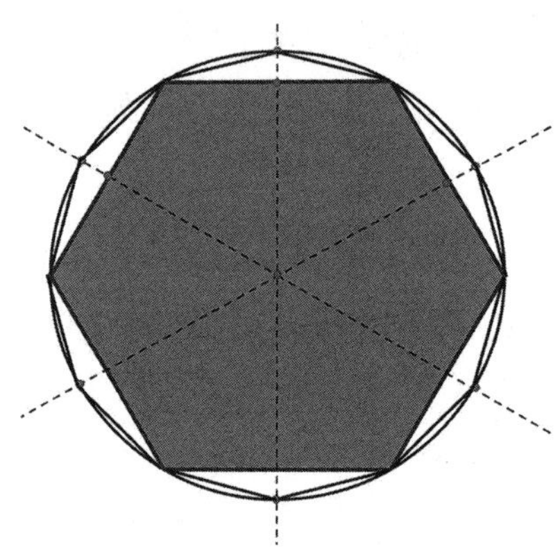

师:对比这两个图,你有什么发现?

生:正十二边形更接近一个圆。

师:现在需要研究正十二边形内的12个等腰三角形中的底与腰的长度关系,就可以得到通过正六边形研究得到的圆的周长与直径的关系。这需要用到我们以后要学的三角函数相关知识,也需要用到乘方、开方的知识。

师:正十二边形与圆之间还有空隙,能让这些空隙更小一些吗?

生齐说:把它变成二十四边形。

师:空隙还能小一些吗?请大家闭上眼睛,想一想面前有一个巨大的圆,现在圆里有一个最大的正十二边形,正十二边形与圆之间有一些空隙。正十二边形变成正二十四边形了,这些空隙变小了很多;接着变成了正四十八边形,空隙又小了……

师:请同学们想一想,这个正多边形的边数越变越多,它与圆之间的空隙就会越来越小,就越接近圆。做到极限会怎样?

生:变成圆。

师:数学家们就是这样思考的,请看刘徽怎样说。(师生一起读:"割之弥细,所失弥少,割之又割,以至于不可割,则与圆周合体而无所失矣。")

师:这就是割圆术!如果我们要得到更加精确的圆周率,那么这个正多边形的边数就需要越取越多,计算就会越来越复杂。

课件出示圆内正多边形能精确小数位数的列表。

师:现在明白为什么圆周率是一个无限不循环小数了吗?

生:因为要想取得更精确的圆周率,这个正多边形的边数就要一直不断增加下去。

生:原来精确的圆周率是这么推算出来的,不是测量的结果相除就简单得到的。

【评析】体验割圆术研究圆周率,是本节课的重点。这一环节有两个学生活动,一是从正六边形周长与对角线的比值关系研究圆周率,培养学生的逻辑推理能力;二是让学生体验把正六边形变成正十二边形时,周长与圆越来越接近,感受化曲为直的思想。这两个体验活动对学生理解极限思想非常重要,从而理解圆周率为什么是一个无理数。

3.数学家对数学研究精神的渗透。

师:在南北朝时,有一个数学家研究到了圆内正24576边形,把圆周率精确到了小数点后第七位,他是谁?

生齐答:祖冲之。

师:这项世界纪录保持了一千多年,可想难度之大。同学们想对祖冲之说点什么?

生:以前条件很简陋,没有计算机和先进的工具,只有用小木棍做成的算筹。这么复杂的计算,只要算错一步,造成的后果就是连续性的错误!祖冲之,你太了不起了!

生:祖冲之,你的研究精神让我佩服,你太为中国人争光了!

生:祖冲之,这么枯燥的计算你都能坚持下来,太厉害了!我要向你学习!

师:为了纪念祖冲之的这个成就,我们通常把小数点后前7位叫作祖率。

【评析】数学家对数学研究的严谨、执着精神是数学文化的重要组成部分,而祖冲之对圆周率的研究、对数学发展做出了巨大的贡献,同时这也是学生体验爱国主义情感的重要组成部分。让学生去猜想祖冲之遇到的困难，面临的挑战，对数学的执着、科学严谨的研究是很有必要的。

四、了解分析法、计算机研究圆周率

1.了解分析法研究圆周率。

课件出示计算圆周率的公式。

师：用割圆术研究圆周率，计算量太大了，而且对计算过程要求特别严谨。后来数学家们改变了方式，研究出了一个又一个的公式来计算。请看这些公式，要想得到更加精确的圆周率，按照相关的规律后面的数就要越取越多。这种方法叫作分析法。是谁第一个用分析法把圆周率精确到了100位小数？

生：1706年梅钦计算π值突破100位小数大关。

师：数学研究方法和方式在不断进步，大家看一下这些都是数学家们研究出来的计算圆周率的各种公式。这里有的用到了三角函数，有的用到了求极限，有的用到了无穷级数。以后大家会慢慢了解的。

2.了解计算机计算圆周率。

师：虽然有了计算圆周率的这些公式，如果要更精确圆周率小数部分，计算量还是很大。但从1949年起，圆周率的小数位数的突破都不用人工计算了；不用算筹，不用草稿纸，用的什么先进的计算工具呢？

微课出示计算机计算圆周率不断突破纪录的过程。

3.学生体验用计算机计算圆周率。

师：由于计算圆周率需要用到非常强大的计算能力，所以许多人通常用计算圆周率来测试计算机的计算能力。同学们想不想知道这台笔记本的计算能力怎么样？

学生兴趣高涨，教师从中选择一位学生上讲台操作用软件计算圆周率。

师：计算3.2万位小数的圆周率，这台笔记本电脑用了6秒！（展示计算出的3.2万位圆周率）对此你有什么想法？

生：数学和科技发展太快了！

生：机器太厉害了！

生：计算程序是人编写的，计算机是人造的，不是机器太厉害了，是人太厉害了！

师：对！没有一代一代数学家和工程师们的努力，就没有我们现在伟大的科技，没有美好的生活。

【评析】分析法涉及比较难的数学概念和数学知识，这里只是略讲，让学生体会到数学家们研究的成果越来越简洁、越来越优化。同时，通过让学生了解计算机计算圆周率的纪录，让他们体会圆周率的计算结果体现着一个国家科技实力。同时，让学生亲身体验用计算机计算圆周率，既感受计算出来的几万位的圆周率，又培养学生对学习数学的兴趣。

五、回顾圆周率的研究历程，拓展数学文化

师：一起回忆一下圆周率的研究主要经过了哪几个时期？

生：用测量来计算的测量计算法时期、用割圆术研究的几何法时期、用公式计算的分析法时期、用计算机计算的时期。

师：同学们知道圆周率日是哪一天吗？

生一齐回答：3月14日。

师（微笑）：看来大家都知道呢！大家听过圆周率之歌吗？我们一起来欣赏一下。

播放圆周率之歌。

师：再看这是圆周率钢琴曲。

播放圆周率钢琴曲视频。

师：好听吗？注意到没，没有一个乐章是重复的，这样弹下去要弹到什么时候？

学生笑：如果可以，能一直弹到永远。

师：上课时，有同学背圆周率可以背到30多位，你们知道吉尼斯世界纪录是多少位吗？

播放课件。

学生惊讶：67890位！还是一位中国的大学生！

师：圆周率的研究史，就是一部传奇的历史！也是一部数学发展的历史！同学们有兴趣的，课后可以继续挑战背诵圆周率，看谁的记忆力最棒！也可以用圆

周率测试一下自己家的电脑,计算小数学部分3.2万位的时间有没有低于6秒,比老师的这台笔记本强,还是比它弱,有没有兴趣?

学生齐答:有!

【评析】先回顾圆周率的研究历史,让学生梳理本节课的学习脉络。再安排了圆周率之歌、钢琴曲,让学生欣赏美妙音乐的同时,感受到数学与音乐结合的“火热魅力”。最后与刚开始上课的背圆周率的情形结合起来,首尾相映,让学生有成就感,有新的目标。把课上的研究兴趣拓展到课后,激发学生学习数学的兴趣。

第三节 数学游戏主题教学研究①

数学游戏对于激发学生学习兴趣有非常大的积极作用,虽然数学教材中涉及的数学游戏内容非常少,但它是一线教师常用来调动学生积极性的教学手段。在教育界关于数学游戏的书籍比较多,但是能应用于课堂主题教学的相关书籍比较缺乏,当前国内有影响力的就是由中国当代教育名家、数学教育家宋乃庆教授组织编写的《小学数学文化丛书》和《数学文化读本》,在《小学数学文化丛书》中用《游戏与数学》专题介绍了很多蕴含着数学内涵的数学游戏,让学生在玩游戏的过程中感受数学文化的魅力,在探究的过程中感受数学的奇妙无穷。《数学文化读本》中还分年级精选了一些数学游戏主题内容。在该数学文化系列书籍中,数学游戏主题内容都有一个共同点,每一个主题都蕴含着丰富的数学内涵,引导学生进行深入探究,以发展学生的数学核心素养,感受数学文化的魅力。本节主要从教学价值分析、教学内容和学情分析、教学目标设计和教学过程设计四个方面探索数学游戏主题内容的教学设计。

一、教学价值分析

当今一线教师对数学游戏的应用比较普遍,但是多以在实际教学中调动学习氛围、调动学生积极性、激发学生学习兴趣为目的使用,或者是以强化数学知识的掌握而设计的数学游戏,他们对数学游戏的理解也是停留在这样的浅显层面,对

① 本文由重庆大学城人民小学郑雪执笔,康世刚指导,收入本书时又作了删改。

于数学游戏主题内容的相关教学研究较少。经研究，我们把数学游戏主题内容的教学价值分为三部分。

一是欣赏数学游戏，激发学生的学习兴趣（特别是好奇心和求知欲）。我国著名幼儿教育学家陈鹤琴曾说："小孩子生来是好动的，是以游戏为生命的。"游戏对孩子来说有天然的吸引力，对一切好玩的、神奇的事物充满好奇和强烈的求知欲，合理地将游戏与数学相结合，可以使数学变得生动、有趣。数学游戏不仅有助于学生积累快乐的数学学习体验，还能让学生感受学习数学的价值，形成想继续探索的欲望，为今后的数学学习打下基础。如"扑克魔术"中，上课伊始教师便表演神奇的扑克魔术，魔术刚结束，学生的惊呼声便已经反映出对这个魔术的极大兴趣，求知的眼神告诉教师他们想要去探究。

二是操作数学游戏，培养学生数学学习能力。数学游戏主题内容的教学，是以玩游戏为中心开展一系列的数学活动，如"扑克魔术"教师表演完魔术之后，便将所有的扑克都翻过来，学生不难发现扑克的摆放是有顺序的，然后让学生结合自己的发现尝试魔术，在尝试的过程中部分学生就能够通过推理把魔术的秘密探究出来，之后在学生的汇报中，总结出魔术的操作流程，在这个过程中发展了学生的观察、推理、实践和反思总结的能力。

三是探究数学游戏，体会数学的应用价值。在数学游戏教学中，不能只是会玩，还要深入探究其中的数学原理，发展学生思维，形成良好的数学核心素养。学生要学会从数学的角度去观察数学游戏，发现并提出数学游戏中的问题，分析数学游戏中的数学原理，最终解决问题，形成良好的应用意识。如"扑克魔术"中，学生能够从数学的角度发现魔术中的扑克摆放是有顺序的，引导回顾魔术过程，有学生提出"为什么切牌后扑克的排列仍然是有序的呢?"这个问题恰好是本堂课要解决的核心问题之一，而这个核心问题不是教师强加的，而是学生自己发现提出来的。在之后的探究中，学生发现虽然切牌过程中扑克的顺序变了，但是一一对应的扑克牌的相对位置始终不变。

四是创新数学游戏，培养学生的创新意识。通过对知识的掌握和数学内涵的理解，学生形成自己的见解，能够以数学思想为核心依据改变和创新游戏规则。比如"扑克魔术"中，学生理解到一一对应的思想，教师引导学生还可以创编扑克魔术的规则，学生立马能够想到可以增加扑克的数量，但这个数量不是随便增加的，需要成对增加；有的还提出可改变扑克摆放的图案、顺序……多么了不起的创意，从而发展学生的创新思维，甚至可以脱离今天的扑克魔术进行创编魔术。

二、教学内容和学情分析

就教学内容来说，《数学与游戏》将深奥的数学内容转化为生动有趣的故事，图文并茂，以彩色连环画的形式呈现，语言通俗易懂，富有童趣，符合小学生的心理认知特点；丛书内容与小学数学教材紧密联系，注重对数学内涵、数学方法、数学思想等的挖掘，是数学教材中内容的拓展和延伸；本书将数学游戏分为了数字游戏、图形游戏、运算游戏、策略游戏、推理游戏、魔术游戏。从学情方面来说，游戏天生就对孩子有吸引力，小学生也有一定的游戏经验，但是其数学游戏活动经验比较少，从学会的已有数学知识储备来说，该书中的数学游戏与数学教材内容联系紧密，因此，在此基础上更多的是在课堂上所学知识的应用与拓展，小学阶段非常适合开展此类数学游戏活动。

三、教学目标设计

按照数学课程标准的要求，数学游戏主题内容的教学目标应从知识与技能，过程与方法，情感、态度和价值观三个维度上确立。

（一）知识与技能目标

数学游戏主题内容最终要达到的知识与技能目标就是学会玩数学游戏，能解释游戏背后的数学原理，会根据掌握的知识设计数学游戏的规则。如“揭穿算命先生的把戏”中的知识与技能目标可以是会玩数字游戏，会运用数学原理解释“魔”数奥秘。“扑克魔术”中可将知识技能目标确立为会玩扑克魔术，能用数学原理解释扑克魔术的神奇现象，能运用一一对应的思想创编扑克魔术。

（二）过程与方法目标

经历观察、记忆、推理、反思和实践等操作过程，感悟数学思想、数学思维、数学方法和数学原理。如“揭穿算命先生的把戏”中的过程与方法目标可以确立为经历观察、猜想、验证的探究过程，内化数字编排规律，感悟数学思想，积累数学活动经验。“扑克魔术”中的过程与方法目标可以是经历“提问—猜测—操作—推理”的过程让学生在动手、动脑、亲自实践、感知、体验的基础上内化新知。在感悟“一一对应”的数学思想基础上,创编扑克魔术规则。

(三)情感、态度和价值观目标

学生在操作活动中积累对数学的积极情感,感受数学文化的魅力,增强学习数学的兴趣,形成对数学的探究精神,感受数学学习的价值。如“扑克魔术”中,让学生学会在玩中探究,感受了数学的神奇,知道任何神秘的魔术背后都有数学规律,形成探究意识,在课的最后还让学生了解了生活中有很多小把戏,不要贪图小便宜,要用知识的力量去破解他们,体会了数学学习的价值。

四、教学过程设计

数学游戏主题内容均以学生活动为主,根据数学游戏主题内容的特点,本书大致将其分为操作类数学游戏、竞猜类数学游戏和揭秘类数学游戏三大类。

(一)操作类数学游戏设计

操作类的数学游戏是指以学生操作活动为主的数学游戏,如“七巧板”“24点”“俄罗斯方块”“玩转火柴棍”“逃离三角怪兽”等。操作类数学游戏所需的教具多、学具多,学生喜欢操作活动,学生表现力强,非常考验教师对课堂的掌控力。

操作类的数学游戏主题内容的设计主要有:(1)明确课堂要求和活动规则。由于要用到很多教具、学具,小学生自控能力差,所以第一要务是需要学生明确课堂活动的要求。对于数学游戏课堂,学生充满新奇,学具在手中时自己总是不自主地玩,操作活动必须按教师的活动要求进行。(2)游戏规则介绍。由于学生的身心发展不同,对游戏规则的理解能力也就不同,游戏规则需结合学生的身心发展特点要直接明了。(3)样例评析。了解游戏规则之后,可能有的学生对游戏的理解还是不够深入,需要教师用样例进行引导、分析。如七巧板能够拼出很多美丽的图案:动物、植物、建筑;24点的规则是通过对扑克上的数字的运算,使最终的结果得到24点,如8,2,1,6四个数可以用8÷2×6×1=24,还可以用(8+1)×2+6=24。(4)方法探究。想要在游戏中获胜是需要掌握方法的,这也是这一类数学游戏在课堂上的主要活动，如在探究24点的方法过程中，学生能够找到成功的算式多以1×24=24，2×12=24，3×8=24，4×6=24为中心，将扑克上的数字通过运算得到24的因数，即可成功，还可以通过加、减、除、平方、立方、开方等进行运算。(5)获得成功的体验。在掌握方法之后，学生能够运用方法，让学生从不会到会、从会到精通的过程中找到学习的获得感。如进行24点的对抗赛，分为个人对抗、小组对抗；七巧板可以是展示自己的创意拼图，也可以是规定拼图图案比时间；一笔画可以是规定题目比时间。

(二)竞猜类数学游戏设计

竞猜类数学游戏是指学生以“猜”为主要活动的一类数学游戏，如“猜猜我的生日”“猜数字谜”“标签大反转”等。这一类数学游戏需要学生根据已有的信息，找到解决问题的突破口，最后层层突破。

竞猜类数学游戏主题内容的设计主要有：(1)教师设疑。这一类数学游戏与生活非常贴近，或者说是把生活中的现象演变为数学游戏。如“猜猜生日是几号”是研究生活中常见的日历中的规律问题，“标签大反转”是生活中的逻辑推理问题。这一类数学游戏需要由教师提出数学问题，引发学生的探究欲望。(2)找到突破口。这类数学游戏需要给学生充足的探究时间和空间，发展学生思维。然后教师引导其观察发现，找到突破口，最后解决问题。如“猜数字谜”，机器人把“我爱数学游戏”变成了一个数学游戏，如图。所谓的突破口就是从最容易被识破的那个符号。一般可以从结果的最高位或最低位开始找。这道题的突破口就在最低位。(3)运用方法。让学生运用方法解决类似的数学问题，体验到不管多难，这类问题总能找到突破口，使学生树立学习数学和解决问题的信心。

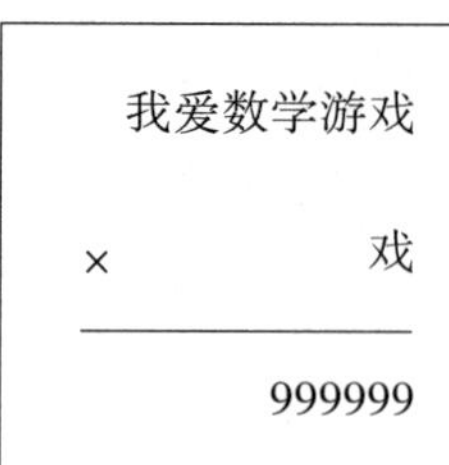

（三）揭秘类数学游戏设计

揭秘类数学游戏是指在教师与学生的游戏对抗中，教师始终取胜，需要探究其中的奥秘，并形成必胜策略的一类数学游戏，如“魔法纸牌的秘密”“扑克魔术”“揭穿算命先生的把戏”“田忌赛马的策略”等。揭秘类数学游戏大多充满了神奇色彩，以探究其中的数学原理为主要教学过程。

揭秘类数学游戏主题内容的设计主要有：(1)激趣表演。这类游戏需要教师先表演或者与学生对抗，让学生感受到表演的神奇以及教师总是在与学生的对抗中取得胜利都是因为数学的神奇，激发学生的学习兴趣和探究欲望，为后面的学习探究做铺垫。(2)探究原理。这一类数学游戏隐藏着数学思想原理的，需要挖掘其中的数学内涵。教师要引导学生发现其中的数学规律，深挖数学原理，不仅要让学生明白怎么玩，还要让学生知道为什么这样能使游戏成功，在此过程中感受数学的神奇和学习数学的价值。如“扑克魔术”中，当教师将所有的扑克都翻开，让学生观察扑克摆放的特点，学生很容易发现扑克的摆放是有序的，扑克的摆放是一一对应的，这是游戏成功的前提条件。接下来需要教师引导探究为什么有序摆放就能够成功，经过活动探究，学生发现不管怎么切牌，扑克的位置变了，但是相对位置始终不变，这就是其中蕴含的数学原理。(3)创编游戏规则。学生在理解数学原理的基础上，教师要利用课堂活动加深学生对数学思想原理的理解。创编游戏规则，还有助于发展学生的创新思维。

案例1　揭穿算命先生的把戏①

【教学内容分析】

“揭穿算命先生的把戏”选自宋庆教授和于波教授主编的《数学与游戏》的第83-87页。在数学文化读本中，本课内容由四部分构成。第一部分是激趣引入，以路边算命先生能准确推算出他人姓氏为激趣点，激发学生学习兴趣，诱发学生

① 本案例由重庆市南岸区天台岗小学刘子义执教，由重庆市南岸区天台岗小学邹冰秋副校长和康世刚评析。该案例获得全国第二届小学数学文化优质课竞赛一等奖。

探究算命先生能准确推算出他人姓氏背后所隐藏的数学原理。第二部分是揭示推算姓氏原理,即每个姓氏对应了一个数,这些数是把等比数列“1,2,4,8,16,…”看作特殊数,这些特殊数均排列在每张卡片的第一位,其他数则看作普通数,普通数由两个或两个以上的特殊数相加而成,然后按一定的规律进行排列,并给所有的数编制姓氏,最后通过数与姓氏的对应关系推断出姓氏。第三部分是续编姓氏,当学生揭示出推算他人姓氏背后所隐藏的数学原理后,请学生续编姓氏,检验对规律的理解、掌握及运用。第四部分是模拟算命,学生合作互猜姓氏,让学生体验成功学习的乐趣,感受数学魅力,彰显数学的价值。

【课前思考】

张奠宙教授提出:数学教学的目标之一,是要把数学知识的学术形态转化为教育形态,数学的表现形式比较枯燥,给人一种冰冷的感觉,但是数学思考却是火热的、生动活泼的,如何点燃和激起学生的火热思考,使他们能够欣赏数学的美丽,是数学教育的一项根本任务。因此,数学教师的责任就是要把数学的“有血有肉”表现出来。因为数学的教育形态与数学游戏具有相同的特性,它们都具有趣味性、知识性、开放性和体验性,所以数学游戏就是实现这一转化的最佳平台。游戏的意义在于“享乐”和“发展”,学生在享受游戏所带来的乐趣时,身心得到了放松,智力得到了发展,更为重要的是“揭穿算命先生的把戏”这一游戏,能为学生的道德养成、知识运用的价值取向得以正确的引导,形成正确的知识运用价值观。

基于以上认识,同时结合本课教学内容,本节课的教学目标拟定为:(1)观察算命先生的数字卡片,发现、归纳出普通数与特殊数之间的关系及排列规律,并能用自己的语言简洁、正确地表达。(2)能运用普通数与特殊数之间的关系及排列规律续编姓氏。(3)经历揭穿算命先生推测他人姓氏所隐藏的数学原理的过程,感受数学魅力,并运用知识树立正确的价值取向,形成正确的知识运用价值观。

【教学实录与评析】

一、创设情境,激趣导入

师:同学们,老师告诉你一个秘密,我有一项特异功能,我能算出你们的姓氏。相信吗?

生:不信。

师:不信,咱们来试试,只要你说出你的姓氏同时出现在哪几张卡片上,我就能算出你的姓氏。

教师模拟推算学生姓氏(略)。

生:好神奇。

师:难道老师真的有特异功能,随随便便就能推算出你们的姓氏?

生1:可能吗?

生2:我认为应该没有,这肯定有什么奥秘,但我不知道。

生3:老师可能是把姓氏全背下来了。

师:是的,我没有特异功能,其实这些卡片里藏着数学知识!他究竟藏着什么数学知识?我又是怎样用这些数学知识推算姓氏的呢?今天,我们就一起来探索其中的奥秘。

【评析】兴趣是最好的老师。上课伊始,老师模拟算命先生成功推算出学生姓氏,让学生感受到推算姓氏的神奇,从而极大地激发了学生的好奇心,点燃了学生的探究欲望,产生强烈的探究需求,为探究推算姓氏背后的数学原理做好铺垫。

二、探索规律,揭示原理

(一)探索规律

1.独立思考,观察规律。

师:请看!请仔细观察这些数字,你发现了什么?

第一张		第二张		第三张		第四张	
1	3	2	3	4	5	8	9
5	7	6	7	6	7	10	11
9	11	10	11	12	13	12	13
13	15	14	15	14	15	14	15

生1:我发现第一、二张卡片相邻的两行的数相差4,第三张、第四张卡片相邻的两行的数相差2。

生2:我发现每张卡片从上往下按从小到大的顺序排列。

生3:我发现1,2,4,8只出现了一次,其他数字出现了两次或两次以上。

生4:我发现1在第一张卡片的第一个位置,2在第二张卡片的第一个位置,4在第三张卡片的第一个位置,8在第四张卡片的第一个位置。

师:看来1,2,4,8很特殊,我们给它们取个名字。

生:特殊数。

师:那其他的数呢?

生:普通数。

师:那普通数与特殊数之间有什么关系呢?他们在这几张卡片上又是怎样排列的呢?

2.独立思考,交流规律。

师:请同学们先独立思考,再把你们的想法在小组内说一说。

过程略。

3.全班交流,归纳规律。

师:通过小组交流,你们发现了什么规律?

生1:我们发现1,2,4,8这几个数是从小到大依次乘2。

生2:我们发现3是由1+2得到的,3就出现在了第一张和第二张卡片上;5是由1+4得到的,5就出现在了第一张和第三张卡片上。

生3:……

师:同学们真是善于观察和思考。的确,如果已经知道普通数,就去找这些数由哪些特殊数相加得到,从而就能确定这些数所在的卡片了。

(二)揭示原理

师:数字规律我们找到了,那我又是将它如何与你们的姓氏关联起来的呢?把你的想法和你的同桌说一说。

生:老师就是把这些数与我们的姓氏对应起来,然后背下来的。

师:的确,被你们识破了。

【评析】教师推算学生姓氏是数学知识运用的一个外壳,其内在本质是将等比数列"1,2,4,8,16,…"看作特殊数,这些特殊数均排列在每张卡片的第一位,其他数则看作普通数,普通数由两个或两个以上的特殊数相加而成,然后按一定的规律进行排列,并给所有的数编制姓氏,最后通过数与姓氏的对应关系推断出姓氏。通过学前调研,学生很容易找到特殊数以及特殊数之间的关系,但对普通数与特殊数之间的关系及其表达则有一定的难度,所以在本课中,教师采用先独立思考再小组合作的方式,并让学生以举例的方式代替归纳规律,降低了难度,同时也理解、掌握了规律。最后,教师引导学生得出将数与姓氏对应起来就能推断出姓氏,从而揭示了推算姓氏的数学原理,培养了学生提出问题、分析问题和解决问题的能力,让学生感受到数学的价值。

三、续编姓氏,体验算姓

(一)续编姓氏

师:我们中国的姓氏又何止这些呢?如果我想把其他没有的姓氏也编进来,我该怎么办?请小组合作共同编制一个卡片上没有的姓氏。

学生小组合作并汇报。(过程略)

(二)体验算姓

引导学生利用续编的卡片体验算姓。(过程略)

【评析】知识在于运用,请学生理解规律并运用规律续编姓氏,既有利于保持学生学习知识的热情、检验学生对知识的掌握,又有利于学生培养学生对知识的运用能力和创新能力。请学生模拟算命,有利于学生在享受游戏所带来的乐趣时,身心得到放松,智力得到发展,让学生体验到学习的乐趣。

四、审视现实,价值引领

师:同学们,生活中你还遇到过类似像这样推算姓氏的事例吗?

生1:有的景区门口转“糖人”,我每次都转不到大的。

生2:……

师:那你们现在对这些现象有什么看法?

生1:这些都是骗人的。

生2:我们该把所学知识运用到正道上,而不是用来骗人。

生3:……

师:对,我们应该把知识运用到有意义、对人类社会进步有贡献的事物上。

【评析】通过请学生举例现实生活中那些将知识运用于损害他人利益,损害社会利益的事例,提醒学生遇见这些事例时,一定要保持清醒的认识,用知识的力量去揭穿骗局,让学生感受数学作用与魅力,并帮助学生如何运用知识树立正确的价值取向,形成正确的知识运用价值观。

案例2 揭穿算命先生的把戏①

【教学内容与分析】

“揭穿算命先生的把戏”选自宋乃庆教授和于波教授共同主编的《游戏与数学》第83-87页。该教学内容的呈现由四部分构成。第一部分是机器人和天天、波波、妮妮一起玩数字卡片的游戏——只要告诉机器人哪几张卡片上有自己想的数字,机器人不看卡片就能马上知道想的是哪个数。由此引起学生探究其中数学

① 本案例由重庆两江新区嘉成小学刘平执教,重庆两江新区嘉成小学欧洋和康世刚评析。该案例获得全国第三届小学数学文化优质课竞赛一等奖。

原理的欲望和兴趣。第二部分是探究规律，发现数字卡片隐藏的数学原理。通过天天、波波和妮妮的对话探究出了“只要将所想的数字所在卡片第一个数相加，就知道是哪个数”这一排列规律。这部分内容先让学生独立思考，再合作探究，先举具体的数字来说明规律后抽象出数学原理，充分经历了由猜想到验证的活动过程，培养了学生数据分析的观念，渗透了统计和模型的思想。第三部分是应用规律再玩游戏和编制卡片。首先是天天、波波和妮妮再玩游戏——告诉对方自己想的数，猜在哪几张卡片上，然后再根据卡片的排列规律接着编制卡片。学生在运用规律玩游戏和编制卡片的过程中，培养了他们的应用意识以及创新意识，并且在编制卡片中探究出要按照从小到大的顺序去编写才不会出错，培养了有序思考的习惯。第四部分是揭穿生活中的算命把戏。通过机器人和博士的对话，揭穿算命骗局也就是一个姓和一个数字相对应，用前面的方法猜出了数，就能猜出你的姓。这部分内容向学生渗透符号化思想以及一一对应的思想，并且让学生感受到生活中很多奇特的现象都可以找到规律，都可以用数学的原理去解释、解决，从而培养学生学会用数学的眼光去观察世界，学会用数学的语言去描述世界，学会用数学的思维去分析世界。

【课前思考】

很多学生认为数学学习是枯燥的、无味的、烦琐的。数学家陈省身先生提出“数学好玩”的思想，怎样才能让学生感受到数学好玩呢？教师应该根据学生的认知规律，尽量多给学生提供适度的学习时间，采用学生感兴趣的游戏方式来组织学生的数学学习活动，在游戏中设置认知冲突，激起认知冲突，使学生的思维在玩中得到碰撞，体验数学学习的乐趣，让学生在玩中学，在学中玩，从而感到“数学好玩”。

“揭穿算命先生的把戏”这节课属于《游戏与数学》的内容，让学生先通过玩猜数游戏来激发探究的欲望，再引导学生通过猜测、观察、分析、计算、验证等一系列的数学活动探究出数字卡片的排列规律，然后又根据探究出的规律再玩游戏和编制卡片。教学目标拟定为：(1)借助数字卡片，经历探究特定数字卡片的数字规律的过程，并能用数学的原理揭穿算命骗局。(2)在探究的过程中，培养符号化思想、对应的思想和统计的思想。(3)培养爱观察、爱思考的习惯,感受数学在现实生活中的广泛应用,激发学习数学的热情。

【教学实录与评析】

一、游戏引入,激发兴趣

1.课件出示"水晶球"。

师:老师给你们带来了一个礼物。它是一个神奇的、有魔力的水晶球!有什么魔力呢?听听他的主人万事通怎么说?

课件录音和课件上出现四张卡片。

2.玩把戏。

师:孩子们,魔球有什么魔力?

生:魔球能猜到我们想的数。

师:你们信吗?那我们就来玩一玩这神奇的把戏吧!(板书:"把戏")

师:看着卡片想一个数,把数用记号笔大点儿写在题板上(师举起笔和题板示范后抽生)

生1:……

师点课件录音:魔球魔球告诉我,他想的是哪个数?

师:举起你写的数给大家看。哇,猜对了!

生2:我想的数在第3张和第4张?

师点课件录音:魔球魔球告诉我,他想的是哪个数?

【评析】寓教学于游戏中,符合儿童的身心特点。在教学中采用游戏的方式,学生非常喜欢,兴趣更浓,教学效果也更好。开课出示水晶球,创设神秘的课堂氛围,把全班孩子的注意力吸引到课堂上来,再玩猜数的游戏,让每个孩子亲身感受到魔球的神奇魅力,激发了孩子探究其中数学原理的欲望,能使课堂教学保持浓厚的学习气氛,从而使学生乐学,主动地学。

二、探究规律，发现原理

师：究竟神奇在哪里呢？你能揭穿这把戏的秘密吗？（板书：揭穿）

学生先独立思考，再小组讨论。

汇报交流。

生：看卡片就知道。比如：9，只有第1张和第4张有，所以就知道了。

师：那不看卡片你能猜出来吗？这样，哪个孩子来跟我比比？

抽生和师比不看卡片猜孩子想的数。

师：那我是怎么做到不看卡片就能猜出来是哪个数呢？

初步举例子说明规律。

生：只记住每张卡片的第一个数，比如：9只出现在第1张和第4张卡片上，就把第1张和第4张的第一个数相加。也就是1+8=9，就猜出来这个数是9了。

师：他说的什么意思呀？刘老师有点没明白。谁听明白了？来说说。

抽生指着黑板边指边再说一遍。

师：原来魔球只记住了每张卡片的第一个数。（师边讲边点课件"1，2，4，8"出现红色。）

抽生再举其他的数来说明。

生1：比如10……

师：为什么10这个数只出现在第2和第4张？

生：就是由2和第4张的首数相加的。

生2：……

师：如果你来编卡片，你会把数*编在第*张和第*张吗？为什么？

生：不会，因为它不是由那两张的第一个数相加得来的。

师：这些数是这样编排的吗？我们一起来看看，刘老师也想了一个数。

师边点课件边说：5在第几张和第几张？为什么它只出现在这两张而没有出现在第2和第4张呢？

板书：5=1+4。

师：现在能揭穿万事通的把戏了吗？谁来用自己的话说说魔球究竟是怎么知道我们想的数？

生:我们告诉魔球想的数在哪几张,魔球就用这几张的第一个数相加就知道了。

师小结:是的,魔球只要将你想的数字所在卡片第一个数相加,就知道是哪个数了。

【评析】"为学生创造自主探究的空间,让学生获得自主发展"是本环节的一个显著特点。孩子有了兴趣和探究的欲望后,教师及时为孩子提供了探究的问题"究竟神奇在哪里呢?你能揭穿这把戏的秘密吗?"有了探究的问题后,孩子们先独立思考,再合作探究,先是直观感受从卡片中找数,后是不看卡片猜到数找到隐藏的数学规律;先举具体的数字来说明规律,后抽象出数学原理,孩子们在这个过程中通过与同伴的交流合作,表达自己的想法,倾听同伴的思路,反思自己的问题,充分经历了由猜想到验证的活动过程,培养了学生数据观念,渗透了统计和模型的思想。

三、根据规律,再玩游戏

1.课件出示4张卡片。

师:咱们揭穿了万事通的把戏,那想和万事通再玩一玩吗?准备好了!

课件出示万事通录音:我想的数在第2张和第3张。你知道是哪个数吗?

生:6。

师:怎么知道的?

生:第2张和第3张第一个数相加2+4=6。

……

2.知道数字,猜在哪几张。

放录音:我想的数是9,你知道它在哪几张卡片上吗?

生:第1张、第4张上。

师:为什么只会出现在这两张而没有出现在第2和3张?

生:1+8=9。

……

师:看来它是由哪几张的第一个数相加来的,那么这个数就只会出现在那几张。

3.换掉卡片上的数再玩游戏。

师:这几张卡片上的数还和刚才的四张一样吗?数变了,那猜数的方法变了吗？那我们猜的时候只需要记住这几张卡片上的哪几个数就行了？

生：每张卡片的第一个数。

师：用10秒赶紧记住这几个数字。然后选4人到讲台比赛。

4.同桌玩把戏。

【评析】本环节老师为孩子们创造了轻松的学习氛围。孩子们通过探究发现了隐藏的数学原理，再反过来玩游戏。通过猜数，猜在哪几张卡片上，换卡片后再猜等活动进一步理解其中的数学原理。通过选生和万事通玩、几个孩子比赛到同桌相互玩等不同的方式让课堂"活"起来，让每个孩子都积极参与到学习活动中，感受数学的乐趣。

四、运用规律，编制卡片

师：刚才我们和万事通玩了把戏，同桌之间也玩了把戏。我们玩的是几张卡片？你们会继续编吗？

在编制之前，先思考下面两个问题。（课件出示）

（1）第5张卡片上的第一个数可以是几？

（2）第5张卡片上的第一个数与其他卡片上的第一个数相加的和该写在哪几张卡片上？

生1：第5张卡片的第一个数可以是16。

师：怎么想的？

生：前面几张卡片的第一个数1，2，4，8的规律是依次乘2，所以8乘2是16。

师：除了可以是16，还可以是其他数吗？孩子们等会儿编制卡片的时候可以试试。

师：那第2个问题呢？谁来举个例子说说。

生：比如16与第1张卡片的第一个数相加的和16+1=17，应该写在第1张和第5张卡片上。

师：孩子们会编了吗？拿出题单和小组的同学合作完成。

小组合作编制卡片。

小组汇报。

师：刘老师收集了两个小组的作品。孩子们，想不想用他们编制的卡片来玩一玩。

(1)先出示第一个数是16的,他们第五张卡片的第一个数是16。请全组的孩子上台来和我们一起玩。

生1:我想的数在第1张,第2张和第5张,猜猜是几?

小组的几个孩子猜数。

师:猜对了吗?你们再看看19这个数是在这几张上吗?

(2)再出示一个第一个数不是16的。

师小结:看来通过玩自己编制的卡片,还能检验编得是否正确呢!那第6张、第7张又该怎么编制呢?回家和爸爸妈妈一起编好吗?

【评析】孩子揭穿了把戏的秘密也玩了把戏,本环节再运用原理自己编制卡片,孩子们有的根据前面卡片第一个数的规律确定第5张卡片的第一个数是16来编制,有的没有用16而是用比16大的数来编制,从而编制出不同的卡片,体现了孩子的应用意识和创新意识,并且在编制中探究出要按照从小到大的顺序去编写才不会出错,培养了有序思考的习惯。再用自己编制的卡片玩猜数游戏,同时也检验了自己编制卡片是否正确,在这个过程中,孩子们经历了一系列的思维活动,感受了获得数学知识的快乐和成就感。

五、应用生活,揭穿把戏

师:孩子们,你们觉得今天的把戏好玩吗?生活中有的人也在应用这把戏呢!我们一起来看看。(课件出示四张卡片以及算命先生的录音)

师:谁也在玩把戏?孩子们,想试试吗?

生1:我的姓在第3张和第4张。

师点数字:12,你是姓孙吗?

……

师:算命先生真的是算神能算出我们的姓?用我们今天学的知识能揭穿他的把戏吗?(板书:"算命先生的"先猜猜他是怎么猜出来的)

生:姓的前面有数字,用卡片的第一个数相加就知道了。

生:比如我姓……

师:看来算命先生的把戏只是将一个姓和一个数字相对应,用前面的方法算出了数,就能猜出姓什么了。

【评析】本环节运用原理揭穿了算命先生的把戏,也就是一个姓和一个数字相对应,用前面的方法猜出了数,就能猜出你的姓。通过这个环节向学生渗透符号化思想以及一一对应的思想,孩子也体会到了数学来源于生活并且能解释生活中的一些奇特的现象,也感悟到了数学真的有用,数学真的有价值,从而让学生热爱数学,喜欢数学。

六、全课总结

师:今天学了什么?你有什么收获?

……

【评析】通过学习过程和回顾,让孩子感受到生活中处处有数学,要做学数学的有心人并用身体去经历,用心灵去感悟,才能逐渐走进数学,感受数学的魅力。

案例3　玩玩一笔画①

【教学内容分析】

“玩玩一笔画”选自宋乃庆教授和张渝教授主编的《数学文化读本》三年级下册第59-62页的内容。在数学文化读本中,该部分内容的呈现由三部分构成。第一部分是情景导入:呈现游戏比赛的画面,唤醒游戏体验,明确游戏规则,由此引发学生提出问题:到底什么样的图形能一笔画?有什么规律可循?借助熟悉的一笔画游戏活动帮助学生形成表征,学生的兴趣被激发。第二部分是探究活动:通过对奇点、偶点的介绍以及数能一笔画图形奇点的个数,感受奇点个数与能否一笔画之间存在关系,引发思考:奇点个数是几个的图形能一笔画?然后,通过对话的形式介绍欧拉的成就——图形只有在奇点个数为0个或者2个时才能一笔画。探究活动的开展充分揭示数学的文化内涵,渗透数形结合、转化等数学思想,积累数学活动经验,培养学生的数学核心素养,肯定数学作为文化存在的价值。第三部分是拓展与应用:介绍欧拉用一笔画问题解决著名的七桥问题,让学生感受数

① 本案例由四川外国语大学附属小学校信雪倩副校长执教,由重庆市沙坪坝区凤鸣山小学校苏艺和康世刚指导和评析。该案例获得全国第二届小学数学文化优质课竞赛一等奖。

学的应用价值。最后,通过游戏活动来结束:和同桌比赛一笔画,并思考还可以怎样画?鼓励学生关注一笔画图形应该从哪里起笔?课后了解欧拉的其他故事,让数学文化的魅力真正渗入教材、到达课堂、融入教学,从而让学生进一步理解数学、喜欢数学、热爱数学。

【课前思考】

爱玩是孩子的天性,孩子在玩游戏时都会产生强烈的求胜欲望,从而激发学习的兴趣和探究的激情。这节“游戏与数学”课,我们通过设计比赛以及探究、猜想和验证等富有挑战性的思维活动,调动学生们的求知欲,引领他们去观察、比较和转化,探究游戏背后的奥秘。而对于三年级的孩子而言,学习经验不足。于是我们把教材上“如果从一个点引出的线有单数条,这个点叫奇点;如果有双数条,这个点叫偶点。”的描述借助“描—数—标”一系列的操作活动,帮助学生理解和判断奇点、偶点,实质上是数经过这个点引出线的条数,实现思维的转化,突破思维的障碍。本课教学目标拟定为:(1)经历“一笔画”的探索过程,会判断图形能否一笔画。(2)渗透数学建模的思想,能用“一笔画”规律分析实际问题,积累数学活动经验。(3)了解数学家的事迹,激发学习兴趣,受到文化熏陶,获得情感激励。

【教学实录与评析】

一、活动体验,形成表征

1.引出课题。

课堂伊始,通过(一笔)画大家熟知的五角星,呈现一笔画的规则,引出课题。

【评析】通过活动,引出“一笔画”游戏,唤起游戏体验,明晰游戏规则。

2.初识一笔画。

师:今天咱们用平板电脑开展“一笔画”大赛,轮流每人过一关,看谁的速度快?准确率高?

【评析】通过观察——比较比赛中的两个图形,获得新的体验:能否一笔画与图形的复杂程度无关,从而激发学生去思考:到底什么样的图形能一笔画。

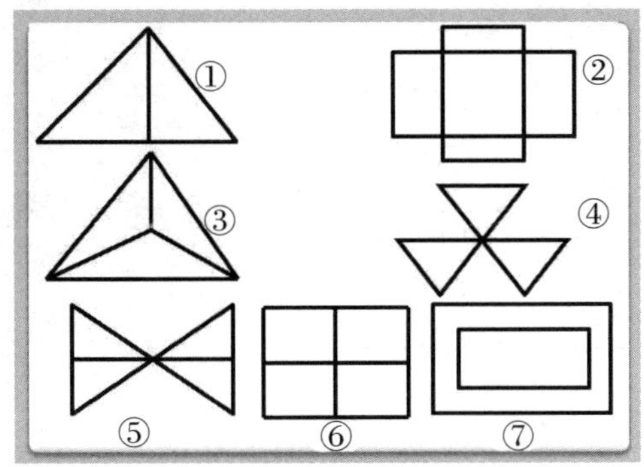

3.确定研究范围。

师:观察,你能一眼看出哪个图形不能一笔画吗?

生:一眼看不出来,需要动手试试。

师:恩,今天我们就在连通图中玩一笔画。(板书:连通图)

师:真不错,大家还玩出了自己的心得。

【评析】通过呈现给学生熟悉的一笔画的学习材料和游戏活动,唤醒学生既有的游戏体验,引导学生关注数学材料背后的数学本质。动手实践、自主探索与合作交流是学生学习数学的重要方式。结合在本课内容中,学生画容易,但是总结规律困难的学生实际。因此,在初识一笔画环节采用体现读本的"自主学习法"的学习方法,教师采用的"启发点拨法"。

二、关注过程,凸显思维

(一)探究活动一:探究能一笔画图形的规律

1.初步猜想。

师:试试,哪些能一笔画?

(板书:能一笔画　不能一笔画)

教师请两名同学把能一笔画的图形贴到能一笔画的下面,不能一笔画的图形贴到不能一笔画的下面,并介绍分的结果。

图形	能否一笔画（能的请画√）	
①		
②		
③		
④		
⑤		
⑥		

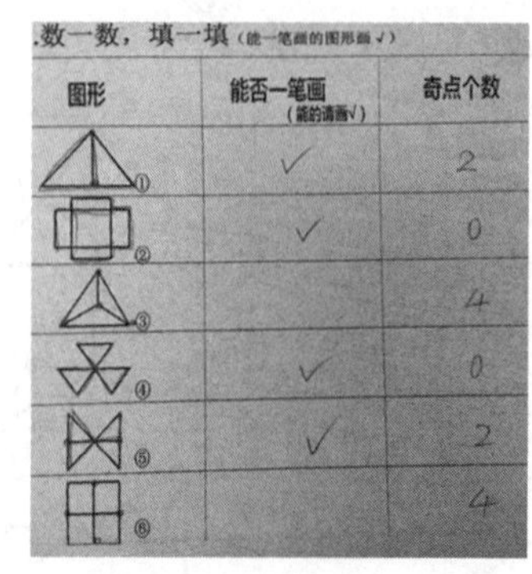

.数一数，填一填（能一笔画的图形画√）

图形	能否一笔画（能的请画√）	奇点个数
①	√	2
②	√	0
③		4
④	√	0
⑤	√	2
⑥		4

生：图①、图②、图④、图⑤可以一笔画；图③、图⑥不能一笔画。

师：都是连通图，为什么有的能一笔画，有的不能？请同学们猜想一下能否一笔画与哪些因素有关。

生1：我觉得跟形状有关。

生2：我觉得跟点的个数有关。

生3：我觉得跟线的条数有关。（师板书：形状、个数、点）

师：今天我们就来研究能否一笔画与点有什么关系？

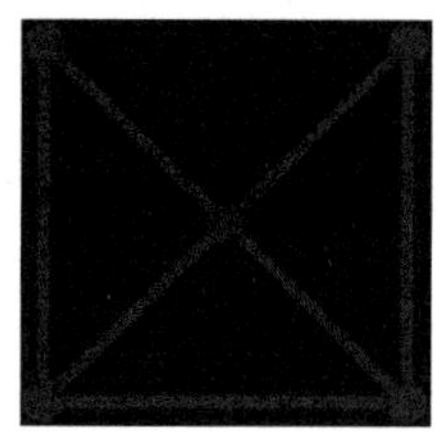

师：我们先来看看点里藏着什么奥秘。

2.活动验证。

师：观察这些点引出的线……1条，3条，5条，接下来？

生：7条，都是奇数条。

师：像这样从一个点引出的线有奇数条的点叫奇点。

师：有奇点……就有……（教师启发学生说出偶点）

生：偶点。

师：你能在这个图形中指出奇点和偶点吗？

师：数一数表格中图形奇点的个数，填表。

生统一奇点的个数，师PPT出示结果。

3. 揭示结论。

思考：奇点个数与能否一笔画有什么关系？把你们的发现在小组内说一说，组长记录。

小组交流，全班展学，得出结论：连通图中奇点个数为0个或2个的能一笔画。

师：真是了不起！能用数形结合的思想提炼数学结论。（板书：数形结合）这是数学家用反证法证明能否一笔画与图形的大小、形状都没有关系。

只要在连通图中，奇点个数为0个或2个的图形就能一笔画。

4. 巩固结论。

师：游戏中这几关也有这样的规律吗？（PPT出示游戏的第1到4关）

PPT出示奇点个数。

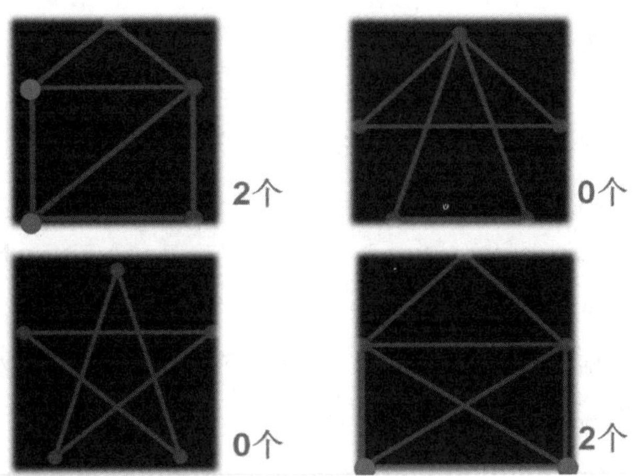

师：那为什么有的同学在挑战这些关卡中失败了？

生：因为起点不正确。

师：想不想提高我们的成功率和速度？

生：想。

师：那我们就来看看这些图形起点和终点背后的秘密？

【评析】采用"问题—探究"的教学设计，以学生提出问题、解决问题为主线，以问题为导向，数形结合，让学生充分体验数学活动（独立思考—合作交流）、经历知识的再创造，在引导分析时，给学生留出足够的思考时间和空间，让学生去发现规律、探索规律，从真正意义上完成对知识的自我建构。使学生在体验、比较和反思中促进数学活动经验的形成，提升数学思维。

(二)探究活动二:探究能一笔画的图形从哪里开始才能一笔画成

1. 画一画中感悟。

师:标出一笔画图形的起点和终点,有什么发现?

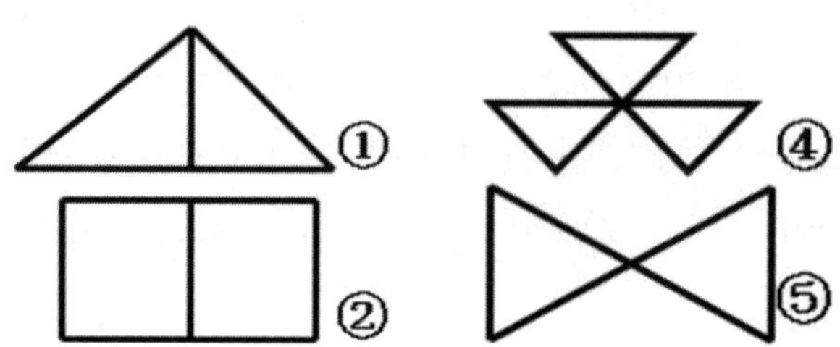

师:请同学到前面来标出这些图形的起点和终点,其他同学观察图形,说出自己的发现。

生:奇点个数为0个,从哪里开始,就从哪里结束。

奇点个数为2个,从一个奇点开始,另一个奇点结束。

2. 比一比中小结。

对比体验,总结发现。

生:奇点个数为0个,从任意一点开始,终点就是起点;奇点个数为2个,一个奇点开始,另一个奇点结束。

师表扬:会根据图形特点,对比分类获得游戏体验,简直是游戏的天才。

师:确定能提高成功率和速度了吗?

生:能。

师:请组长组织大家轮流玩,每人过一关,看哪个小组在规定的时间过的关数最多?

组长组织大家在小组内用平板电脑玩“一笔画”。每人过一关,轮流过关,时间是2 min。

【评析】渗透了“具体—表象—抽象—符号化”的思想方法,在画图形的过程中,感受能一笔画的图形不能随便画,透过表象看本质,能否一笔画与点有关。在学习过程中重点关注了学生抽象、概括、倾听、展示的学法指导。

三、构建模型，揭示本质

1.独立尝试。

建模应用:解决七桥问题。

七桥问题

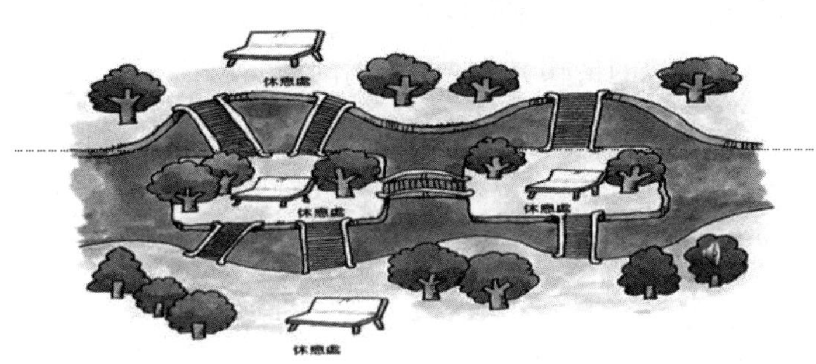

师:同学们都玩出了自己的风格和水平,看看数学家怎么玩的?(微视频:一个游客怎样一次走完这7座桥而不重复,最后又回到出发点呢?)

师:这可是当时困扰数学家很久的问题。

师:解决七桥问题,你有什么灵感吗?

生:我能来画一下吗?(学生到前面PPT上画)

师:画的是什么呢?

生:线。

师:他的想法与数学家不谋而合,现在能解决吗?

生:能。

师:能把复杂的图形抽象成线和点,真是了不起!(板书:抽象)

师:能一次走完吗? 为什么?

生:不能,因为不能一笔画。

师小结:困扰人们很久的问题就这样迎刃而解了,我们得感谢一位伟人,让我们走近他。

【评析】创造性地使用读本,把著名的七桥问题抛给学生,让学生尝试解决,抽象成线与点之间的关系,从而突破教学难点,提升学生能力。

2.视频介绍。

介绍欧拉,情感激励。

微视频播放:他的头像被多个国家印在邮票、纸币上以示尊重,他创造了《拓扑学》这门学科,他最早用图论和拓扑学解决了“哥尼斯堡七桥问题”,从而证明了欧拉定理,他是科学史上最多产的一位杰出的数学家。他在失明的情况下写出了大量的著作,他是瑞士的大数学家欧拉。

师:让我们带着欧拉的情感解决生活中的问题。

【评析】借助先进的多媒体手段,利用“微视频”将七桥问题直观呈现给学生,很好地激发学生利用数学模型解决实际问题,从而培养学生的应用意识。尝试增加一座桥,使游客能一次走完所有桥,不重复。

3.应用升华。

邮递员——选择最短线路。

实践应用

甲、乙两个邮递员去送信,两人同时出发以同样的速度走遍所有的街道,甲从A点出发,乙从B点出发,最后都回到邮局(C点)。如果要选择最短的线路,谁先回到邮局?

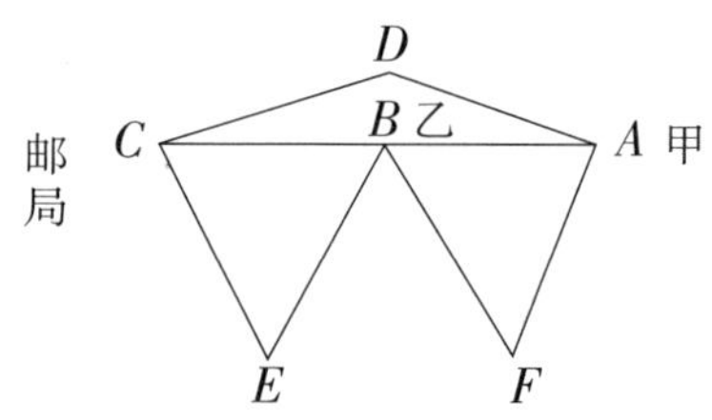

生:甲先回到邮局,乙后回到邮局。因为一笔画图形,甲从A点出发回到C点,乙从B点出发要多走一段才能回到C点。

师:会学以致用,真好!

师总结:我和孩子们一起玩一笔画,老师见证了大家的实力,从游戏中体验数学的乐趣;从伟人的榜样中习得数学的思想、方法,你能谈谈你深刻的感受吗?

【评析】现代数学教学论指出,教学中必须展现思维的过程性,提高抽象分析能力,重视符号处理技巧,培养数学建模能力,树立正确的数学观念。现实的数学问题当然是类似“七桥问题”这种形式,而不是类似网络图这种形式。这就是说,解决现实的数学问题的第一步，通常也是最困难的一步，也就是如何将问题用数学的语言和符号表示出来。这就是著名数学教育家弗赖登塔尔所强调的“数学化”。

案例4　神奇的莫比乌斯带①

【教学内容分析】

“神奇的莫比乌斯带”选自宋乃庆教授等主编的《数学文化读本》四年级上册第34-39页。莫比乌斯是德国著名的数学家和天文学家，是拓扑学的先驱。莫比乌斯最著名的成就是发现了三维欧几里得空间中的一种奇特的二维单面环状结构——莫比乌斯带。公元1858年，莫比乌斯和约翰·李斯丁各自发现，把一根纸条扭转180°后，两头再粘接起来做成的纸带圈，只有一个面即单侧曲面，而普通的纸圈是双侧曲面。莫比乌斯带原理在现实生活中有广泛的应用，体现了数学的科学技术价值和文化艺术价值。

数学文化读本内容呈现由三个部分内容构成。第一部分是情境导入：教材呈现过山车跑道的画面，唤醒学生玩坐过山车的经验，直接揭示“很多过山车跑道的设计采用了数学上著名的莫比乌斯带原理”。由此引发学生提出一系列的问题：什么是莫比乌斯带呀？谁是莫比乌斯呀？莫比乌斯带有什么奥秘……学生的学习激情被点燃了！第二部分是研究再现：通过天天与妮妮的对话来介绍莫比乌斯及其最著名的成就——莫比乌斯带。重点介绍了发现莫比乌斯带的过程：莫比乌斯由一件常人不经意的小事“蚂蚁爬上纸圈”引发了思考，日日思考不得其解，却在摆弄玉米叶时获得了灵感，然后动手制作纸圈进行验证，最终发现了莫比乌斯带。这个故事反映了数学家莫比乌斯善于思考、精于研究的科学精神。这部分内容不仅让学生了解数学家创造数学的过程，还让学生模拟数学家的研究活动，亲自动手制作和剪开莫比乌斯带，研究莫比乌斯带的特征和奥秘。在此过程中，帮助学生积累猜想验证的数学研究经验，培养学生空间观念等数学学科核心素养。第三部分是拓展应用：介绍社会生产生活中应用莫比乌斯带原理的实例，让学生

① 本案例由重庆市沙坪坝区康居西城小学彭帝执教，由重庆市沙坪坝区教师进修学院张焕颢和康世刚指导和评析。本案例获得重庆市小学数学文化优质课竞赛一等奖，该案例在《小学教学》（数学）2020年第7-8期发表。

感受数学的应用价值。鼓励学生自己对莫比乌斯带进行其他的操作实验,设想或设计具有莫比乌斯带形状的物品,发展学生的实践能力与创新精神。

【课前思考】

数学家研究出的数学,常常以静态的结论呈现在学生面前,学生看到的是“冰冷的美丽”,而看不到数学家研究数学过程中“火热的思考”。进行“数学家与数学”的教学,教师一方面要让学生了解数学家、认识数学家的卓越贡献,感受数学家的治学精神,另一方面要善于化“冰冷”为“火热”,将静态的数学结果转化为动态的数学思考。经历数学家发现数学的过程,养成数学家思维。从“数学家与数学”的内容特点来看,《神奇的莫比乌斯带》是动手操作类的内容,要注重学生的操作体验,教师可以引领学生经历学习与研究的过程,学生能进行猜想、操作、验证、想象等数学活动,以简约化、浓缩化的方式来模拟数学家研究数学的思维过程。这种学习活动已经超越了文字阅读的“浅层学习”,走向了思考与实践的“深度学习”。

本课的教学活动将以操作和实践为主,以学生经历数学活动过程为主。教学目标拟定为:(1)了解莫比乌斯带发现的过程,养成用数学家眼光发现、提出、分析和解决问题的能力。(2)经历“猜想—操作—验证”的数学研究过程,学会将长方形纸条制成莫比乌斯带,探索莫比乌斯带的神奇特征,感受莫比乌斯带的神奇魅力,拓宽数学视野。(3)通过观看莫比乌斯带原理在现实生活中的广泛应用,体会数学的应用价值,领略数学家的贡献,激发学好数学和应用数学的兴趣。

【教学实录与评析】

一、游戏引入,激发学习的兴趣

师:老师给大家带来一个魔术,这张纸带能让两个回形针成为好朋友,请一个小朋友来协助一下。

演示魔术:师生合作,一人拉一边,两个回形针夹在了一起。

学生惊叹不已。

师：哇！这张普普通通的小纸条真是太神奇了！这节课我们就一起来玩这张小纸带。

【评析】教育的艺术不在于传授本领，而在于激励、唤醒和鼓舞。课一开始，教师就表演了一个小魔术，用一张小纸条神奇地把两个回形针夹在了一起。学生兴趣盎然地观看了魔术游戏，产生了强烈的好奇心，想去探究纸带能够带来的数学奥秘。这个小小的魔术，在短短的2 min里，点燃了学生学习的激情，触发了学生学习的动力。

二、实践探索，经历研究的过程

1.动手制作莫比乌斯带。

师：观察这张长方形的纸条，它有几条边？（板书：观察）

生：4条边。

师：几个面？

生：2个面，正面和反面。

师：假如我的手是一把刷子，要把纸条全部涂红，我就要先涂上面，再跨越这个边缘，再涂下面，不能一下涂完，它是2个面。

师：我可以变魔术，将它变成2个面，2条边。你们信吗？

大部分学生说信，也有个别学生说不信。

师：没想到第一次见面，我就那么多粉丝啦，那一起来见证奇迹吧！

教师将纸条做成纸圈。

师：是不是只有两个面，两条边？现在它的面变成了曲面，里面的叫作内侧面，外面的叫作外侧面，它是一个双侧曲面。

师：作为魔术大师，难道就这点水准？谁给我来点有难度的？

生：1个面1条边。

师：这么高的难度？那就把眼睛瞪大了。

教师示范，把这张纸条做成一个普通的纸圈，然后捏住一端，将另一端翻转180°，对齐粘上双面胶。

请一个学生再次示范。

师：看明白了吗？拿出1号纸带，做一个这样的纸圈。

学生独立制作纸圈。

【评析】莫比乌斯带不是学生在日常生活和数学学习中常见的图形，它的发现是数学家灵感思维的体现。数学思维有六种主要形式：抽象思维、形象思维、逻辑思维、猜想思维、直觉思维、灵感思维，其中灵感思维被看作是不可教的一种数学思维形式。教师尊重这一教育规律，在课堂上没有引导学生去探索莫比乌斯带的制作方法，而是采取直接演示的方式来“教”，学生也就用模仿学习的方式来“学”。这样的教学方式合理而高效，学生快速地做出莫比乌斯带（虽然现阶段还不知道它的名称），为本课主要的探究活动打好了基础。

2.初步探究莫比乌斯带的神奇。

（1）研究莫比乌斯带的特征。

师：这个纸圈真的只有1条边，1个面吗？

生：真的。

师：这么相信我？现在还只是一个猜想。（板书：猜想）接下来怎么办？

生：验证。

师：你打算怎样验证？（板书：验证）

生：用手指着面，一直走……

师：用手比画不容易留下痕迹。这样吧，我们用一支彩笔把手指运动的路线描下来。我们先验证是不是只有1条边。请一个同学与我合作，老师拿笔，同学拿纸圈。我们两人配合，从边上的一点出发，沿着边一直画。

师：知道怎么画了吗？自己尝试一下。

同桌两个学生合作操作。

师：通过验证发现什么？

生：好神奇！画着画着就回到原来的点上了。只有一条边。

师：真的？还有哪些同学也有这样的发现？

学生纷纷举手。

生:终点和起点重合了,真的只有1条边。

师:1个面呢?再来验证一下,请看屏幕,从一个地方出发,笔刷不离开纸,一直涂下去。

学生动手操作。

师:画完了吗?手举高,我来欣赏一下大家的成果。发现什么了?

生1:只有1个面。

生2:跟边差不多,也是回到了起点。

师总结:通过刚刚的操作,我们从一点出发,笔不离开纸,没有跨越边缘,居然把所有的面涂完了,这是一个单侧曲面,它只有1条边。这样的纸圈有个特别的名字,叫作莫比乌斯带。(板书课题:莫比乌斯带)

(2)介绍莫比乌斯带的发现。

师:看到这个名称,你有什么问题想问吗?

生:为什么叫莫比乌斯带?它是谁发现的呢?

师:我们来看一段视频。莫比乌斯是德国著名的数学家和天文学家,是拓扑学的先驱。他最著名的成就是发现了三维欧几里得空间中的一种奇特的二维单面环状结构,后人称之为“莫比乌斯带”。有一天莫比乌斯无意中做了一个纸圈。这时,有一只蚂蚁爬上纸圈了。他突发奇想:蚂蚁要是不通过纸圈上下边缘就能进入内圈爬行,那该多好呀!他研究了数日,也没有结果。有一个偶然的机会,他路过一片玉米地,看见叶子弯曲着耷拉下来。于是他顺手撕下一片,顺着叶子自然扭曲的方向对接成了一个圆圈。他惊喜地发现,这个“绿色的圆圈”就是他梦寐以求的那种圈。莫比乌斯回到办公室,裁出纸条,把纸的一端扭转180°,再将一端的正面和另一端的背面粘在一起,就做成了只有一个面的纸圈。在这个纸圈上,蚂蚁可以爬遍整个曲面而不必跨过它的边缘。从此“莫比乌斯带”诞生了!

师:看完这段介绍,你有什么感觉?

生1:莫比乌斯带好神奇呀!

生2:我也要向莫比乌斯学习,多观察、多动手。

师:莫比乌斯有一个善于思考的大脑,还有一双善于发现的眼睛,更有一种孜孜不倦反复研究的精神。一根简单的长方形纸条,被他这样一扭,居然扭出一个神奇的莫比乌斯带。(板书完善课题:神奇的莫比乌斯带)

【评析】莫比乌斯带的神奇之处在于它与普通纸圈的区别。普通的纸圈有两条边和两个面,莫比乌斯带只有一条边和一个面。这种神奇的特征要怎样才能让学生体会和理解呢?数学的思维要怎样才能展现出来,便于自己的表达和人际交流呢?教师应用思维可视化的理论,启发学生进行大胆的想象和表达。在学生提出用手指来指的基础上,优化为用彩笔描出莫比乌斯带的边,涂色展示莫比乌斯带的面。当画笔从起点出发,又回到了起点的时候,莫比乌斯带的神奇震撼了所有的学生。数学的神奇之美,穿越了时空,让今天的见证者与当初的发现者产生了强烈的情感共鸣。数学家研究的精神之美,过了上百年,仍然感动着今天的学习者。

3.深入研究莫比乌斯带的神奇。

(1)沿中线剪开。

师:这还不算什么,我们接着再来玩一玩,带你们真正感受一下它神奇的地方。

师:这是一个普通的纸圈,我沿着中线剪开,猜想一下,会变成怎样呢?

生:变成两个纸圈。

师:你们确定?

师:实践出真知,我们来验证一下。

教师动手操作,先对着中线戳一个小孔,再沿着中线一直剪下去,变成两个纸圈。

师:大家都猜中了,料事如神!

师:那我们来猜想一下,把莫比乌斯带沿着中线剪开,又会变成怎样呢?现在请孩子们跟着我闭眼,头脑中想象一个莫比乌斯带,现在沿着中间剪开了,会怎样呢?

师:有想法了吗,请写在猜想1的题单上。

统计学生的猜想。(贴在黑板上)

生1:会变成两个纸圈。

生2:会断开。

生3:变成一根长纸条。

师:刚刚大家大胆地进行了猜想,接下来我们就动手操作进行验证。请拿出2号纸带做成莫比乌斯带,然后沿中线剪开。请小组合作,按下面的学习要求进行学习。

学习要求:

①剪一剪,一人剪,其余同学观察。

②画一画,剪开后的纸圈属于哪一类。

生边动手,边发出感叹:哇,好神奇呀!是一个大圈。

师:刚刚一直听到大家说很神奇,想不想再来重温一下神奇?请一个小组来展示。

生1:我们这组有两种猜想,可能会变成两个圈,可能会剪断。

生2:我来剪开,请大家看。剪开之后,变成了一个大圈。

生3:开始我们以为是一个普通的圈,但是观察发现是扭着的。

生4:我们猜它可能也是个莫比乌斯带。

师:有了猜想,还不快验证一下,看看它到底是不是莫比乌斯带。

两生马上合作,用笔验证,果然是一个面,一条边。

生1:真的是莫比乌斯带!

生5:这个大莫比乌斯带的宽度只有原来的一半,长度是原来的两倍。

师:哪些同学猜对了?

师:哈哈,大多数同学都猜错了!玩到这里,你对莫比乌斯带有什么感觉?

生:太神奇,出乎意料。

师:出人意料是吧,这就是它神奇的地方。

(2)沿着$\frac{1}{3}$宽度剪开。

师:还想继续玩吗?刚刚沿着$\frac{1}{2}$宽度剪的,我们还可以怎么剪?

生:沿着$\frac{1}{3}$宽度剪。

师:就像你说的这样剪。剪之前,大家先猜想一下,写在题单2上面,然后再动手剪一剪,验证你们的猜想。

学生汇报。

生1:我们的猜想有三种:一是两个圈,二是一个更大的圈,三是会断开。

生2:我们合作用3号纸条做了莫比乌斯带,然后沿着三分之一的线剪。

生3:原来我以为是有两根三分之一线的,可是剪着剪着就回到了起点,原来发现三分之一线只有一条。真是太神奇了。

生4:我们剪完之后,抖了一下,发现已经变成了一大一小两个圈。

师:真是太神奇了!其他组还有什么神奇的发现要来分享吗?

生5:我们发现大圈是外面的白色部分,小圈是里面蓝色的部分。

师:你还观察了它是怎么来的,观察得真仔细!

生6:我们并没有剪断,小圈是怎么掉出来的呢?

师:主动质疑的态度,真了不起!

生7:小圈是莫比乌斯带,大圈不是莫比乌斯带。

师:你怎么知道的?

生7:我用笔画了一下,小圈是一个面,大圈是两个面。

师:小心求证的精神让我佩服。

生8:小圈只被扭了一下,大圈扭了两下。

……

师总结:刚刚我们用不同的剪法剪开了莫比乌斯带,真是让人脑洞大开,我们见识了莫比乌斯带的不可思议。同时,同学们仔细观察、大胆猜想,小心验证的学习态度也让老师感受到了你们的不可思议!

师:课堂上,我们剪了$\frac{1}{2}$宽度,$\frac{1}{3}$宽度;课后,我们还可以?(学生说$\frac{1}{4}$……)相信有这种不断探索的精神,你们一定会创造更多的神奇。

【评析】在初步认识莫比乌斯带基本特征的基础上,教师安排的两次“剪”的活动,进一步激活了学生的思维。第一次“剪”,把莫比乌斯带沿中线剪开。教师先请学生闭上眼睛想象,猜想一下剪成的结果,然后才安排剪的活动来验证自己的猜想是否正确。对于实际操作剪出的纸圈,也让学生先猜想一下是不是莫比乌斯带,再动笔画一画验证自己的猜想是否正确。学生亲身经历了“猜想—验证—结论”的学习过程,有疑问、思考、操作、感悟,真正地经历了一场“火热的思考”。第二次“剪”,沿宽的三分之一剪开。学生吸收了上一次数学研究的经验,主动地想象、猜想、思考、检验,完成了探究活动。但是这一次他们的想象力受到了巨大的冲击,结论让他们瞠目结舌:不是三个圈,也不是更大的一个圈,却是一大一小两个套着的圈!虽然猜想惨遭失败,可所有学生的脸上却洋溢着欢乐。在这样的数学学习研究活动过程中,学生投入地思考着、实践着、反思着,开心地面对成功和失败。这样的学习体验难道不是一次宝贵的成长财富吗?

三、回归生活,感受数学的魅力

师:莫比乌斯带很神奇。生活中有许多地方都运用到了莫比乌斯带的原理,给生活带来便利。

课件出示过山车。

师:你觉得这里应用莫比乌斯带原理的作用是什么?

生:刺激。

生:能让玩的时间变得更久。

课件出示传送带。

生:会让传送带寿命更长。

微视频介绍莫比乌斯带的应用。机器上用的传输带、打印机上的色带等都是莫比乌斯带,这样就不会只磨损一面,可以起到延长使用时间的作用;莫比乌斯圈蕴含着永恒、无限的意义,如可回收物的标志就表示可循环使用的意思;中国科技馆的“三叶扭结”实际上就是莫比乌斯圈，象征着科学没有界限；2007年世界特殊奥林匹克运动会的主火炬就是以莫比乌斯圈的特性进行设计的，它告诉我们转换一种生命方式，你将获得无限发展；湖南馆用莫比乌斯圈来展示风土人情，突出湖南本土的特点，体现天人合一，和谐自然的理念。莫比乌斯带虽然神奇，但美中不足的是它具有一条非常明显的边界。克莱因找到了一种自我封闭而没有明显边界的模型，它就是把两条莫比乌斯带沿着它们唯一的边粘合起来，就得到了一个克莱因瓶。

【评析】莫比乌斯带的发现给数学领域带来了惊喜，莫比乌斯变换、数论中的莫比乌斯变换、莫比乌斯函数、莫比乌斯反演公式也随之产生。但是，这些数学的创造离小学生太远，他们目前是无法理解与感受的。对于小学生来讲，可以理解与感受的是莫比乌斯带在现实生活中的神奇。教师用微视频介绍了莫比乌斯带在生产生活、科学艺术、建筑工艺等方面的应用，让学生们进一步感受到单侧曲面的科学技术价值。莫比乌斯带首尾相接，无始无终的特性又给了人们无限的遐想，产生了一系列人文、哲学的意义。在这里，数学已经不再仅仅是“工具”，更是点亮科学、艺术、哲学的启明灯。

四、总结反思，畅谈学习的收获

师：学习了这节课，你有什么收获？

生1：我认识了神奇的莫比乌斯带，它只有1个面，1条边，跟普通的纸圈完全不同。

生2：我知道可以用观察、猜想、验证的方法去学习。

生3：我也要像莫比乌斯一样做一个爱观察、爱思考的人。

生4：剪莫比乌斯带的游戏很刺激，像在探险！

……

师：我们要感谢莫比乌斯，他启发我们要做一个学会观察、学会思考的人。要感谢莫比乌斯带，这种只有1条边1个面的单侧曲面，让我们享受了观察、猜想、操作、验证的学习乐趣。希望同学们课后去进一步了解相关的资料，与你的伙伴和家人一起玩一玩莫比乌斯带的游戏，分享数学的神奇与乐趣！

【评析】在经历了火热的思考过程之后，教师要引导学生沉着冷静下来，回头看。对学习内容进行反思与回顾，通常可以从知识技能、过程方法、情感态度三个维度进行梳理。本课的最后一个环节，教师就引导学生总结了数学的知识(莫比乌斯带是一个单侧曲面)、学习的方法(观察、猜想、操作、验证)、情感的体验(数学好玩、数学神奇，要向数学家学习)。通过全课的总结反思，达到了两个目的：一是沉淀，帮助学生积累数学研究的经验，品味科学探索的乐趣，获得积极向上的数学情感；二是激励，让学习的热情继续燃烧，激励学生们去了解更多的数学家，去探究更多的数学奥秘。

案例5　挖宝藏①

【教学内容分析】

“挖宝藏”选自宋乃庆教授和康世刚博士主编的《数学文化读本》四年级上册第44–48页。该教学内容源于中国民间流传的“抢三十”这款游戏。“挖宝藏”是一款两人对抗游戏，该游戏的内容蕴含了逆推、对比等数学思想方法，培养学生数学建模的核心素养。数学文化读本安排了两个环节让学生主动建构“抢三十”游戏获胜的数学模型。第一个环节是“每人每次可报1或2个数，谁先报到9，谁就获胜”，让学生初步感知到要想一定能获胜是有一定技巧的。由于这个环节数字小，学生可以用枚举、逆推等方法去初步建构获胜的数学模型。第二个环节是“每人一次最少可报1个数，最多可报3个数，谁先抢到24，谁就获得宝藏”，此环节是在学生初步的实践经验基础上把数字扩大，并应用前面建构的方法进一步探究、验证，从而主动建立起解决此类问题的数学模型。本课通过两次互动游戏的方式，激发出学生对数字研究的兴趣，让学生在游戏中感受数字游戏的魅力，同时体会数学文化的博大精深。

① 本案例由重庆市江北区鲤鱼池小学校聂燕老师执教，由重庆市江北区新村同创培新小学胡韧杰校长和康世刚指导和评析，该案例获得全国第二届小学数学文化优质课竞赛一等奖。

【课前思考】

在新一轮的数学课程改革中,数学文化已被正式纳入基础教育阶段数学课程内容。至此,数学文化上升到课程的高度,不仅体现在数学课程标准的层面,国内所有的数学教科书都对数学文化有一定的呈现。数学文化有利于激发学生的数学学习兴趣、拓宽学生的数学视野等,受到了国内外数学教育专家的广泛关注和重视。近年来,数学文化逐渐从学术形态走向教育形态,并且深入到了一线教育教学实践层面。本课内容以学生喜爱的"挖宝藏"游戏作为引入,以谁先抢到数字9为胜利,激发学生的学习兴趣,此环节游戏数字小,学生可以用枚举、逆推等方法去初步建构获胜的数学模型,引导学生探索出抢9的必胜秘诀。然后安排了抢24的数学游戏,此环节是在学生初步的实践经验基础上把数字扩大,通过独立思考、亲身体验、小组合作,主动去发现抢24的数学模型。最后让学生根据发现的此游戏的数学模型自己设计一个抢数游戏,从而让学生在游戏中感受抢数字游戏的魅力,同时体会数学文化的魅力所在。

基于本课的内容特点和教学价值,本节课的教学目标拟定为:(1)让学生亲身经历抢数游戏的探究全过程,掌握必胜策略。(2)在经历抢数游戏的过程中感受逆推、化归、建模等数学思想方法在游戏中的价值。(3)在经历抢数游戏的探究过程中,学会与他人合作交流,激发勇于探索的积极情感,感悟数学游戏中蕴含的数学知识。

【教学实录与评析】

一、课前交流,谈话引入

师:同学们,喜欢玩游戏吗?你们都玩过哪些数学游戏?

生1:24点游戏。

生2:七巧板。

师:同学们,大家都知道玩游戏也是分级别的。(课件:菜鸟级、高手级、大师级)你们现在是什么级别呢?

生:菜鸟级。

师：现在是什么级别不重要，今天老师将带大家一起去玩一个有趣的数学游戏——“挖宝藏”（板书：挖宝藏）。在这个游戏中看看你能成为什么级别。只有成为游戏大师才能挖出宝藏，想成为游戏大师吗？那我们一起来玩一玩吧。

【评析】通过谈话，唤起学生对数学游戏的兴趣，激发学生的参与热情，同时引发学生积极去探索数学游戏中蕴含的方法与策略。

二、师生互动，激发兴趣

1.明确游戏规则，激发参与热情。

师课件出示游戏规则：

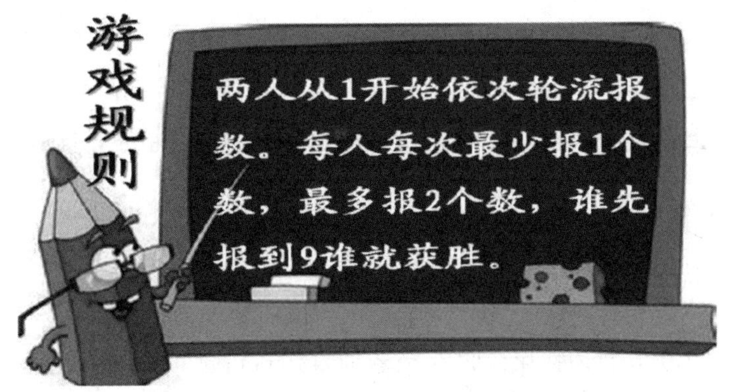

师：每人每次最少报1个数，最多报2个数是什么意思？

生：每个人每一次最少要报一个数，最多连着报两个数。

师：你的意思老师明白了，如果老师先报，我可以报1这一个数字吗？

生：可以。

师：你们可以怎么报？

生：报2这一个数，也可以报2，3这两个数。

师：老师可以先报1，2这两个数字吗？

生：可以。

师：接下来你该怎么报？

生：我可以报3这一个数字，也可以报3，4这两个数字。

师：那老师能先报1，2，3这三个数字吗？

生:不能。

师:为什么呢?

生:因为每人每次最多只能报2个数字。

2.初步尝试游戏,感知博弈乐趣。

师:规则清楚了,想不想试一试?现在同桌两人玩一玩,看看谁更厉害。

同桌两人按游戏规则玩游戏。

师:刚才有没有都获胜了的,愿不愿意和老师来挑战一下?

师生进行两轮游戏,每一轮老师都让学生先报,自己后报,结果老师都获胜。

师:如果继续这样玩下去,我敢保证每次我都一定能赢,因为我掌握了必胜的秘诀。

【评析】本环节的设计,直入双人报数博弈游戏的核心,先从简单入手,让学生明确规则,并尝试操作,为后面的研究做好铺垫。通过师生两次博弈,老师都获胜,激发了学生探索游戏博弈背后隐藏必胜秘诀的热情,达到全面参与、主动探索的目的。

三、合作探究,发现获胜方法

师:你想知道这个必胜秘诀吗?是老师直接告诉你,还是自己去研究?

生:我们自己探究。

1.同桌合作,探究获胜方法。

师:为了便于研究,老师给同桌两人也准备了一张活动单。(课件:活动建议)待会你报的数字几,就在对应的数字下面写几。同桌两人边玩边思考,怎样报数才能保证抢到9?研究出必胜的秘诀,然后再把你们的发现记录下来。

游戏规则:两人从1开始依次轮流报数。每人每次最少报1个数,最多报2个数,谁先报到9谁就获胜。

同桌边玩边思考怎样保证能抢到9,把你们的发现记录下来。

	1	2	3	4	5	6	7	8	9
生1									
生2									

抢9的必胜秘诀是：

1．要想抢到9，必须要抢到哪些数？ ______________________

2．我还发现______________________

活动建议：

1．同桌两人边游戏边记录。

2．两次游戏结束后，同桌两人共同分析记录表，寻找报数的必胜秘诀，并记下来。

2.全班交流，分享探究经验。

师：大家在玩的过程中都有不同的发现，现在我们来交流交流。哪一组的先来？

(1)分享交流，初步感知。

生：我们发现抢到6就一定能赢。

师：请你和同桌来演示一次好吗？(只演示6~9)大家听明白了吗？

问：对于刚才这位同学的观点抢到6就能抢到9你同意吗？

生：不同意。我抢到了6却输了。(展示学生的题单)

师：大家仔细看看，再和黑板上的比一比，你发现不同了吗？

生：他抢的不是6，他抢的是6和7。

师：我们所说的抢到6是指最后一个报的数是6，这个同学最后一个报到了7，再报下去，人家报8，9，你就输了。所以我们说，抢到6是指什么呢？

生：最后报的一个数是6。

师：同学们还有没有其他的想法呢？

生：我们还有发现，我认为抢到9要抢6和3。

师：请你和同桌两人为我们演示一下抢3就一定能抢到6的过程。(两生演示)

问：怎样保证抢到3呢？

生：必须要后报。

(2)逐步提炼，发现方法。

通过刚才玩游戏的过程，谁能说说抢9的必胜秘诀是什么？

生：要想必胜，必须要后报，保证抢到3，6就一定能抢到9。

师：这就是抢9的必胜秘诀。像这种抢9先想抢6，再想抢3的思想叫逆推(板书：9→6→3)，今后的数学学习中这种思想可以帮我们解决许多数学问题。

(3)因势利导,拓展延伸。

师:知道了必胜秘诀,想不想再来玩一玩。如果现在再和老师玩一次,谁先报?生:老师先报。(然后配合课件用对话框的形式展示报数的过程)

师:观察我们每次合报数的个数,你有什么发现?

生:都是3个数为一组。

师:对照游戏规则,你发现它们之间有什么联系?

生:每次报数的最少个数1加最多个数2等于每次两人合报的总数3。

问:这个"3"是什么?

生:每组3个数。

师:每次3个一组,就可以抢到哪些关键数?

生:抢到3,6,9。

师:如果按照游戏规则,还可以抢到哪些关键数?

生:还可以抢到12,15,18,…

师:看来只要后报,然后和对手凑成每组3个数,就能一定抢到你想要的关键数,取得胜利。原来抢9的必胜秘诀就藏在游戏的规则里。恭喜大家获得游戏的初级玩家证:菜鸟级。想成为游戏的高手吗?让我们继续接受挑战吧!

【评析】本环节,教师让学生亲身经历"互动博弈—对比分析—归纳发现"等有效的数学活动,既让学生充分体验到双人抢数博弈游戏的魅力,同时又通过学生小组合作交流的方式,让学生亲身经历了寻找获胜秘诀的过程,初步体会到了逆推的思想方法与策略并学习了建构此类问题获胜的数学模型。

四、运用类推,归纳必胜秘诀

1.再次游戏,运用类推方法,寻找获胜秘诀。

抢24。(课件出示规则)

师：仔细默读游戏规则，游戏规则变了吗？有什么变化？

生：每次最多可以报3个数了。

师：规则变了，怎样能保证一定抢到24获胜呢？如果你可以找到抢24的必胜秘诀，那你们就是游戏高手了。在寻找抢24的必胜秘诀之前先仔细看一看游戏规则，再想一想获胜的秘诀，最后和同桌交流一下，再玩一玩，请同学们拿出活动记录单，和同桌边玩边记录，寻找抢24的必胜秘诀吧。

同桌两人活动并完成记录表。

师：谁来说说你发现抢24的必胜秘诀是什么？

生：必须要后报，每轮报数保持4个数一组，这样就能保证抢到4，8，12，16，20，24。

师：你们掌握了必胜的秘诀了吗？我们一起玩一次吧。

（课件利用对话框的形式出现）学生用必胜秘诀和老师玩游戏。

2. 对比归纳，提炼数学模型，发现获胜秘诀。

两人从1开始依次轮流报数。每人每次最少报1个数，最多报2个数，谁先报到9谁就获胜。

两人从1开始依次轮流报数。每人每次最少报1个数，最多报3个数，谁先报到24谁就获胜。

师：请看，这是抢9的报数过程（课件出示），这是抢24的报数过程（课件出示），它们的必胜秘诀都是要后报。（板书：后报）不过抢9时要每组3个数，抢24时每组要4个数，究竟怎么确定每组个数呢？

生：最少个数+最多个数=每组个数。（板书）

师：玩抢数游戏时，对手报几个数我们不能控制，但我们能根据对手报数的个数，调整自己的报数策略，保证每次报数都能抢到获胜的关键数，这就是抢数游戏的必胜秘诀。恭喜大家找到必胜秘诀，获得游戏高手证，想继续挑战成为游戏大师，挖出宝藏吗？

【评析】本环节通过学生再次游戏，对比分析，逐步归纳，主动建立起了抢数游戏获胜的数学模型。在这个过程中学生是学习的主人，主动去发现、去探索，教师是学习活动的组织者，是学生探索发现的引导者、合作者，学生的建模能力由此得以提升。

五、应用规律，设计游戏

1.设计游戏。

师：请你们根据前面玩游戏的经验设计一个抢数游戏，并在小组内玩一玩，找到你设计的游戏的必胜秘诀。

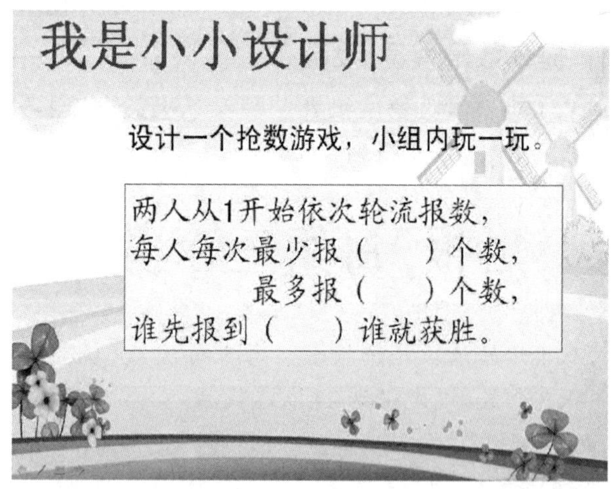

展示、交流学生设计的抢数游戏，并让大家说出游戏获胜的必胜秘诀。

师：同学们不仅会玩游戏，还能自己设计数学游戏，你们都是玩游戏的大师，恭喜你们,获得了游戏大师勋章!

2.展示宝藏。

师:大师们你们已经挖出了宝藏,让我们去看看宝藏到底是什么呢?

(课件配合出示介绍数学益智游戏。)

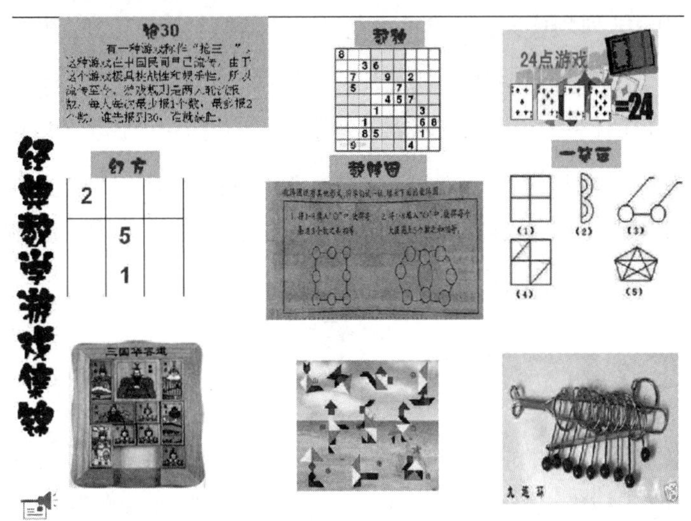

【评析】学以致用、举一反三,是数学学习能力的具体表现。在让学生主动发现抢数游戏的获胜秘诀后,应用规律自己设计游戏,达到知识内化、触类旁通的目的。同时,通过挖出了宝藏后,借助课件巧妙介绍各种数学益智游戏,让学生感受数学文化的博大精深。

案例6　扑克魔术①

【教学内容分析】

“扑克魔术”选自宋乃庆教授和康世刚博士主编的《数学文化读本》四年级上册第64-68页的内容。在《数学文化读本》中,该教学内容的呈现由三部分构成。第一部分是情境导入:博士和学生一起玩扑克魔术,天天、妮妮随意翻开一张扑克牌,博士总能找出与他们数字相同的那张牌。由此引发学生提出一系列的问题:

① 本案例由重庆市树人崇文小学校杨洋老师执教,由重庆市树人小学刘红斌和康世刚指导和评析。该案例获得全国第一届小学数学文化优质课竞赛一等奖。

博士怎么总能找出和学生数字相同的那张牌？扑克牌的排列有规律吗？切牌的过程破坏了扑克牌的顺序，博士怎么还能找到数字相同的那张牌呢？由此点燃了学生探究的欲望。第二部分是研究再现：通过博士与天天、妮妮的对话，揭示扑克牌摆牌的顺序，也就是摆牌的规律，揭示12张扑克一一对应的关系。再通过观察切牌后扑克牌的排列顺序，发现无论怎样上下切牌，扑克牌的位置关系是不变的，从而揭示切牌过程的数学原理。让学生通过对展示的扑克牌的数据分析，让学生能由个别事实概括出一般结论，提高学生数据分析观念，促进学生的归纳推理能力的提高。第三部分是魔术再现：将魔术完整的操作流程展示一遍，让学生在明白魔术原理的基础上也能模仿表演魔术。让学生能通过前面的实验抽象出数学模型，并对构建的模型进行灵活运用。

【课前思考】

数学魔术是借助魔术对学生进行无形的数学文化熏陶。本课力图让学生在真实的、多样的、开放的问题情境中体验感悟反思，促进学生数学素养的全面养成。并在活动中经历数学基本活动经验积累的过程。好玩是儿童天性，好奇是儿童认识世界的动力，质疑的是儿童的秉性。解密魔术之所以复杂是因为学生无法从魔术现象中发现其核心问题，基于以上认识，这个魔术活动的设计以学生感兴趣的形式为切入点，通过博士与小朋友的对话引发学生思考，促进学生理性地进行分析。在本课中，上下切牌为什么扑克牌的相对位置没有改变，这是一个难点。通过对多次切牌后的展开图进行分析，让学生通过数据分析发现魔术隐藏的数学原理，从而建立数学模型。

著名数学教育家波利亚说："学习任何知识的最佳途径是由学生自己去发现，因为这种发现理解最深刻，也最容易掌握其中的内在规律、性质和联系。"基于以上认识，在设计理念上力求体现以下三点：1.源于生活，激活学生已有经验。2.高于生活，发展学生数学化水平。3.用于生活，提升学生应用数学能力。真正做到玩中学、学中思、思中悟。本课教学目标拟定为：(1)在日常生活中，能观察等差数列的规则性；(2)能将复杂的生活情境构建成等量关系的数学模型，培养"猜测—推理—验证"的数学推理能力。(3)体会数学魔术的价值，激发学习数学的兴趣。

【教学实录与评析】

一、介绍扑克牌文化

1.谈话引入。

师:孩子们你们玩过扑克牌吗?你知道扑克牌有哪些玩法?

生:斗地主、24点、10点半……

2.介绍扑克牌文化。

出示多媒体课件:

相传,扑克54张牌中,2张是副牌,大王代表太阳,小王代表月亮,其他52张牌表示一年有52个星期。一年四季春、夏、秋、冬分别用红桃、方块、梅花、黑桃来表示,每个季度有13个星期,扑克牌每个花色正好为13张牌。每个季度平均为91天,13张牌的点数加起来正好是91点。4种花色点数之和是364,再加大王的一点为365,是一年的天数,若再加小王一点为366,正好是闰年的天数。以上并非巧合,因为扑克的设计与星象、占卜及天文有着千丝万缕的联系,这就是扑克牌后隐藏的数学与时间的玄机。

【评析】通过对扑克牌的了解让学生初次感知扑克牌与数学的联系。让学生从扑克牌与占卜、星象的联系,到人与人之间的联系引出课题。短短的2 min,给扑克牌加入了神秘的数学面纱,从星相到缘分拉近了老师与学生的距离,让学生快速融入课堂,激发学生的创造力,让学生的潜能在课堂上得到自由、充分地发挥。

二、演示心心相印扑克魔术

师:请同学们帮我任意抽出12张扑克牌,并用剪刀一分为二。哪位同学帮我切一下牌(注:上下切牌,即将牌分成两摞,上面摞放下面,下面摞放上面),将扑克牌排在黑板上,请一个同学任意抽一张牌,看看跟老师抽的牌是否相同,相同即有缘,见证缘分的时刻到了,同时翻开,发现两张牌完全一样。证明我们是有缘的。

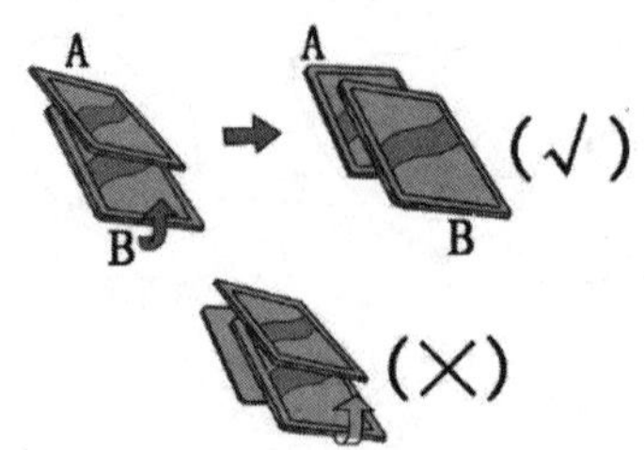

学生随意抽一张扑克牌。老师总能找出与他数字对应的一张扑克牌。两组完,学生惊叹不已!

【评析】通过魔术,引起学生兴趣,激发学生探究魔术奥秘的积极性。本次老师的扑克牌排列顺序与书本上的设计有所不同,把H形换成了圆圈加十字的排列,目的是增强游戏的趣味性,点燃了学生学习的激情,激发了学生学习的动力。

三、揭示魔术秘密

1.探究排列隐藏的数学原理——“一一对应”。

师:老师为什么每次都能证明与你们有缘?我们交换一下你能做到和老师心心相印吗?

生:不能。

师:为什么?你有什么疑问吗?

生:扑克牌的摆法有规律,老师事前知道。

师:是这样吗?我将扑克牌展开,请在小组说说你们的观察发现。

(扑克牌的排列顺序见下图)

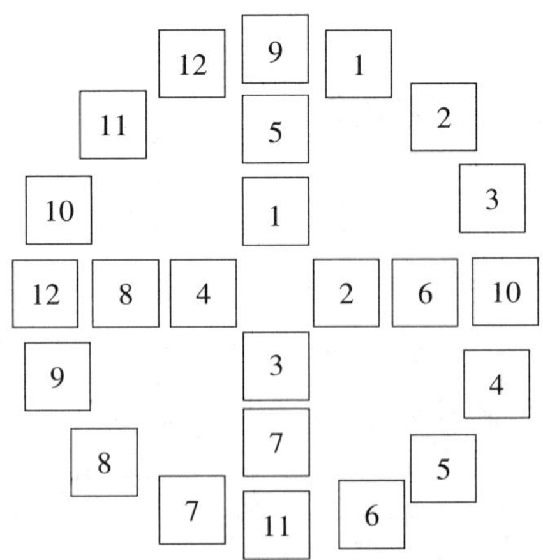

生1:总有2张扑克牌是一一对应的。

生2:前面12张,顺时针摆出了十字形,后面12张每个间隔摆3张,顺时针摆出了圆形。

师:老师事先在电脑上按刚才的顺序将扑克牌排列好,现在谁能上来和老师一起玩心心相印的魔术。(师生一起玩扑克魔术)

师:有的同学会觉得这样排列太复杂,不容易记住。老师还设计了一个简单的魔术,请看。(见右图)

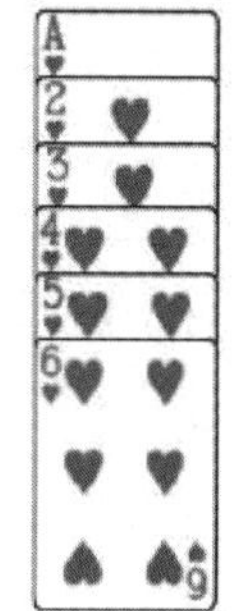

生:太简单。(笑出声)

师:其实这两种排列在数学上都叫作一一对应,只是这个排列太简单太容易露馅。因此,我们在设计魔术时,要注意隐秘巧妙一些,并要记住一一对应的两张扑克牌的位置。

【评析】一般魔术师表演魔术,魔术表演完就结束。而课堂上老师引导学生对魔术表演过程进行质疑,引发学生思考,从而探究出扑克牌排列的顺序隐藏的奥秘。并通过复杂图形与简单图形的排列进行对比,感知一一对应思想在魔术中的应用。学生亲身经历了“猜想—操作—验证”的学习过程,有疑问、思考、操作、感悟,真正经历了一场“头脑风暴”,体会到数学学习的价值。

2.探究切牌隐藏的数学原理——“周期问题”。

师:现在可以玩心心相印魔术了吗?还有什么疑问?

生:刚才切牌扑克牌的顺序打乱了,怎么还能找到相同的两张扑克牌?

师:每组桌上有这样排列好的24张扑克牌。请反复多次切牌,并正面展开观察,看看有什么发现,并完成表格。

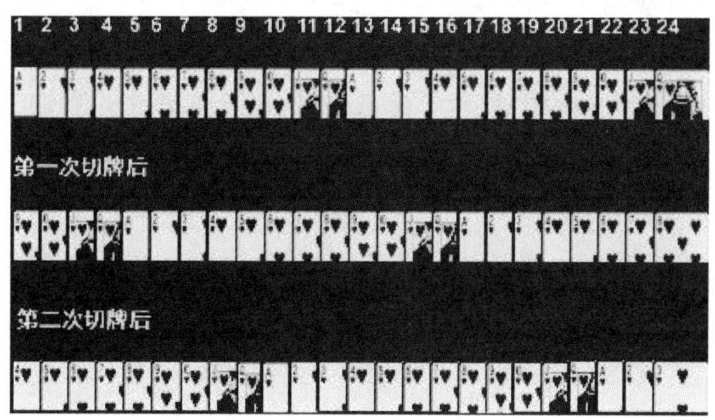

观察记录表：

我喜欢的扑克牌是：		
	第1次出现的位置	第2次出现的位置
切牌前		
第一次切牌后		
第二次切牌后		
第三次切牌后		
……		
我的发现		

生1：相对位置不变、间隔总是12。可以用方程$x+12=y$表示他们之间的关系。

生2：就像一个封闭的圆，无论怎样旋转，他的相对位置是不变的。

生3：无论怎样切牌第一张牌和第13张牌，第2张和第14张总是一一对应的。

【评析】切牌的过程表面上使人感觉扑克牌的顺序发生了变化，而实际上扑克牌的相对位置并没有改变，这个过程很有难度。教师通过让学生动手操作，自己记录切牌后目标牌的位置变化，发现切牌背后隐藏的数学原理：两张扑克牌位置数相差总是12。学生通过“猜测—操作—推理”，能将一个复杂的现象用数学的形式来表达，体现魔术活动背后隐藏的数学价值。

3.学生设计心心相印魔术。

师：同学们还有疑问吗？请同学们自己设计心心相印魔术，和同桌一起玩一玩。

生1：……

生2：……

【评析】魔术的巧妙在于不同人根据原理有不同的设计，扑克魔术在摆法上的变化设计，能促进学生积极地思考、努力地创新。实际上有时候教什么比怎么教更重要，教学设计时从学生感兴趣的点入手，让学生体验活动的全过程，能让学生真正体会到魔术真的很神秘，数学真的很好玩，数学真能使人脑洞大开！

案例7 田忌赛马的对策[①]

【教学内容分析】

“田忌赛马的对策”选自宋乃庆教授和张辉蓉教授主编的《数学文化读本》五年级上册第40-43页。在《数学文化读本》中，该教学内容先通过天天和波波玩游戏，天天手中牌的点数比波波的小，天天自己都认为自己输定了，但是博士却说天天也有赢的可能，引发学生的思考：点数小的牌如何才能赢点数大的牌呢？从而激发学生探究的兴趣。然后呈现“田忌赛马”的故事作为探究“对策”的主线，本故事是运用“对策论”最古老、最典型的案例，研究的是采用什么对策才能战胜对手，让学生从数学的角度去理解这个故事中蕴含的有序排列的方法，渗透着统筹优化的数学内涵和数学思想。最后是拓展与应用，介绍军事中、生活中应用“田忌赛马的对策”的实例，让学生感受对策论在实际生活中的应用价值，鼓励学生应用数学知识自主探索解决实际问题的方法，发展学生的实践能力和探索精神。

【课前思考】

该内容安排在《数学文化读本》五年级上册教学，而四年级上册时学生已经在人教版“数学广角”中对此内容有所了解，学生会用“田忌赛马的策略”，思考的难度不大，所以教学时学生的兴趣不是特别浓厚。因此，我们将本内容安排在三年级教学，身在信息时代的今天，四年级的孩子已经具有较广的知识面，他们乐于动手，勇于探究，善于思考，具备初步的推理能力。特别是在有竞争、有激励的条件下更能发挥出无限潜能。

著名数学教育家张奠宙先生指出：“我们应该实现数学文化和人类文明的整合，把数学结果的文化品位发掘出来，用文化的视野来看数学，用数学的眼光来看文化，发展现代数学。”因此，《数学文化读本》的教学，更要凸显其过程性，

① 本案例由重庆市永川区兴龙湖小学校杨中美执教，由重庆市永川区兴龙湖小学校李一清评析。该案例获得全国第三届小学数学文化优质课竞赛一等奖。

让学生自己用数学的方法进行自主探究，充分交流不同的学习成果，在探究活动中获得数学活动经验，充分理解和应用策略或者得到某个数学结论，使其在过程中受到优秀文化的熏陶。

基于以上思考，我们在教学中将探究性学习与体验性学习相结合，在游戏过程中对学生提出挑战性的问题——如何让小牌胜大牌，以问题为驱动，以活动促学习，学生在经历"小牌胜大牌"的过程中，体会获胜的策略，感悟数学对策思想方法，形成策略意识。由此将教学目标拟定为：(1)了解优化的思想，体会"对策论"在解决实际问题中的作用，培养解决问题的能力。(2)经历探究取胜策略的过程，感受统筹优化安排的策略。(3)经历文化浸润，渗透运筹思想，激发学习兴趣，增强自信。

【教学实录与评析】

一、游戏激趣，引发思考

1.引入。

师：孩子们，咱们来玩一个用扑克牌"比大小"的游戏，好吗？

生：好。

师：同桌两人任选一组牌在游戏板上玩。如果红先出10，先出的牌放在游戏板的上面。黑后对9，后出的牌放在游戏板的下面。这就叫对阵。比一比，第一局对阵哪方胜？

生：红方胜。

师：数学课上玩扑克牌和生活中不一样，我们一起来看看游戏规则。

课件出示游戏规则。

2.学生同桌玩牌。

3.学生汇报。

师：分出胜负了吗？老师请2个组汇报。

抽2个组学生汇报，师现场在黑板上贴出学生的对阵方式。

师：为什么这2个组都是红方胜？

生:红方从总体上看要大一些。

师:也就是说大牌战胜了小牌,下边是大牌战胜小牌的,请举手!

学生一部分举手一部分没举手。

师:没举手的孩子是什么情况?你们组什么情况?

生:我们是小牌战胜了大牌。

师:小牌居然能胜大牌?这可不是一般人能想到的。

【评析】爱玩是儿童的天性,以学生常见的用扑克牌“比大小”的游戏作为引入,改变了学生学习的方式,实现“玩中学”,符合学生的年龄特点和心理特征。结果居然有人把“不可能”变为了“可能”,很好地吸引了学生的注意力。

二、同桌合作,初探策略

1.同桌玩牌。

师:小牌究竟怎样才能胜大牌呢?接下来我们进行一次再对阵。

学生再对阵。

2.学生汇报

师:老师请几个组汇报。

第一组汇报。

师:老师要采访一下:红方出6时,你为什么用7对?

生2:因为7能赢6。

师:9也能赢6呀?为什么不用9对?

生2:如果用9对的话,下面2局都要输了。

师:走一步看2步,小小年纪真有谋略!

第二组汇报。

师:第二局红方出10,你怎么用3去对?明明会输呀?为什么这样安排?

生:如果我用7去对,一样会输,都会输,我不如用小的牌去对,这样的话这一局虽然输了,但后面还能赢。

师:这一局输的目的是什么?

生:是为了后一局能赢。

师:真精彩！真有策略！后面一定赢吗?

生:一定。

第三组汇报。

师:第一局对方出10,你对的3,用最小的3对他最大的10,输这一局你是为了什么?

生:他把他最大的大将10出了,我用最小的小兵3去对,就把他的大牌浪费掉了,后面我就能赢了。

师:小兵对大将,这个比喻真贴切！小兵折损了大将后,后面两场一定能赢?

生:是。

师:随便怎么对都能赢?

生:不是,后面两场都要比对手大才行。

3.观察表格,提炼策略。

师:仔细观察小牌胜大牌的方法,你发现有哪些地方是相同的?

生:都是用最小的对最大的。

师:也就是以小对大。(板书:以小对大)

生:都让对方先出。

师:我们可以用哪一个词语来形容?

生:后发制人。

师:这个词用得真好。(板书:后发制人)

4.揭示课题。

师:大家用这么短的时间就找到了小牌胜大牌的方法,真了不起！其实我们在不知不觉中就研究了一门特别重要的数学问题——对策问题。刚才研究的小牌胜大牌就是对策问题中的一种——以弱胜强。

【评析】因为对策本身是一个很抽象的概念,学生只有经历了知识的形成过程,才能建构新的知识体系。在这一环节中,教师放手让学生从自己的思维实际出发,给学生以充分的思考空间,孩子们如鱼得水,焕发出极大的热情,自由地、主动地投身到数学活动中,探讨“以小胜大”的策略。

三、追源探流，深刻感悟

师：对策思想在我们中国可以说是源远流长、历史悠久！这里有一个著名的故事，我们一起来听听。

1.情境再现。

播放视频《田忌赛马》前半段。

师：田忌第一次是怎样对阵的，结果怎么样？

生：田忌输了。

师：为什么会输？

生：因为田忌的马要弱一点。

师：你从哪里了解到田忌的马要弱一点？

生：他的好朋友孙膑说的。

师：看来孙膑既知道田忌的实力，也了解齐王的情况，用一个词形容就是知己知彼。（板书：知己知彼）

2.猜想策略。

师：孙膑在知己知彼的情况下，为田忌想了一个对策，出奇制胜，猜一猜孙膑为田忌想的什么对策？

生：田忌用下等马对齐王的上等马，用上等马对齐王的中等马，用中等马对齐王的下等马。

师：最终的获胜者是？

生：田忌。

师：这样的策略你都能想到，真了不起呀！老师想采访一下你，第一场为什么用田忌最弱的下等马对阵齐王最强的上等马？

生：用最弱的下等马对阵齐王最强的上等马，后面2场田忌就一定能获胜了。

师：也就说我们赛第一场已经想到了？

生：后面2场。

师：看来我们是对全局进行了考虑。（板书：全局考虑 ）

3.统筹优化。

师：在齐王出场顺序不变的情况下，田忌对阵齐王的方式除了这2种，还有其他的对阵方式吗?

生:有。田忌还可以用中等马对齐王的上等马,用上等马对齐王中等马,用下等马对齐王下等马。

师:对,其实田忌对阵齐王还有这样一些对阵方式。(PPT 出示)

师:这么多对阵方式里田忌有几次赢的机会呢?

师:孙膑在这么多的策略中选择的是唯一能获胜的方式,成功地运用数学策略取得胜利。孙膑真聪明!真不愧是一位伟大的军事家!

4.沟通方法。

师:大家比较孙膑的这种战胜齐王的方法和前边小牌胜大牌的方法怎么样?

生:一样的。

师:古代著名军事家才想到的好办法,我们四年级的孩子都能想出来!你们也是了不起的军事家!老师为你们点赞!

【评析】比较孩子们自己想出"小牌胜大牌"的方法与古代军事家孙膑"田忌赛马的策略"完全相同,夸赞孩子们就是一个个伟大的军事家,孩子们的成就感油然而生,眼睛闪闪发光。学好数学的自信心就此激发起来。

师:像这样"以弱胜强"的策略我们把它称为"田忌赛马的对策"。这种对策正是在知己知彼的情况下才能后发制人,也正是对全局进行考虑,才采用以小对大的方式对阵。

5.差距太大,胜负已定。

师:同学们,通过前边的研究,你会运用对策吗?

生:能。

师出示两组牌:红牌9,8,7;黑牌5,4,3。

生:小牌不能获胜。

师:怎么小牌又不能获胜了?

生:大牌最小的牌都比小牌最大的牌大。

师:为什么刚才小牌就能后发制人,以小胜大,现在就不行了。

生:刚才差距没有这么大。

师:看来具体情况要具体分析,想要以弱胜强,它也要在差距不大的情况下进行!

【评析】“田忌赛马”不仅仅是一个故事，而是一种策略。“以小胜大、后发制人”这一策略并不是“必胜宝典”，还需要一定的前提。因此，教学中教师设计“差距不大，后发制人—知己知彼、全局考虑—以小对大”“差距太大，胜负已定”，从而充分理解“田忌赛马”的具体对策和获胜的必要条件。

四、回归生活，体验策略

1.生活中的策略。

师：看来数学没有想象的那样简单！它蕴藏着无穷的智慧！其实，我国劳动人民对于对策早就有了很深刻地认识。我们来看看。

播放视频：

我国劳动人民对于对策的认识有着久远的历史。如《梅花谱》《韬略元机》等象棋古谱，对象棋比赛中的对策进行了深入的研究。中外军事家也常常运用对策的数学思想。如著名的俾斯麦海海战，美军以较少的代价赢得战争。在一些比赛如乒乓球团体赛中，教练员也会分析双方运动员的实力，制订对策，排兵布阵。

2.拍球比赛。

师：孩子们，你们想在生活中再当一回军事家吗？

生：想。

师：现在有一场拍球比赛进行一对一比赛，五局三胜，双方队员情况如下。

师：双方队员实力差距怎样？

生：差距不大。

师：总体上看哪个队要弱？

生：蓝队要弱一些。

师：如果你是蓝队队员你有什么获胜的策略？请拿出题单把你的策略用连线的方式记录下来。

学生汇报。

师：虽然他们的策略看起来有点不同，但却都有哪些相同之处？

生：都是以小对大、后发制人。

师：听了蓝队队员的策略，如果你是红队队员你又有什么样思考呢？

生1:凭什么我们要先出呢,先出就会被他们运用策略打败。

生2:我不让蓝队知道我们先出谁,他就不知道怎么应对我们最强的队员了。

……

师:看来这个出场先后顺序很关键。所以如今在许多团体运动项目中,如乒乓球、羽毛球、航模比赛等,参赛队员的出场顺序甚至成了比赛之前的最高机密。

【评析】给学生自己运用知识解决实际问题的机会,如"乒乓球团体赛""拍球比赛"等,让学生通过自主尝试、比较、发现、概括、归纳,从而很好地理解、应用这一策略。同时,教师及时引导学生在生活中遇事要善于思考,讲究策略,使学生感受到数学在日常生活中的广泛应用,尝试用数学的方法解决生活中的实际问题。

五、总结归纳,升华策略

师:学习了这节课,你有哪些收获?

生1:我明白了在生活中我们要善于运用策略帮助自己取得胜利。

生2:我明白策略运用要随条件规则的变化而变化。

生3:我要做一个像孙膑那样善于观察、善于分析的人。

……

师:面对一次机会,一场竞技,一个问题,我们不但要不断提升自己的实力,还要做一个像孙膑那样善于观察、善于分析、讲究策略的决策者,希望策略意识走进大家的生活中去。

【评析】通过学习"田忌赛马的对策",让学生感受到自己也不比古代的军事家差,由此激发学生的信心,让学生感受到成功的喜悦。数学教学是一种文化,也是一种艺术,还是一种智慧,更是一种精神。作为数学教师,我们应该站在数学文化的制高点上,以深邃的数学眼光、宽阔的数学视野、宽广的数学胸怀、浓郁的文化气息、鲜明的人文关怀,通过自己的言传引领学生,让每一个学生都过上有文化品位的数学生活。

案例8　标签大反转[①]

【教学内容分析】

"标签大反转"选自宋乃庆教授、于波和张广祥教授主编的《数学文化读本》五年级下册第59-62页。陈省身说:"数学是一门演绎的学问,从一组公设,经过逻辑的推理,获得结论。"作为与抽象、建模并称数学三大基本思想之一的"推理",是数学核心素养的重要部分,是人们学习和生活中经常使用的思维方式。掌握比较完善的逻辑推理能力是儿童智力发展的重要环节和主要标志,因此,数学课程标准特别指出:"推理能力的发展应贯穿于整个数学学习过程中。"

小学生的推理能力,是随着他们在教育影响下、在学习实践中逐步发展起来的。推理可以分为直接推理和间接推理,四五年级之间是学生直接思维能力发展的加速期,也开始具备基本成型的间接思维能力,推理教学恰为及时、适势地促进学生思维发展。该内容主要的数学内涵是:分类讨论,假设推理,整体思维。主要拓展应用是应用假设推理的方法,分析解决问题。该内容主要对应的核心素养是推理意识。本节课的推理主要是演绎推理,即从已有的事实和确定的规则出发,按照逻辑推理的法则证明和计算。

【课前思考】

为主动撬动培养学生推理意识的杠杆,我们特别进行了三方面的深入思考与研究:(1)在这第二学段的教学中,学生对于推理本质的理解、方法的掌握,应该达到什么样的程度?(2)学生的学情怎么样?学生的已有认知基础是什么?(3)如何让学生有兴趣又有成效地参与到推理学习中,深刻感悟推理思想?如何把推理与广泛的生活结合起来,使学习成果实实在在地具有可迁移性?

根据五年级的学生年龄情况,对破案比较感兴趣等特点,我们确定了情境任务驱动、亲身经历推理、结合概括提升的主线,利用"标签大反转"多环节连锁推理

① 本案例由重庆市沙坪坝区树人小学校唐婧老师执教,由重庆市沙坪坝小学校章光虎校长和重庆市沙坪坝区树人小学邓永华和康世刚指导和评析。该案例获得全国第三届小学数学文化优质课竞赛一等奖。

的素材进行“做数学”的学习化设计,引导学生在读本的推理活动中,移步移景式寻找推理入口、梳理推理路径、总结推理方法、拓宽推理视野。基于以上认识,本节课的教学目标拟定为:(1)能够运用排除、假设、找矛盾等方法有条理地思考、推理,能够用语言清晰有条理地表达自己的推理过程,发展推理意识。(2)经历连锁推理的过程,积累推理的活动经验,感悟推理的有序、严谨。(3)体会推理广泛的应用价值,培养积极思维的学习品质,激发学好数学的信心。

【教学实录与评析】

一、从较简单的问题中形成初步的推理体验

活动一:罪犯是谁?

视频(名画的丢失):博物馆里收藏有大量稀世珍品,每一件都价值连城。一天,当人们来到一幅世界名画前,发现无价之宝不见踪迹。

师:警方发现有三名嫌疑人A、B、C,他们一人穿蓝色衣服、一人穿黑色衣服、一人穿灰色衣服。A没穿蓝色衣服;B既没穿蓝色衣服,也没穿黑色衣服。而监控显示,罪犯是穿黑色衣服,那谁是罪犯呢?

生:A是罪犯。因为B既没穿蓝色衣服,也没穿黑色衣服,那么B穿的是灰色衣服,A没穿蓝色衣服也不可能穿灰色衣服,那A就穿的是黑色衣服。

师:像刚才这样从已知信息逐步推出结论的过程就是推理。为什么从“B既没穿蓝色衣服,也没穿黑色衣服”这条信息开始推理?

生:因为从这句话中就能确定B穿的是灰色衣服,而从其他信息中不能确定。

师:也就是从它能推出唯一的结果,帮助我们继续分析,这就是推理的突破口(板书:找突破口)。刚才同学们在推理的过程用到了什么方法?

生:排除法。

【评析】没有兴趣就没有学习,教师创设学生喜欢的、学生跳一跳能够解决的破案情境,调动孩子们参与的积极性,激活思维,让学生获得初步的推理体验与成

功感，并且让学生学会找关键信息，利用推理的策略“找突破口”，积累数学活动经验，为后一个推理活动搭一步台阶。

二、在复杂问题中运用假设、尝试、调整等进行推理

活动二：打开城堡大门（标签大反转）。

师：警方来到了藏画的古堡门口，发现门口放有三个罐子和一张留言条。留言条中写道：这里有三个棋罐，分别装有黑色、白色和黑白混合的棋子。现在，棋罐上的三个标签全都贴错，请从其中一个棋罐中摸出一颗棋子，然后正确推断出每个棋罐装着什么颜色的棋子。只要把标签全部纠正过来，门将自动打开。

师：“这三个标签都贴错了”这里的“贴错”是什么意思？

生：标签与罐子里的棋子颜色都不对应，贴黑标签的罐子里的棋子不是黑色棋子，可能全是白棋子，可能是混装；贴白标签的罐子里不是白色棋子，可能黑色棋子，也可能是混装；贴混装标签的罐子里棋子不可能是混装，可能是白色，也可能是黑色棋子。

师：大家把题意理解得很清楚。那要解决这个问题，突破口在哪里呢？

生：应该从哪个罐子里摸一颗棋子？

师：你是怎么想的呢？

生：只能从一个罐子摸一颗棋子，又不能三个罐子每个罐子摸一颗，所以先考虑从哪个罐子摸一颗。

师：你是一个会思考的学生，大家想一想应该从哪个罐子里摸一颗棋子？

生1：应该选择从贴“混装”标签袋子里摸，因为贴混装标签的罐子里面只可能是黑子或白子，如果摸出一颗黑子，里面就全是黑子；如果摸出一颗白子，就全是白子。

生2：假设从贴白色标签的罐子里摸一颗，如果摸出一颗是白色，这个罐子肯定是混装，因为这个罐子不可能是白色。但是如果摸出一颗是黑色，就没有办法判断这个罐子是黑色还是混装了。

生3：对，也不能从贴黑色标签的罐子摸一颗，如果摸出一颗是白色，也没法判断这个罐子里是什么棋子，推理就没有线索了，就失败了。

师：同学们，分析得很清楚，很正确。从贴有混装标签的罐子里摸一颗，可能摸出什么颜色的棋子。

生:黑色、白色。

师:如果摸出白色的棋子,这三个罐子是正确的标签是怎么样呢?如果摸出黑色的棋子,这三个罐子正确的标签又是怎样的呢?大家独立思考一会,然后小组讨论,最后在罐子里摸一颗,验证你们的想法是否正确。

小组汇报。

生1:如果从贴有混合标签的罐子里摸出一颗白子,那这个罐子就全是白子。现在我们从贴了混合标签的罐子里摸了一颗,是黑色,说明贴"混装"标签的罐子里都是黑子。贴"白"标签的罐子里只可能是黑子或混装,但是已经不可能是黑子,所以只能是混装。那么最后的贴"黑"标签的罐子里只能装白子。

生2:请问大家有什么疑问或补充?

生3:如果从混装里摸出的是白子,又怎么推理呢?

生4:如果从贴有混合标签的罐子里我们摸出的是一颗白色,说明贴"混装"的罐子里都是白子。贴"黑"标签的罐子里只可能是白子或混装,但是已经不可能是白子,所以只能是混装。那么,最后贴"白"标签的罐子里只能装黑子。

师:回顾整个推理过程,我们先依次尝试,找到突破口。再根据得到的结论分析推断(教师板书:分析推断)。如果推不下去时,就要调整(教师板书:尝试调整),直至得到最终结果。

【评析】标签大反转的推理活动,对五年级的学生来说有难度,难在什么地方?第一难就是要思考从哪个罐子拿一个颗。第二难是拿出一颗后有两种可能,要分析这两种情况的两种结果。第三难是有摸出的棋子,颜色不同,推理的顺序不同,需要调整判断的顺序。如何解决这3个难题,教师充分发挥教师的组织者、引导者、合作者的角色。首先集中分析出第一个问题,让所有学生都明白应该从贴有混合标签的罐子里摸一颗。然后放手让学生自己探索,如果摸出的是黑色该怎么继续推断,如果摸出的是白色怎么推断。我们可以看到这个过程不是小步子地由老师牵引着走,也不是完全放手不管,这充分显示出教师主导、学生主体的地位。这一环节教师尊重学生学习方式的差异,提供多样的推理学习路径,让学生经历一个自主探究、合作交流、质疑释疑的过程,特别关注学生如何推理,注重策略方法的梳理和提升,促进深度思考,同时,特别培养"回头看"的意识,引导学生注重思想方法的体悟。

三、运用找矛盾实现推理方法的进一步优化

活动三:画像在哪里?

师:既然我们已经推理清楚了,去打开这扇门。打开门后,有3个箱子,箱子旁边也有留言:画像就在其中一个箱子里,其余两个装有炸弹。每个箱子上各有一句话,三句话中,只有一句是真话。你能凭自己的本事找出画像吗?

学生先独立思考,再小组讨论。

生:我们小组认为在2号箱子里。假设在1号箱子里,那1号是真话,2号也是真话,只有一句真话,就矛盾了,所以不在1号箱子里。假设在2号箱子里,只有3号是真话,符合要求。最后假设在3号箱子里,2号,3号都说的是真话,矛盾。所以只能在2号箱子里。

师:其他同学的想法呢?

生:我们也认为在2号。

师:恭喜大家,冲破重重关卡,终于找到了丢失的画像!回忆一下,解决这个问题时,同学们用到了什么方法?

生:假设法。

生2:我还有一种方法,画像在1号箱子和画像不在1号箱子两句话是矛盾的,肯定有一句是真的,有一句是假的,三句话只有一句是真的,那么真话就在这两句当中,另外一句“画像不在2号”就是假的,既然这句是假的,说明画像就一定在2号箱子里。

师:有同学先从整体上分析这3句话,发现画像在1号箱子和画像不在1号箱子这两句话是矛盾的,从矛盾的地方入手,通过找矛盾更加快捷地找到了真相,真棒!

【评析】练习设计注重层次性和趣味性,满足学生好奇好胜的心理,结合推理方法的梳理和优化,把学生思维引向深刻、灵活和全面,发展学生的推理意识,我们可以从学生的回答中看到,学生初步掌握了推理的方法,但是又不拘泥于这样

的方法，学生还用假设法找矛盾，这个环节的设计，一方面巩固前面的学习成果，另一方面说明推理的方法还有很多，为学生后续学习做一些铺垫。

四、推理的广泛应用

师：推理是人们学习和生活中经常使用的一种思维方法。除了破案，你知道推理还在哪些方面有着巨大的作用吗？我们一起来了解一下。

视频介绍推理在天文、气象、地质、医疗、数学等方面的广泛应用。

师：我们以后遇到问题，要学会用数学的眼光去观察现实世界，用数学思维思考现实世界，用数学的语言表达现实世界，你会发现更多美好的事物，更多有趣的活动，更多丰富多彩的生活！

【评析】数学来源于生活，高于生活，应用于生活。教师精心准备的推理在生活中应用的内容，通过微视频的方式，让学生真正感受数学就在我们的身边。教师介绍推理在生活中的应用，特别是介绍学生熟悉的天气预报、地质勘查，让学生知其然还知其所以然，也介绍了小学生喜欢的天文知识，让学生学习兴趣盎然，不但提高学生的知识面，还培养学生科学的探究精神，播下一颗热爱科学的种子。

案例9 涂色的正方体①

【教学内容分析】

“涂色的正方体”选自宋乃庆教授等主编的《数学文化读本》五年级下册第13-16页。在该课中，首先通过卡通人物对话的方式，让学生思考如何得到三阶涂色正方体，然后鼓励学生探寻三阶涂色正方体的秘密，促使学生初步思考小正方体的种类、数量、位置特征，学生可以动手操作，通过摆一摆，数一数的方式寻找答案。接下来书中针对小正方体的种类、数量和位置的关系进一步提出问题，这时就需要学生进行深度学习，通过观察、思考、想象、归纳，得出关于小正方体的一

① 本案例由西南大学附属小学李代洋老师执教，由重庆市西南大学附属小学骆丹和康世刚指导和评析。该案例获得全国第六届小学数学文化优质课竞赛一等奖。

系列规律。最后，书中呈现了十阶涂色正方体，学生可以验证自己经过探究得出的结论，对自己发现的规律进行调整。

内容的呈现，经历了从特殊到一般，再从一般到特殊的过程。从简单的三阶涂色正方体开始，逐步抽象概括，得到规律，再将规律应用到十阶的涂色正方体。学生的数学抽象归纳能力得到了培养，空间想象能力得到了锻炼。同时，规律的得出以及应用，让学生获得了成功的体验，感受到数学是一门有用的工具，增强了学习数学的信心。

【课前思考】

张奠宙教授认为，数学文化分为两个部分：一是数学文化的知识性成分，它包含数学概念、公式等物质实体；二是数学文化的观念性成分，它包含数学思想，思维品质等精神实体。蕴藏在知识性成分背后的观念性成分，才是数学文化的核心和灵魂所在。从知识性成分和观念性成分的角度来看“涂色的正方体”一课，课堂上应该补充读本上没有呈现的四阶、五阶涂色正方体，给学生更多观察和归纳的空间，让学生动手操作，促进学生自主探究，发现问题，交流讨论，合作学习，对问题进行深度思考，揭示规律背后的本质。更重要的是，在学生经历操作、观察、归纳等过程后，提炼数学的思想方法，让学生真正感受到数学能够将烦琐的问题简单化，体会到数学的工具性。从数学与艺术的角度来看，课堂上应结合其他涂色问题，让学生明白，涂色中也蕴含着数学知识，需要进行多方位、多角度的数学思考。不让数学文化浮于表面，真正做到以文“化”人。本课教学目标拟定为：(1)通过自主探究，发现表面涂色的正方体切成若干个小正方体后，小正方体不同涂色面个数的规律。(2)在探索规律的过程中，经历观察、想象、分类、比较、推理、归纳、反思等过程，培养空间观念和推理意识。(3)进一步感受图形学习的乐趣，获得成功的体验，提高数学学习的兴趣，增强学习数学的信心。

【教学实录与评析】

一、复原大比拼,激发学生学习激情

课件出示未涂色正方体,板书课题:涂色的正方体。

师在进行课前谈话的过程中,通过课件演示正方体的涂色和切割过程,得到三阶涂色正方体,并追问学生怎么得到小正方体的个数是27个的。

生:对于每层来说,每排3个,共3排,然后一共3层,所以用3×3×3来表示。

师:你说得真好,用这样的算式就代替了数的过程,热烈的掌声送给他!(板书:3×3×3)

师拿出三阶涂色正方体教具,假装无意将大正方体摔碎,生惊呼,帮忙将小正方体拾起。

师:感谢乐于助人的同学们,现在这个正方体已经支离破碎了,你们能将它复原吗?

生:能!

师:你们觉得需要多少时间?

生:1 min,2 min……

师:那咱们计时2 min,现在开始!

【评析】课堂教学需要找准着力点,学生才有探究和思考的价值。教师没有让学生对正方体的涂色和切割进行操作,通过谈话和课件演示的形式快速厘清整个过程,将更多的时间分配在对规律的探索和思考上,提高了课堂的效率。同时,通过简单的追问,总结可以用算式3×3×3代替数的过程,渗透了数学的工具性。培养全面发展的人,是课程改革的新高度,教师应当在课程设计、课堂教学、评价等方面具有全息育人视角。最后,教师先提问学生“你们觉得需要多少时间”,再开始复原大比拼,有利于让学生投入到正方体的复原工作中来,通过比赛的形式,在玩中学,激发了学习激情。

二、合作探究，解决问题

1.总结失败原因，探究解决方法。

师：2 min时间到了，没有一组完成，能说一说原因吗？

生：我发现每个小正方体都不同，应该先进行分类，再进行还原！

师：刚刚他说了一个非常精彩的词，“分类”这是一种很重要的数学思想方法，热烈的掌声送给他。（板书：分类）

师：还有吗？

生：我们还需要知道大正方体的结构，不同类别的小正方体应该在大正方体的什么位置。

师：说得真好！还有吗？

生：我们还应该进行分工，团结协作！

师：总结得非常到位。

生畅所欲言，言之有理，师给予肯定和鼓励！师追问学生应该分几类，生通过学具演示出小正方体分类，并借助学具，合作探索小正方体的数量和位置，完成学习研究单1（如图1）。

观察、想象、思考、完成下来				
小正方体种类	（　　）面涂色的小正方体	（　　）面涂色的小正方体	（　　）面涂色的小正方体	（　　）面涂色的小正方体
个数				

想一想：每一类小正方体都在大正方体的什么位置？

图1

【评析】课堂中突出了学生的主体性，同时，教师也发挥教学的主导作用。教师让学生畅所欲言，总结失败原因，并给予肯定，尊重学生的想法，突出了学生的主体性；同时，教师对关键的数学思想方法进行板书，对学生下一步探究进行引导。

2.深度思考，发现本质。

师：同学们，谁来汇报一下小组的研究成果？

生1：汇报得出，三面涂色的小正方体有8个，在大正方体的顶点处，两面涂色的有12个，在大正方体的棱中间，一面涂色的有6个，在大正方体的面中间，没有

涂色的有1个,在正方体的中心。(师板书小正方体的位置和数量)

生2:老师,为什么会这样呢?

师:这个问题真好,也就是说,为什么小正方体的种类、数量和位置能一一对应呢?谁能解答一下?

生3、生4:借助学具演示,说明了三面涂色的小正方体刚好在大正方体的顶点位置,正方体的顶点是三个面的交点,处在这个位置的小正方体有三个面暴露在外面,因此有三面被涂色,大正方体有8个顶点,所以三面涂色的小正方体有8个。同理,两面涂色的小正方体在大正方体的棱中间,大正方体有12条棱,所以两面涂色的小正方体有12个。一面涂色的小正方体在大正方体的面中间,大正方体6个面,所以一面涂色的小正方体有6个,没有涂色的小正方体刚刚我们看到了,只有1个。

师:同学们,你们真厉害,不仅找出了大正方体的数量、位置、种类,而且搞清楚了它们之间的关系,现在你们能在2 min之内还原正方体吗?

生:能。

2 min后大部分小组完成了复原,师让学生将自己的感受畅所欲言,并总结到我们真的应用了分类的方式,化繁为简!(板书:繁→简)(如图2)

图2

【评析】深度学习,是基于理解的学习。在汇报过程中,学生对结论提出了质疑,教师并没有给予解释或者转移话题,而是顺水推舟,进一步阐释问题,促进学生对问题进行深度思考,进而得出涂色正方体的本质就是,处在不同位置的小正方体暴露在外面的面不一样,因此种类就不一样。这样透过现象看本质,有利于接下来的举一反三。在学习中获得成功的体验,有利于提高数学的学习兴趣。第二次复原的成功,加上教师让学生畅所欲言,极大地激发了学生的数学学习兴趣,这时,因势利导,突出了应用数学的思想方法,化繁为简,真正让学生体验了数学的工具性,感受了蕴藏在数学文化知识后的观念成分。

三、举一反三，总结规律

课件出示4×4×4，5×5×5。

师：同学们，面对4阶和5阶涂色正方体，你们能快速地找出每种小正方体分别有多少个吗？

生：能！

师：请通过你的观察、思考、想象。独立完成课堂学习单2。

生完成学习单2，并汇报小正方体个数和位置，师板书，并追问学生的想法，通过学生的想法，提炼规律（如图3）。

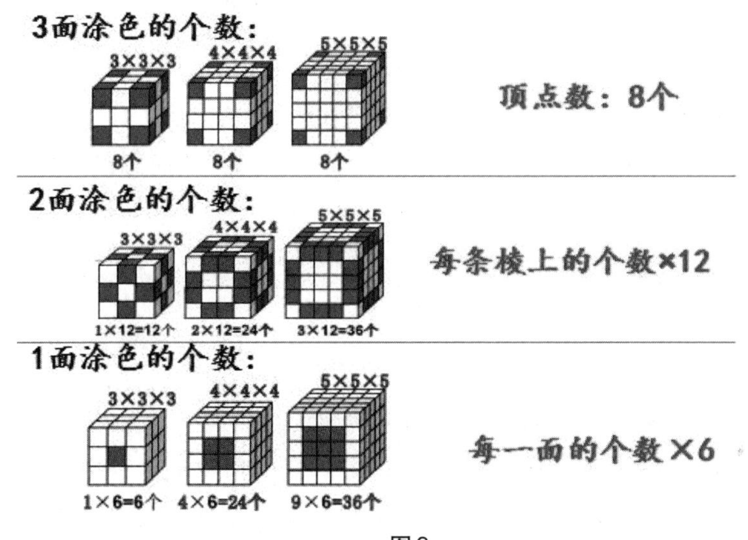

图3

师进一步让学生根据规律，挑战10×10×10，并汇报。

【评析】空间知觉是空间想象与空间推理的基础。在深度研究了3阶涂色正方体之后，教师补充了书本上没有的4阶和5阶涂色正方体，并要求学生通过观察、思考，想象独立完成，按照科学的逻辑，培养了学生的空间想象能力。同时，通过学生的汇报，对规律进行了总结，遵循了从特殊到一般的逻辑推理过程。教师没有总结提炼含有字母的通项公式，符合小学五年级学生的学情，同时弱化了数学文化中的知识成分，更加突出数学文化的观念成分。最后将规律应用于10阶涂色正方体，又让学生经历了从一般到特殊的演绎过程，落实本节课的教学目标。

四、总结反思，延伸课堂

师：同学们，生活中的涂色问题还有很多，我们通过一段微课一起来了解一下。

播放微课，介绍异阶魔方以及四色猜想等关于涂色问题知识（如图4）。

图4

师：同学们，通过这节课的学习，你有哪些收获呢？

生1：我收获到了将涂色的小正方体分类，化繁为简，从而可以快速地搞清楚每种小正方体的个数。

生2：我还收获到了生活中还有很多涂色问题，我们应该通过数学的思想方法，研究这些问题。

生3：……

学生言之有理，教师给予肯定和鼓励。

师：同学们，祝贺你们本节课收获满满，最后老师留给大家一个问题，遇到这种涂色长方体时，每类小正方体各有多少个呢？我们就带着这样的问题，离开今天的课堂！

【评析】通过微课，介绍了生活中各种各样的涂色问题，鼓励学生带着数学的眼光和思维，进行观察和思考，有效地拓展了课堂。同时，通过学生谈收获，对本节课进行了总结，通过教师的评价，进一步突出数学文化的观念成分。最后提出涂色的长方体问题，让学生带着问题离开课堂。总的来说，本节课通过让学生操作、观察、思考、想象、归纳，达到了两个目的，一是让学生进行深度学习，体会数学表象背后的本质。二是利用数学的思维和方法，让学生体验了从失败到成功的过程，突出数学的工具性，激发学生的学习兴趣。

第四节 数学与生活主题教学研究

随着数学的发展,特别是现实生活中,数学的价值越来越大,注重数学与生活的联系已经成为数学教育改革的基本趋势。在澳大利亚,澳大利亚数学教师协会对数学素养给出的定义是:有数学素养是指在家庭日常生活中、工作薪水、参与社会团体和公民生活中有效地使用数学。在学校教育中数学素养是所有课程学习、演讲和批判的主要组成部分,包括怎样在情境中用综合知识:各学科(数字的、空间的、绘图的、统计的、代数的)的基本数学概念和技能;数学的思考和策略;普通的思考技能和在情境中有根据的正确评价。日本著名数学教育家横地清很早就提出:"现今数学教育的目标和内容需明确:①数学教育并不单纯是为了将来的数学做准备的教育。②数学教育必须与孩子们的现实生活相结合并发展之。③数学教育应赋予学生将来在社会生活中能够强健地生存之实力。④数学教育应远瞩未来社会的发展,并成为这个发展的基础。⑤数学教育不单单是体系、逻辑和知识的教育,也是人类生存方式相关的教育。数学和文字一样,是人类教育的一个环节。"[①]可以看得出来,注重数学与学生现实生活的联系是国际数学教育改革的共识。结合小学生学习特点,本节主要从教学价值分析 、教学内容与学情分析、教学目标设计和教学过程设计四个方面探索数学与生活主题内容的教学设计。

一、教学价值分析

数学来源于社会生活,也为学生的生活所服务,更为重要的是如何用数学改进和提高学生生活,所以突出数学在现实生活中的应用是数学文化课程的重要内容。数学与生活的专题的教学价值表现在以下三方面。

一是体会数学与现实生活的联系,提高学生的"三会"素养。数学与现实生活的联系有三方面的含义:一方面是数学来源于现实生活,就要引导学生从现实生活中发现数学问题,学会用数学的眼光观察现实世界,如"起床后的学问",学生面临一系列要做的事情,引导提出"怎样在最短的时间完成?"二是现实生活问题需要数学的表达,引导学生把自己起床后到学校的事情分门别类地列出来,记录时

① 横地清.目前数学教育改革之方向[J].数学通报,1981(10):16-21.

间，进行程序化分析，并进行数学地表达问题，学会用数学的语言表达现实世界。三是现实生活问题需要数学的思维解决，就要引导学生尝试利用数学的思维方式和方法（统筹优化）处理和解决问题，学会用数学的思维思考现实世界。

二是夯实学生的四基，提高学生的"四能"。《数学课程标准（2011年版）》在总目标中指出"通过义务教育阶段的数学学习，学生能：1.获得适应社会生活和进一步发展所必需的数学的基础知识、基本技能、基本思想、基本活动经验。2.体会数学知识之间、数学与其他学科之间、数学与生活之间的联系，运用数学的思维方式进行思考，增强发现和提出问题的能力、分析和解决问题的能力。"数学与生活主题就是要强调在现实生活的真实情境中应用数学四基，提高"四能"，如在"货比三家不吃亏"的教学中，就是引导学生在现实生活中学会认识各种折扣的生活化表达，建立与数学学科知识之间的衔接和转化，提高问题解决的能力。我国研究者在一项研究中选择了与人们日常生活紧密相连的报刊（《光明日报》《工人日报》《农民日报》《参考消息》《经济日报》《中国证券报》《广州日报》《甘肃日报》和《北京青年报》等）作为获取数据信息的基本来源，了解人们日常生活中的数学。研究表明：①数学的定量化特征越来越多地表现在日常生活中。大数和百分数以相当高的比例出现在经济、科技、政治、生活的新闻和广告中，这说明在以商品经济为主和科技日益发展的社会中，信息的传递和交流更多的是定量的，而不是定性的。②图形图表，尤其是各种各样的统计图、统计表（如直方图、扇形统计图以及一些形象的统计图）出现较多，它们以清楚、明了、信息量大、对比度强等特点出现在报刊中。③在一些报纸如《中国证券报》出现了比较复杂的数学表达式（主要是代数式）。④与生活相关的报道以及广告中的数学内容很多也很丰富。在广告中，这些内容多与保险、房地产、储蓄、旅游等行业有关，如方位图、直方图、数学术语、公式等。可见，现实生活需要学生具备的数学的基础知识、基本技能越来越多，数学与生活主题就更需要学生在现实生活中应用数学的思想方法，积累数学的活动经验，在现实生活中提高发现问题、分析问题和解决问题的能力。

三是学会在数学中合理应用数学，提升学生的综合素养。在数学学习中，处理的结果一般都是"最少花多少钱？""花时间最少的方案？"等等。而现实生活可能考虑问题的因素会更多，如住酒店的时候，可能会考虑酒店的环境、舒适度和卫生情况等。所以数学与生活主题要弥补日常数学教学的不足和缺陷,给学生更多的现实生活问题,引导学生感悟数学与生活的联系,在应用数学知识的同时,能够综合考虑各方面的因素,提高学生的综合素养。

二、教学内容与学情分析

从教学内容与学情来看,数学与生活主题的教学内容有以下三个特点:一是问题情境与学生的现实生活紧密联系,学生的情感认同度高,学生的学习兴趣高。数学学习心理学研究表明:学习兴趣并不是天生就有的,能否产生学习兴趣,不仅取决于数学知识和数学活动本身特性——凡是相对强烈,对比明显,不断变化,带有新异性和刺激性的事物,都会引起人们的兴趣;而且兴趣还取决于学生已有的认知经验——大量的事物虽不新异,但与学生已有知识经验具有密切的关系,并且能满足学生获得新知识经验的需求,也能引发学习兴趣。①数学与生活的情境都是学生日常经历的,但是没有引起学生从数学的角度去考虑优化。如"起床后的学问""上学路上",学生对这样的情境非常熟悉,但是没有从数学的角度去统筹优化。还有一些内容与数学知识的表述方式不同,如"满两百元,送一百元""九折之后再九折"以及"折上折",这些都是打折的不同表述。学生对这样的内容情感认同度高,具有强烈的兴趣。二是与情境对应的学生生活经验丰富多样,学生的参与感强,课堂互动性好。数学与生活主题内容选取的问题情境中涉及的活动或者问题,都是学生曾经面临和解决过的问题,积累了丰富的生活经验,能够激发学生参与活动的主动性和积极性。三是学生生活背景不同,解决问题的办法策略多元,呈现的结果多元,有利于促进学生的个性发展。

三、教学目标设计

数学与生活主题的教学内容强调数学与生活的联系,为此数学教学目标也强调数学与生活的联系。

(一)知识与技能目标

由于数学与生活主题的"知识"包括日常生活中表征的数学知识。如"鞋码"

① 孔凡哲,曾峥.数学学习心理学[M].北京:北京大学出版社,2012.

“打五折”“满200元省60元”“满300元送60元”等。“技能”主要包括数学学科知识和日常数学知识之间的换算技能、数学学科知识的应用技能、用数学学科知识得到的结果和生活因素综合与优化技能。

（二）过程与方法目标

由于数学与现实生活的联系，数学与生活主题内容的过程与方法目标核心是用数学的眼光观察现实生活，用数学的语言表达现实生活，兼顾数学思维和日常生活因素思考现实生活。具体来说：要经历将现实生活抽象为数学问题，用数学的语言方法表达问题，综合应用数学思维和考虑生活因素解决问题的过程。此外，还有学生之间自主、合作、探究的过程。要引导学生掌握应用数学知识兼顾生活因素的综合优化方法。

（三）情感、态度和价值观

基于数学课程标准的要求，结合“数学与生活”主题内容的特点，“数学与生活”主题的情感、态度和价值观的主要内容可以表述为：积极主动参与学习数学与生活活动，对数学在生活中的应用和生活问题数学化思维有兴趣。在体验生活问题数学化和兼顾数学结果和生活因素处理问题的过程中获得成功的乐趣，建立日常生活中应用数学的自信心。体会数学与生活主题的特点，了解数学的价值和局限性，体会多角度思考问题的优越性。养成认真勤奋、独立思考、合作交流、反思质疑等学习习惯。形成实事求是、修正错误、求同存异的科学态度。

四、教学过程设计

数学与生活内容基于学生的现实生活，引导学生在现实生活中真实应用数学知识，在兼顾生活因素的基础上，合理解决问题。为此，与常规的数学教学有一定差别。主要有以下几点。

一是要选择生活真问题，增长学生的知识见识。在日常教学中，为了体现数学与生活的紧密联系，也需要创设问题情境。但是这些问题情境是为了学习某些知识而人为设计的，问题必然是理想化的。如“沏茶”和“烙饼”问题，理想化的设计是“客人以最快的时间喝到茶”“烙饼用的时间最短”。现实生活中是少有这样沏茶和烙饼的。而数学与生活主题的问题设计一定是真实发生的、学生日常经历处理结果不是恰到好处的问题。如“上学路上”,有的学生就只有一条直路,学生没有办法进行优化或者改进。也有的学生得到的优化不是恰到好处,可能更为复杂。就需要用“数学+生活”的处理方式来处理,通过对生活经历中学生的真实问题和处理方式的呈现,增长同学之间的知识和见识。

二是要尊重学生的生活背景,认可处理结果的多样性。数学与生活主题的内容设计是真实体现学生的生活,由于学生的生活背景不同,学生处理问题的结果就有很大的差异性。如学生在学习“旅游途中的抉择”时,学生的生活背景不同,表现出差异较大,家庭条件好的,考虑的费用就不一样,可能选择酒店就会贵一些。只要学生的理由足够充分,教师就应该认可,承认处理结果的多样性。

三是鼓励学生独立思考,促进学生的个性发展。由于学生生活的复杂性和多样性,学生思考问题和处理问题独立思考过程就有差异和不同。如学生在日常教学学习“租船”问题的时候,教师一般以“花钱最少”主导思想启发学生思考和处理问题,并以此判断解决问题的结果。在现实生活中,学生就会从安全性、舒适度和其他因素独立思考,提出自己的见解和解决问题的方法,教师应该实事求是地判断和引导学生的思考,鼓励他们的独立思考,进而促进学生的个性发展。

四是引导学生综合思维,提升学生的综合素养。数学与生活主题的问题的解决既要从数学角度出发,更重要的是要结合生活的因素,这就需要学生综合各方面,树立整体思维,而不仅仅考虑数学的因素。如“货比三家不吃亏”中,学生除了思考价格高低之外,非常重要的是还要考虑服装的质量和个人的喜好。

案例1 定位神器①

【教学内容分析】

“定位神器”选自宋乃庆教授和朱福荣研究员主编的《数学文化读本》四年级下册第16–20页。该课内容的呈现由三部分构成。第一部分是情境导入:通过导

① 本案例由西南大学附属小学骆丹老师执教,由重庆两江新区金山学校罗建华指导和评析。该案例获得全国第四届小学数学文化优质课竞赛一等奖。

航提示“湖北欢迎您”,引出北斗导航仪。由此引发一系列问题:什么是北斗导航仪？它是怎么定位的……学生的学习激情被点燃。第二部分是研究再现:从中国的四大发明之一——指南针“定向”,到法国笛卡儿的坐标“定位”,穿越时空,追溯历史,最后到北斗导航仪的立体定位,让学生经历从一维的线到二维的面,再到三维立体空间准确定位的全过程,深刻感受到数学的神奇之处。在此过程中,激发了学生的探究欲望,不仅帮助提高学生的数学素养,更有利于促进学生创新精神的发展。第三部分是拓展应用:介绍了北斗卫星导航系统的定位原理和在生活中的广泛应用,帮助学生感受数学的应用价值,增强学生的民族自信心和自豪感。

【课前思考】

顾泠沅教授认为,“数学、教育、文化”是数学教育的三根支柱;片面强调文化,而忽视数学本体性知识是行不通的,也是走不远的;只有数学知识而缺乏数学文化浸润的数学教育不仅是苍白的,而且是肤浅的;只有“数学、教育、文化”三位一体,这才是完整而和谐的数学教育。的确,数学文化不是简单的“数学”+“文化”。我们只有将“数学、教育、文化”三位一体有机融合,才能将数学的至真、至善、至美浸润到每一个学生骨子里,不断提升学生的数学核心素养。

从“生活与数学”的内容特点来看,“定位神器”是体验类的内容。我们应注重引导学生体会数学来源于现实生活,感受数学能有智慧地改变生活,从而养成从数学的角度观察世界、思考世界、表达世界的素养。因此,我们围绕以下三个大问题进行了深入研讨:(1)如何处理好“数学”和“文化”的度?(2)怎样才能让学生经历问题发生、发展到解决的全过程?(3)如何通过定位神器的“神”汲取数学的强大力量？因此,我们确定本课有两明一暗三条线:一是定位工具的发展演变,从辨别大致方向到精准定位;二是数学知识的纵向发展,从一维到二维再到三维,发展学生的空间观念;三是数学力量的彰显。

围绕这三条线,我们将本课的教学目标拟定为:(1)了解从古至今人们从辨别大致方向到精准定位的全过程,了解数学对科技发展所做出的卓越贡献;(2)经历在线上、面上、空间中定位的全过程,初步了解数轴、平面直角坐标系和空间直角坐标系,进一步发展空间观念;(3)通过了解我国北斗卫星导航系统的“神奇”,激发爱国热情,感受数学和生活的密切联系,体会数学的应用价值。

【教学实录与评析】

一、谈话引入

1.回顾辨别方向。

师:孩子们,今天骆老师第一次开车来到这里,居然没有迷路,你知道我是靠的什么吗?有了导航真是太方便,只需要输入地点就能快速定位,并实时帮咱指路！可是在还没有发明导航的时候,该怎么办呢？设想一下,在遥远的古代,没有手机,没有电脑,没有平板,甚至连电灯都没有……那古时候的人们又是如何定位的呢?

生:星辰、指南针、司南、罗盘……(贴出北斗七星)

师:你们的知识真丰富呀。人们靠太阳,靠星辰,靠大自然,能够辨明方向。但是太阳会落山,星星会看不见,大树也不一定有。于是,聪明的中华民族发明了……

生:指南针。

师:它可是我国古代的四大发明之一,帮助人们摆脱对天气和自然环境的依赖。接下来,就让我们一起走进指南针。

师:谁愿意上台来,用洪亮的声音为我们介绍一下?

请生读。

我国是世界上最早发明并使用指南针的国家。早在2000多年前就有了当时的指南针——司南的记载。

到了1000多年前的宋代,人们发明了更加方便使用的指南针,指南针在航运方面大显身手。

在郑和七下西洋远航之时,就曾使用到更加精确复杂的指南针——罗盘。

后来,指南针技术由阿拉伯人传入到欧洲,才有了后来的大航海时代等。人类对地球的认识产生了飞跃。指南针为整个人类的科学、社会发展做出了巨大的贡献。

师:听了你热情而自信的介绍,我们领略了指南针的发展和演变,谢谢!

孩子们,觉得咱们古代人民怎么样?

生:古代人民了不起啊!

师:是啊!小小指南针,却尽显大智慧。必须为古代人民的智慧点赞!

2.感受精准定位。

方向问题解决了,可只是辨明了方向就能确定位置了吗?试想一下,我们现在知道北方有敌情,将炮弹瞄准北方。嗖的一声,发射出去,就能击中目标吗?那时不能,现在能!接下来我们就一起见识一下现在的高科技是如何精准定位的。看过这部电影吧!当我国的军舰搜索到冷锋的手机信号后,及时锁定敌方位置,对其实施精准打击!让我们一起来重温这激动人心的场景。我国的军舰厉害吧!那你们知道它是靠什么实现精准定位的吗?

生1:GPS。

生2:BDS。

师:准确地说,这是靠我国自主研发的北斗卫星导航系统。可能大家听得比较多的是GPS,那是美国的。北斗卫星导航系统是继美国的GPS和俄罗斯的格洛纳斯之后,第三大成熟的卫星导航系统。今天就让我们一起了解北斗这一定位神器。(板书课题)

【评析】从孩子们熟悉的手机导航引出课题,从中国的四大发明之一——指南针的“定向”,到北斗卫星导航系统的“精准定位”,这些推动了人类社会进步的发明让学生深深感受到,无论是古代还是现代,中华民族都是非常智慧的,为人类的发展、社会的进步做出了卓越的贡献,从而增强学生的民族自信心和自豪感,不断激发学生的爱国热情。

二、体验定位

1.过渡。

孩子们,你们知道吗?想要实现像刚才那样的精准定位,人们不断探究、不断创新了几千年,其间咱们数学可发挥着巨大的作用哟!法国著名的数学家笛卡儿可谓功不可没,他被誉为“解析几何之父”“近代科学的始祖”。据说,他是受到蜘蛛在蛛网上爬动的启示,发现了定位的秘密。现在我们就来跟随小蜘蛛,经历一下这一伟大发现的全过程。

2.线上定位。

瞧,它来了。这儿有一张石桌。桌面上爬来了一只调皮的小蜘蛛。它想和大家玩个游戏——你来说,我来猜。游戏很简单,就是猜猜它趴在桌面的哪里,看看哪个勇敢的孩子第一个上台?好,男孩儿,请你来,坐在这里。不看大屏幕,只是听我和下面同学的交流,看你待会儿能不能准确点出小蜘蛛的位置。

师:能干!倾听专注,定位精准!掌声送给他。

接下来游戏升级。邀请两个同学。一人说一人猜。

蜘蛛爬到这里,你能说它在这个桌面这条边的哪儿呢?

师:唉!现在说不清了。看来只知道方向不行啊?

师:那该怎么办呢?数学吗?

生:畅谈想法。

师及时表扬。对呀!有了数不就一目了然了吗?

师:瞧!我们可以画上一条线,规定好起点,量一下,标一下,0,1,2,3,…现在这只小蜘蛛在数几的位置上?

师:像这样,我们在直线上任取一点为原点,确定这个方向为正方向,选择适当的长度为单位长度,这样的直线就叫数轴。

齐读概念。(贴数轴)

3.面上定位。

师:有了数轴这不方便多了吗?咱们游戏继续。谁想接着来玩儿?采访一下。你能确定是在这吗?没法点,为什么呀?不是告诉你就在3的上面了吗?现在又说不清楚了。怎么办呢?

生:再画一根数轴。

师:真有数学的眼光。好主意。我们再画一根数轴,在哪里画呢?请你来指一下。我们在这里像这样画一条直线,再量一下,标一下。像这样,原点重合、相互垂直的两根数轴就组成了我们的平面直角坐标系。现在你能确定蜘蛛的位置了吗?就可以用我们以前学过的数对的知识了。快速抢答,现在蜘蛛在?(5,2)

生抢答。

师：同学们，为了准确描述蜘蛛的位置，我们在不知不觉中就构建了平面直角坐标系，大家真了不起。（贴黑板）

4.空间定位。

师：小蜘蛛看大家拿出了这么厉害的武器。它也准备使绝招了。请看，我顺着丝往上爬，爬离了整个桌面，你还能锁定它的位置吗？

同桌交流后，指名汇报。

生：再画一条数轴。

师：大家伙同意他的想法吗？这个创意真是太棒啦！

请你来指一指在哪里再画一根数轴。

生指后，演示。

师：像这样的三根数轴就组成了空间直角坐标系。来，借助咱们坐标系的简易模型看看它的位置，它是在第5列，第2行，高度大约在4的位置。

你能记住它现在的位置吗？接下来请大家闭上眼睛，回想一下，小蜘蛛准备继续往上再爬两格，你能想象出它的位置吗？请你睁开眼看看，现在它的位置和你想的一样吗？

【评析】数学是关于模式的科学。面对错综复杂的各种问题，数学常常引导人们在变化中抓住其中相对不变的因素，从而透过现象看本质，抽象出其中相对恒定的“常模”。像这样从具体到一般的抽象过程就是一个数学建模的过程。通过“你来说，我来猜”的游戏，让学生经历在线上、面上、空间中定位的全过程，初步了解数轴、平面直角坐标系和空间直角坐标系，最终引导学生抽象出在一条线上确定一点的位置，我们只需要一个数据；在一个面上确定一点的位置，我们需要两个数据；在立体空间里确定一点的位置，需要三个数据。这个从特殊到一般，不断猜想、探究、验证的过程，对于学生而言也是一个不断探索和创新的过程，是一次次受到数学理性精神和求真精神熏陶的过程。

本课将静态的知识动态化，抽象的知识具体化，引导学生经历数学建模的全过程，养成初步的建模意识，掌握初步的建模方法，切实提高学生的数学核心素养。

5.小结。

师：厉害！为了锁定它的位置，我们还创建了空间直角坐标系的雏形（放教具）！在和小蜘蛛游戏的过程中，你们的思维已经慢慢地从线，走向平面，再走向立体。这可是了不起的变化,把掌声送给最棒的自己。

我们借助坐标系,成功地锁定了蜘蛛的位置。这可真得感谢老师之前提到的伟大的数学家——笛卡儿。现在让我们一起回顾一下数学上定位的全过程。

在一条线上如何确定一点的位置呢? ……

指着黑板,像这样在一条线上确定一点的位置我们只需要一个数据;这样在一个面上确定一点的位置,我们需要两个数据;在这样的空间里确定一点的位置,就需要三个数据。(板书)

【评析】"追根溯源"就是追溯定位神器的原点,除了要关注定位工具发展演变的全过程,更要追溯定位工具发展演变背后的数学本质。为此,我们精心设计了"你来说,我来猜"定位游戏,让一只小蜘蛛串联起从一维的线到二维的面,再到三维立体空间的全过程。通过游戏的形式再现了数学家笛卡儿创建直角坐标系的全过程。让学生追随笛卡儿的精神轨迹,在游戏中不断产生认知冲突,不断猜想,不断验证,最终构建简易的空间直角坐标系模型,实现精准空间定位,让学生真正经历了数学化的全过程。引导学生把数学学习变成一次又一次知识的探险,变成一次又一次数学再创造的过程,真正激发学生的探究欲望,发展学生的创新精神。

从数学知识的根本出发理解、分析、挖掘、开发数学文化读本,才把数学知识冰冷的美丽转化为当初被创造时火热的思考。

三、拓展

1.介绍经纬度。

师:在这个小小的空间里,坐标系发挥了巨大的作用,可要是到了更大的空间,坐标系还能发挥作用吗?

师:我们的地球这么大,如何确定地面上任意一个地点的位置呢?

生1:经纬度。

师:这你都知道啊? 知识面可真广啊! 快给大伙儿详细说说吧!

生2:我想应该可以画一些网格线。

师:听起来是个不错的主意哦!

师:究竟是不是这样,我们一起观看一段小视频。

【评析】从小空间到大宇宙,从“小”知识到“大”应用,这样的过程实际让学生完整经历这一微型的科研过程,不仅提高了学生的数学素养,更有利于促进学生创新精神的培养。

2.自学北斗导航系统。

师:那我们的北斗卫星导航系统是不是也是靠着坐标系来确定待测点的经度、纬度和高度呢?

请大家翻开《数学文化读本》,到第19-20页去寻找答案。

师:你了解到了哪些知识?

生畅所欲言。

生1:BDS是一种高科技的定位系统,它由空间端、地面端和用户端三个部分组成。

师:能说得再详细些吗?

生:空间端包括5颗静止轨道卫星和30颗非静止轨道卫星。地面端包括主控站、注入站和监测站。用户端即北斗用户终端。

师:把北斗的组成介绍得非常清楚,谢谢你!

生2:北斗导航仪是根据高速运动的卫星瞬间位置作为已知的起算数据,然后采用空间距离后方交汇的方法,确定待测点的位置。

师:看来你已经初步了解了北斗的定位原理。

生3:北斗导航仪进行的是立体定位,它要更加复杂,更精确一些。

师:是啊!北斗就是这样全天时、全天候为我们提供着精准的位置服务。

生4:BDS还具有独特的短文读报功能。

师:北斗这项独特的功能已挽救了数以万计人们的生命。

生5:BDS是继美国全球卫星导航系统(GPS)、俄罗斯的格洛纳斯卫星导航系统之后第三大成熟的卫星导航系统。

师:现在北斗已经是走出国门,服务亚太地区,成为“一带一路”的中国名片。

师:简短的交流之后,你对北斗还有什么疑问吗?

生质疑。

生1:我想知道它是如何定位的?

师:这个问题真是直指关键!学贵有疑,正如爱因斯坦所说,提出一个问题,往往比解决一个问题更重要。谁来接着问!

生2:我想知道北斗卫星导航系统是谁发明的呢?

师:对!我们得追根溯源!继续!

生3:我想知道北斗卫星导航系统可以用在哪些地方呢?

师:是呀!它的应用广泛吗?还有想问的吗?

生4:我想知道北斗卫星导航系统的名字跟北斗七星有关系吗?

师:咦!它俩有关系吗?(指着黑板)

3.观看微视频。

师:看来大家对"北斗"充满了好奇。接下来,我们就来听听"北斗"的自我介绍,看能不能解答你们心中的疑问。掌声有请"北斗"。

师:听完咱"北斗"的自我介绍,你有什么想说的吗?

生畅谈感想。

生1:我觉得北斗卫星导航系统真是太厉害了。(很有用)

师:它的厉害(有用)主要表现在哪些地方呀?

生:农业、牧业、军事……

师:说得真好!小到定位导航,大到保家卫国,北斗都发挥着巨大的作用。真不愧是我们的定位神器啊!

生2:北斗改变了我们的生活。

师:是啊!自从有了它,不仅生活更便捷,更是提高了我们的生活品质。

生3:中国真是太了不起了。(中国的科技发展迅速)

师:这句话可真是说到了大家的心坎儿里。作为中国人,我们倍感骄傲,倍感……

生齐答:自豪。

师:从借助北斗七星确定大致方位到发明司南,发明指南针,到现在发明北斗卫星导航系统实现精准定位,其间经历了几千年。(板书:大致、精准)

师:(指黑板)正是数学体系不断完善,促进了科学技术飞速发展。

师:通过这节课的学习,你对数学有什么新的认识吗?

生1:数学不仅仅是一些简单的计算。

师:说得好,数学是打开科学大门的钥匙。

生2:数学很有用。

师:是的,著名数学家华罗庚说过,宇宙之大,粒子之微,火箭之速,化工之巧,地球之变,生物之谜,日月之繁,无处不用到数学。

生3:数学很有魅力,很有力量。

师:所以我们说数学是一切科学的基础,是国防科技的护盾,是我们脚下这片土地的未来。

师:通过这节课的学习,我对你们也有了更多的认识。你们懂得倾听,善于思考,敢于提问,对数学文化充满好奇。老师相信你们会带着这份热情,继续到《数学文化读本》中去探索,去解开心中关于定位神器更多的疑团,去感受数学文化的无穷魅力。

【评析】数学远不止是"一堆数字的计算过程",它还是我们借以了解周围世界的基本工具。在信息科技时代的今天,大数据影响人类的各种活动,数学的力量日渐凸显。为了让学生能更好地感受并汲取数学力量,本课创编了视频介绍。该视频运用孩子们喜欢的动画形式,生动再现了北斗卫星导航系统的组成部分,定位原理及应用领域。让孩子们感受到了无论在自己熟知的交通领域,还是在重要的农业领域,甚至是在蓬勃发展的快递行业,北斗卫星导航系统借助自己的精准定位,为人们的生活提供了巨大的便利。当灾难发生时,北斗卫星导航系统则为人们的生命保驾护航。在军事方面,北斗卫星导航系统更是大展拳脚,我国的巡航导弹和精确制导武器,除了能保家卫国,更能捍卫世界和平。

本课不仅要为学生提供一堆又一堆精准的数字,更为学生提供一个又一个鲜活的例子,让学生深刻感受数学的强大力量,数学与生活的密切联系,让学生真切地感受到数学是提高人们生活质量的智慧源泉,从而不断促进学生从数学的角度去观察世界、思考世界和表达世界。

案例2　定位神器[①]

【教学内容分析】

“定位神器”选自宋乃庆教授和朱福荣研究员主编的《数学文化读本》四年级下册第16–20页。本节课分成三部分来呈现，第一部分情境导入：天天、妮妮、波波三人出游时，接收到手机信息：湖北欢迎您！波波发出疑问：手机怎么知道我们已进入湖北境内呢？这也帮学生提出心中的疑惑，每天放学家长是如何通过电话手表对自己的位置进行精准定位的呢？激发学生好奇心，引出定位神器——北斗导航。第二部分博士来解释了北斗导航是什么以及它的用途。让学生初步感受到北斗导航神奇的同时充满好奇：它究竟是如何工作的？从而引出定位的发展史：古人定位只能确定方向；接着认识了数轴，进一步能用一个数确定一条直线上点的位置；再通过笛卡儿认识了平面直角坐标系，能用一个数对确定一个平面上点的位置；此后通过拓展与应用中的三个问题：1.波波在图书馆中借的一本科普书编号为3–2–5是什么意思？2.地球仪上怎么确定位置？3.象棋比赛时，解说员说车1进4是什么意思？引发学生思考讨论，如何确定空间中点的位置？教师通过组织学生小组合作，共同探究出三个数据能确定空间中点的位置。第三部分博士详细介绍了北斗导航的工作原理及应用，北斗导航利用更多的数据使得确定的位置更精确，让学生体会定位从模糊到精准的发展和数学定位方法的不断完善过程，同时也深刻体会到北斗导航的精确定位离不开数学的发展，数学与科技发展密不可分，数学让我们的生活更便捷。这节课的数学内涵主要从定位工具的发展演变中，体会定位从模糊到精准的发展和数学定位方法的不断完善过程；感受数与点、数对与位置、导航系统与立体定位一一对应和数形结合的思想。

① 本案例由重庆市沙坪坝区南开小学校刘俊超执教，由重庆市沙坪坝区树人博文小学张鹏和康世刚评析，该案例获得第六届小学数学文化优质课大赛网络大赛荣获讲课比赛一等奖。

【课前思考】

数学源于生活，又用于生活，也必须扎根于生活。在人类文明中，数学一直是一种主要的文化力量，已经渗透到生活的各个领域。科学研究表明，一些划时代的科学理论成就的出现，无一不借助于数学的力量。在本课教学中，教师应密切联系数学与生活的关系，让学生感受数学为生活、为科技带来的巨大贡献。而本课中的“北斗导航”就是数学推动科技发展为中华之崛起做出重大贡献的好例子。在“定位神器”这一课的教学中，从古人确定位置，到在一条直线上确定位置、一个平面上确定位置、立体空间中确定位置，再到北斗导航精准定位，其中，学生在探究北斗导航如何精准定位方面充满好奇。由于学生已经从一年级、二年级、四年级中学会了这些确定位置的相关知识，积累了一定的数学经验，学生在探究一条直线上确定点的位置，一个平面上确定点的位置，空间中确定点的位置都非常顺利。但探究北斗导航的工作原理时，由于内容枯燥难懂，是教学的一大难点。教师利用了学生生活中印象深刻的例子——北斗导航为10天建成雷神山医院做出了重大贡献，引起学生浓厚兴趣，北斗导航究竟是怎样做到如此神通广大？巧妙地让学生对非常枯燥的科普内容产生强烈求知欲，教师再通过动画演示配合言简意赅的语言让复杂的内容简单化，学生轻松愉快地了解北斗导航定位的原理。最后师生共同对本课进行梳理，总结从古至今确定位置的不断发展演变，使学生深刻体会到生活的便捷得益于数学的推动，领略数学为祖国的繁荣昌盛做出了巨大贡献，激发学生民族自豪感。在课后延伸时教师让学生大胆想象未来生活更加科技化，数学又将在全人类的文明中产生扮演怎样的角色呢？让学生养成从数学的角度观察世界、思考世界和表达世界的素养。在此基础上将教学目标定位为：(1)在多样化的确定位置活动中了解数学定位方法的完善过程，在数形结合中体会数学思维的魅力。(2)感受数学改变生活的魅力，体会数学源于生活而服务于生活的真谛，渗透符号化思想，培养抽象和简约化的思想品质。(3)通过对“定位神器——北斗导航”深入的了解、学习，体会数学的应用价值，感受祖国的伟大，培养爱国主义精神。

【教学实录与评析】

一、情境引入，激发求知欲

1. 设置情境引出课题。

师：孩子们，你们有电话手表吧？好的，举起来看看。好的，请端坐。每天放学时，家长都能通过电话手表知道你的具体位置，你知道这是为什么吗？

生：用到了定位。

2. 介绍数学文化背景。

师：手机定位要借助一些定位系统，全球有四大定位系统，如美国的GPS，熟悉吧，现在我们国家也有了专属的导航系统，他就是北斗导航系统，简称BDS。今天我们就一起来研究这个神奇的定位神器。（板书课题：定位神器）

【评析】著名教育家张奠宙先生说过“我们要实现数学文化和人类文明的整合，要搞清楚数学的文化背景，要搞清楚数学成就的文化价值，把数学结果的文化品位发掘出来。”教师以生活中学生最熟悉的电话手表为切入点，家长通过小小一只手表就能掌握自己的行踪，这是为什么呢？从而激发学生兴趣，原来小小的手表中也藏有大量的数学知识，原来科技的腾飞也有着数学的推动，进一步刺激了学生想深入探究的学习欲望。

二、追根溯源，古人的定位

师：确定位置的方法，古人早有智慧，你知道有哪些吗？

生1：我们可以通过太阳的东升西落来辨别东方和西方。

生2：通过北极星确定北方的位置。

生3：指南针辨别方向。

师小结：这些方法都能确定方向，但能确定事物的具体位置吗？

生全体：不能。

师：看来要确定具体的位置，我们的定位方式需要发生变化。

【评析】数学思维的发展，使学生自然而然地与情境中的人、事、物相互作用，从而产生学习需求。教师通过让学生回顾古人确定位置的方法，发现这些方法已经不能满足现代人们对确定精准位置的需求，从而水到渠成进一步探究精准定位的方法。

三、活动探究

（一）认识数轴

1.介绍数轴。

师：在这一排中有一个位置是刘老师的，你能找到我吗？

生：不能。

师：我的位置是从左往右第3个，我的位置在哪里？（请生指出）

课件抽象数轴画出射线。

师：像这样从左往右箭头指示方向我们规定为正方向，刘老师在这条线上的位置就是3。

师：那其他老师的位置呢？

接着刘老师又逐一出示各点，由学生尝试确定各点位置，明白数轴上数与点位置的一一对应。出示到1的前一个位置时，师问道他对应的位置应该是几？

生：0。

师：没错，我们以前学过0可以表示没有，也可以表示？

生：起点。

师：在这里他有个名字叫作原点，表示正方向的开始。

师：既然这边是数轴的正方向，这边就是它的负方向。如果刘老师的位置在数轴负方向上的第3个，又该用哪个数字来表示呢？

生1：-3。

师介绍-3：3的前面加个减号读作负三，一起读一遍。

师：反方向上第2个？

生：-2。

师：反方向第一个。

生：-1。

师：每两个数字间的距离是1个单位长度，这是1个单位长度，这也是1个单位长度。像这样有原点，有单位长度和正方向的直线叫数轴。

2.小结。

数轴能确定直线上点的位置，我们在数轴上确定一个位置对应只需要1个数。

【评析】结合实例使学生以轻松愉悦的心情认识数轴，也使学生体会到数学来源于生活实践，让学生初步认识数轴的三要素。教师以简单明白、深入浅出地分析和互动操作加深了学生对数轴的理解，让学生明白在数轴上确定一个位置只需要1个数。

（二）认识平面直角坐标系

1.利用数轴认识平面直角坐标系。

接着再出示这样一幅图。（PPT 5行5列）

师：看，刘老师的位置还是从左往右数第3个，请准确找到我的位置。

生：不能找到，因为刘老师只告诉了我们从左往右第三个，而第三个有一列，我们不知道是具体的哪一个。

师：从下往上数第4个。（从而顺利找到刘老师位置）

师：为什么刚刚刘老师只告诉你一个数你就能在数轴上找到我的位置，而现在需要两个数呢？

生：因为现在我们是在一个平面上找刘老师，你要知道在第几行，第几列。

师：在一条直线上只用一个数就能找到一个点的位置，而在一个面上找一个点的位置则需要两个数。（PPT抽象出直角坐标系）

师：如果把刘老师位置放在数轴上表示，由原点开始从左往右数第3个（0，1，2），从下往上数第4个（0，1，2，3），则用数对（2，3）。我们把它补充完整，像这样，两条原点重合且相互垂直的数轴构成了一个平面直角坐标系。它能确定平面上点的位置。我们在直角坐标系上确定一个点的位置则需要两个数（1个数对），齐读一遍。

2.对比分析方格图和平面直角坐标系。

师：对比平面直角坐标系和方格图，刘老师的位置没有发生变化，为什么数对却不一样？

生:因为这个方格图没有0点,方格图是1开始,平面直角坐标系是从0开始的,所以刘老师的位置是不一样的。

师小结:起点不同表示同一位置的数对则不同。

3.知识运用。

(1)请你在直角坐标系中用数对表示出地图上龙湖时代天街A、B、C、D馆的位置。

(2)A馆正在开展找宝藏活动,我们一起去参加吧。利用直角坐标系从原点出发,用数对设计出寻宝路线图,开始你的寻宝之旅吧(PPT)。

师:你知道平面直角坐标系是谁发现并提出的吗?让我们一起去看看吧。

4.笛卡儿由蜘蛛结网启发创建平面直角坐标系。

师:直角坐标系是著名数学家笛卡儿发现并建立的,它在生活中有广泛应用,你知道生活中哪些地方用到了数对来确定平面上物体的位置吗?

生1:我们在教室里要确定某一个同学的位置,知道他的行和列。

生2:我们在电影院看电影时,电影票也告诉我们在第几行、第几列。

生3:在下围棋的时候我们要知道某一子的位置,要知道哪一行、哪一列。

生4:我们在歌剧院时也有具体的位置,在哪一行、哪一列。

5.数对在生活中的应用并小结。

师:在生活中电影院中的座位、飞机座位号、地图上的位置、车库车位编号、演唱会票……它们虽然不是用平面直角坐标系来确定位置,但是只要有两个数据就可以确定他们所在平面的位置。

【评析】在数学上我们常常讲究简单,这一环节从具体事例抽象到方格图,再从方格图抽象到直角坐标系,再介绍笛卡儿与直角坐标系的故事。在抽象过程中学生明白从具体事物到符号的演变过程,而且对为什么产生数对有了完整的认知需求,也从数学符号化特点更加清晰,可以说数学特点促进了数对产生,数对的产生也符合数学特点。而且从实物图抽象到方格图,从方格图抽象到直角坐标系,结构完整,融会贯通,完整地让学生体会从一维到二维确定位置的方法。同时,这一环节也让学生经历数学知识、数学思想形成过程,逐步引领学生构建数对与直角坐标系的数学模型,为学生后续学习做好了铺垫。

(三)初步感受立体三维空间

1.情境引入。

师:乐乐去姑妈家迷路了,警察叔叔来帮忙,把她带到她说的第一栋,太难找了,乐乐想起姑妈家住36层,来到36层,还是找不到。要准确找到姑妈家的位置还差什么?

生:第几户。

2.独立思考。

要找到姑妈家的位置,你得知道哪些信息?

3.合作探究。

小组合作:

(1)要找到姑妈家的位置你得知道哪些信息?

(2)确定它的位置需要几个数据?

(3)和线上的点,平面的上点比较,要找的这个位置有什么不同?

(4)如何确定空间中物体的位置?

小组汇报。

生1:确定乐乐家的位置需要三个位置,在第几栋,第几层,和哪一户。

生2:我们组研究的第二个问题是,在直线上找一个点需要一个数据,在平面上找一个点需要两个位置,在空间上确定位置需要三个数据,哪一行、哪一列和它的高度。

生3:确定空间中的位置需要3个数据,首先要确定它的高度,然后在哪一行,哪一列。

生4:我代表小组总结,确定空间中的位置需要三个数据,首先是它的高度,哪一行、哪一列,一定要找齐三个数据,我们才能确定空间中的位置。

师小结:谢谢你们的精彩汇报,让我们知道了三个数据就能确定空间中点的位置。

师:PPT出示图片。(1)妈妈带女儿去龙湖时代天街看电影:确定电影院的位置需要几个信息?

生:哪一个馆、第几层、第几号商铺。

4.师小结。

当在一条直线时,我们用一个数确定物体的位置。当在一个平面时,我们用一个数对来表示物体的位置。而在空间中时,我们就需要用到三个数据来表示物体的位置。

5.生活应用。

在生活中还有哪些地方得用三个数据确定空间中物体的位置,你能举例吗?

生1:看电影时要先找到在哪一个厅,再根据电影票找到第几行、第几列。

生2:我们坐火车的时候,要找到在第几节车厢,再找的在第几行、第几列,就找到了我们的位置。

生3:我们去购物时,要先确定在哪一个货架,再确定哪一行、哪一列。

生4:我们在图书馆找书时,我们需要确定在哪一个书架,再确定在哪一行,第几个。

【评析】数学知识本身来源于生活,并最终运用到生活中去。因此,在本环节教学过程中,老师根据学生的学习特点和认知规律,将数学知识的学习和学生的生活实际密切地结合起来,让数学知识的学习不再枯燥乏味,学生学起来就会感到自然亲切。从游戏入手,通过小组合作学习,让学生明白在空间中时,我们就需要用到三个数据来表示物体的位置。另外,通过生活应用举例,还有利于培养学生用所学的数学知识来观察周围丰富多彩的事物,进而增强其学习数学的兴趣,培养其能力,发展其智力,促进学生素质的全面发展。

(四)了解导航定位

师:导航定位应用非常广泛,让我们来看看这个熟悉的视频,孩子们,生命就是集结号,在十万火急的危急关头,我们用10天建成火神山医院,除了画面中的这些设计师、工人、科学家付出了辛勤的汗水,你们知道吗?它的建成还有一位幕后功臣!它就是——北斗导航系统(板书)。让我们首先来了解一下它是怎样工作的。

1.介绍北斗导航工作原理。

北斗导航系统由三部分组成,一是由空间端(就是我们的轨道卫星),二是用户端(手机,电话手表等),三是地面端(主控站、注入站、监测站),定位时由用户端向空间端卫星发生联络,卫星接收信号后将与地面端的主控站联络,由主控站将他们三方的位置、时间信息进行精确计算,再将结果通过卫星返回给用户端,再由就近的标校站对用户端的位置数据进行误差修正,从而使我们得到的位置信息更加准确。正是因为有了这样高精度，高效率的定位服务，火神山医院才能在短短10天建成并投入使用。

2.利用视频介绍北斗导航在生活中的应用。

师：他的产生到底给我们的生活带来了什么呢？让我们一起来看看吧。

3.北斗导航的产生原因。

师：孩子们，北斗导航系统在2020年的6月23日已经全面部署完成并投入使用。以前我们都是使用美国的GPS系统来定位，既然已经有了GPS，为什么我们还要大力研发属于我们国家独有的定位系统呢？

师：我给大家讲个故事：1993年7月23日，我国的货轮“银河号”在海上航行时，突然被美国恶意关闭GPS信号，导致货轮没有信号寸步难行，在公海漂泊了33天，长时间停滞不仅导致船员食物紧缺，更严重耽误了交货时间，造成巨大的经济损失，然而美国连一句道歉也没有。事后，中国痛定思痛——想不受制于人，必须独立自强，拥有中国自己的卫星导航！

【评析】学生从一年级、二年级、四年级中学会了这些确定位置的相关知识，积累了一定的数学经验，教师安排了四个环节旨在让学生由浅入深地掌握确定位置的几种方法：一个数确定一条直线上点的位置，两个数确定一个平面上点的位置，三个数确定空间中点的位置，再到北斗导航大数据精准定位，通过这样环环相扣的教学活动，不仅让学生掌握了确定位置的不同方法，能在不同情境中选择合适的方法解决实际问题，还让学生体会了这些方法的演变过程，从数学的角度感受科技的发展带来的日新月异的变化。在知识扩展环节，介绍了北斗导航系统在生活中的各方面应用，以及为祖国的发展做出重大贡献。让学生认识到数学在有智慧地改变生活，明白科技兴国，人才强国的硬道理。

四、总结延伸

师：通过这节课的学习，你有哪些收获？

师回顾全课：孩子们，你看，在古代，我们定位只能辨别一个大致方向，接着我们能用一个数确定直线上点的位置，两个数据确定平面上点的位置，三个数据确定空间中点的位置，要想定位越准确，用到的数据就越多。我们已经进入了大数据时代，北斗导航系统就是利用了大数据实现精准定位。请你想象一下，未来科技更加发达,当人们可以自由翱翔太空时,又会怎样来确定位置呢?

生1:可能需要更多更多的数据来确定人在空间中的位置。

生2:我觉得可能还要用到时间数据,因为人在宇宙中是在动的,要确定他的位置,还得知道那个时刻在哪儿。

生3:很多很多,需要的数据数不清。

师:你们的推测很有逻辑,要想确定的位置越精确,用到的数据就越多。确定位置的发展演变让我们感受到数学无处不在,数据的丰富也使得我们的定位更加准确。数学是生活的好朋友,也是打开科学大门的钥匙,希望孩子们都能用好这把钥匙!

案例3 货比三家不吃亏①

【教学内容分析】

“货比三家不吃亏”选自宋乃庆教授和正高级教师陈祥彬主编的《数学文化读本》六年级上册第54–57页。该教学内容是在学生学习了分数乘除法、百分数的应用之后的补充与拓展。学生有知识基础,更有生活经验,解决的也是身边活生生的数学问题。本课以买学习用具为线索,通过收集、整理,统计出学生喜欢的物品是钢笔。在买钢笔的过程中,发现不同商店有不同的促销活动。学生利用所学知识,进行计算、对比,为班级节约了开支。本课从学生的需要出发,分析对比各种促销活动,进行合理选择,让学生经历了一个完整的购物过程。在活动中,灵活运用所学知识,积累购物经验,渗透转化思想,体会数学的力量。

【课前思考】

这节课对教学内容进行了开发和创新。同样让学生经历完整的购物过程,没有进行统计,因为在生活中买学具、买衣服的购物活动对于六年级的学生已不陌

① 本案例由重庆市大渡口区实验小学陈厚智执教,由重庆市大渡口区育才小学副校长刘凤和康世刚评析。该案例获得全国第二届小学数学文化优质课竞赛一等奖。

生，都是从需要出发，课堂时间有限，省略统计，以情境引入，把宝贵的时间用在分析各种促销策略、进行合理选择上。本课把购物场景放在了学生熟悉的几个商场，促销活动贴近生活更丰富，书上只有“打折”和“满省”，但是商场里常常有“满送”的活动，让学生用数学的眼光去观察，用数学的思维去分析各种促销活动的本质，不同金额的物品都有各自划算的商场。特别比较“满省”与“满送”这两种容易误导消费者的促销方式，再把它们转化为折扣来看对比更明显。在学生模拟经历几次购物活动中可以看出数学与生活，数学与经济联系非常紧密。不管是商家在设计促销活动，还是消费者在选择促销活动都要用到数学知识，体现数学的应用价值。本课教学目标拟定为：(1)透过商家纷繁复杂的促销活动，能够数学化地思考问题，做出有效的选择。(2)在分析、解释、交流、应用的活动中，感受数学的价值，培养数感和应用意识。

【教学实录与评析】

一、情景引入

师：六一儿童节快到了，小丽的爸爸妈妈想给她买一条裙子当礼物。我们跟随她的脚步去商场看看。

(播放视频：小丽一家逛商场，来到一家童装店。)

小丽：我喜欢这条裙子。

爸爸：我们就去付钱买吧。

妈妈：不着急，我们再去多看几家吧！

师：你明白妈妈说“多看几家”的意思吗？

生1：妈妈想多比较几家，万一还有更便宜的。

生2：可能其他商场在做活动，会更便宜。

师：看来，妈妈得多看几家，做到“货比三家不吃亏”，板书课题。

【评析】通过视频唤起学生购物记忆，以“妈妈为什么要多看几家”的设问让学生利用已有经验来分析、理解，自然入课，也让学生初步感知“货比三家不吃亏”。

师:大家课前去商场做了调查、收集,你们了解到有哪些常见的促销活动?请在4人小组里交流一下。

学生汇报。(打5折;满200元省60元;满300元送150元;等等)

(视频出示教师收集到的打折信息:打折2个、满送2个、满省2个、买一送一、一件8折二件7折、满抵、打折与满省)

师:商场这么多的促销活动,你觉得最常见的有哪几类?

生:打折,满多少送多少,满多少省多少,买几送几。(随机板书:打折、满送、满省、其他)

师:这么多的促销活动,难怪小丽妈妈说要多看几家。

【评析】课前开展商场促销活动调查,培养了学生用数学的视角看世界的意识和信息搜集的能力;课堂上的交流、汇报和生生互动让学生理解了各种促销活动的含义,也进一步感知到"货比三家"的必要性。

二、购物体验

(课件呈现:小丽一家走出新世纪,来到重百商场,满200元省80元;大洋百货是满300元送300元。)

师:同一款裙子,三个商场的促销活动不一样,你会选择到哪一家买呢?

你可以借助计算器来算一算。(学生用计算器计算)

师:谁来分享你的选择?

学生汇报,课件出示算式。

师:回顾刚才和小丽一起购物的过程:小丽首先选定心仪的裙子,这就是她的"需要",然后进行货比三家"比较",最后做出了自己的选择"决策"。(贴板书:需要—比较—决策)这就是我们购物的一般步骤。

师:经历了这次购物,你想对小丽爸爸说点什么呢?

生:在买东西时,不要那么着急付钱,做到货比三家不吃亏。

师:你们建议爸爸要货比三家,货比三家比什么呢?

生:比价格,比促销活动,看哪家更划算。

师:价格的差异,很多时候来自他们不同的促销活动。如有的是打折、有的是满多少送代金券、有的是满多少直接省现金。

【评析】通过多媒体课件的情景创设，学生模拟性地体验着购物全过程，进而归纳出购物的一般步骤：需要—比较—决策。数学和学生生活实际的衔接，使学生感到生活中处处有数学，学起来自然、亲切、真实。

三、明辨促销

师：要做一个智慧的消费者，还需更深入了解商场常见的促销活动。

1. 将满送转换为折扣。

师：没有选择“满300元送300元”这个活动，是因为没有达到满送的条件。可前几年新世纪才推出这个活动时，吸引了大量的消费者，到处人山人海，有人在说，“满300元送300元”难道是不要钱吗？（课件呈现问题）想一想，把你的想法说给同桌听一听。（板书：满300元送300元）

学生汇报。

生1：要钱，假如这件衣服260元，不足300元，就还是要付260元。

生2：假如一样东西580元，满300元送300元，还要付280元。

生3：我认为他说得有问题，这个东西580元，满300元送300元，不是付280元，应该付580元，送300元的代金券。（板书：原价580元，付580元，送300元券）

师：还有什么疑问或补充吗？

生4：我想补充代金券只能下次使用，本件东西不能使用。

生5：我想问如果东西600多元，是不是就送600元的代金券？

生6：是的，满几个300元，就送几个300元的代金券。

师：“满300元送300元”这个活动最合算相当于几折？

生：5折，你想如果一件东西刚好300，就送300元的代金券，又可以买300元的东西，相当于用300元买了600元的东西，300÷600=0.5，相当于5折。

师：最不合算呢？

生：不打折，没到300元。

师：所以“满300元送300元”这个活动是从5折→不打折。（板书：5折→不打折）

【评析】以“难道是不要钱吗？”的设问较好地引发了学生的分析、思考、争辩；再以“这个活动最合算相当于几折？最不合算呢？”的问题导向，进一步引导学生利用转化的方法,以"打折"为媒介,找到"满300元送300元"这一促销活动的数学实质,数学学习因此而深刻。

2.将满省转换为折扣。

师:"满200元省80元"什么时候最合算?

生:200元或200的倍数最划算。

师:满400元省几个80元?

生:省2个80元。

师:最合算相当于几折? 最不合算呢?

生:最合算相当于6折,一件东西刚好200元,满200元省80元,用120元可以买到200元的东西,120÷200=0.6,相当于6折。

生:最不合算是不打折,没满到200元。

师:"满200元省80元"这个活动是从6折→不打折。(板书:6折→不打折)

【评析】利用"同化"的认知方式,再次引导学生通过转化为打折的方法理解"满200元省80元"的数学本质。

3.区别满送和满省。

师:(课件呈现情境)一件大衣标价2098元,商场活动满500元送300元,服务员对一位女士说,今天买很合算,满500元送300元,相当于只要898元。女士说付898元可不可以卖给她? 你们觉得呢?

生:不能卖,要付原价2098元,然后送1200元的代金券。

师:服务员说只要898元,其实是什么活动?

生齐说:满500元省300元的活动(课件满500元省300元),这跟满500元送300元,是一样的吗?

师:比较"满500元送300元"与"满500元省300元",它们最合算时各自相当于几折? 想一想,同桌互相说一说。

生:"满500元送300元",最合算时相当于花了500元,买了800元的商品,500÷800=0.625,也就是6.25折。

生:"满500元省300元",相当于只付了200元钱,买了500元的商品,200÷500=0.4,也就是4折。

师:通过这个活动,你有什么感悟?

生：两个活动看起来差不多，只有一字之差，优惠幅度完全不同。

师：同学们用数据来说话，真实、有力。

活动小结：面对商场五花八门的促销活动，我们要用数学的方法去分析、思考，抓住事物的本质，进行合理选择。

【评析】满送、满省作为生活中常见的且较为相似的促销活动，往往困扰着消费者，因而此问题情境的创设具有较强的现实意义。在教学中，教师巧设悬念，引发争辩，较好地引导学生应用数学的方法去分析问题、解决问题，利用比较的思维方式促进了知识的建构，使知识掌握更透彻。

四、智慧选择

师：看到这三个商场在做活动，小王也想买一件自己喜欢的衬衫。

（课件呈现。新世纪：一律7折；重百：满200元省80元；大洋百货：满300元送300元）

1. 小王想买一件衬衫，三个商场标价都是298元，请问到哪个商场买更合算？

学生用计算器计算。

生：选择新世纪，新世纪打7折，要花209元；重百直接省80元，要付218元；大洋百货不打折。

师：有个小朋友说太不合算了，差一点点就可以参加大洋百货的活动了。听了他的话，你有什么想法？

生1：去大洋百货再多买一个小东西，就可以享受满300元送300元，这样更划算。

生2：大洋百货是差一点点儿就可以享受满300元送300元，但是商场里根本买不到几元钱的小东西，至少也是几十上百元，而且还不知道是不是自己需要的东西，万一我只想买那一件衬衫呢？

生3：如果你只想买那一件衬衫，不需要另外的东西了，当然选择便宜的新世纪，如果你还想买另外的东西，也可以选择大洋百货。

师：你们的想法很不错，商家就是抓住消费者的这种心理，差点儿再添一点儿，可以让顾客在本商场多次消费。如果消费者还想买自己需要的东西，就添成300元也比较合算。如果没有需要买的，就选择便宜的。

2. 小李全家,想买一双鞋438元,一个女式手袋780元,一条裙子528元,选择哪个商场比较合算?

学生用计算器计算。

生1:选择大洋百货,因为大洋百货送的券多,折扣算下来就比较低。

新世纪:(438+780+528)×0.7=1222。

重百:438+780+528=1746,1746−80×8=1106。

大洋百货:438 + 780 + 528=1746(元),送1500元。

生2:我认为选择重百商场,花的钱少。你选择大洋百货,花的钱多,送的券万一买的不是你特别需要的东西,也是浪费。

师:同学们说得有道理。但今天真的巧了,他们一家只带了1000元,能不能买回这3件东西?

生:不能。

师:真的不能吗?有没有能买得回来的?独立思考、尝试,小组讨论交流。

生:去大洋百货买,先买438元的鞋和528元裙子,438+528=966(元),送900元的代金券,然后用券去买780元的手袋,还有剩的。

师:看来数学确实有用,一下就帮他们节约了几百元钱。

【评析】两个练习设计巧妙,各有侧重:第1题旨在引导学生因需要而购物,不可一味追求合算而盲目购物;第2题旨在引导学生保持清醒的头脑,灵活应用所学的数学知识智慧购物。两个练习将数学与生活紧密相连,既让学生感悟到数学学习的价值,也让学生收获成功,增强了自信心。

五、梳理、总结

师:回顾板书,刚才经历了购物的全过程。通过今天的活动,你有什么收获?有什么感受跟大家分享?

生1:买东西时,要从自己的需要出发,进行货比三家,不要盲目。

生2:满送与满省,虽然只有一字之差,有时候差别很大,我们要认真比较。

生3:当买多样东西的时候,有时需要好好组合才能更合算。

生4:数学真的很有用,生活中方方面面都离不开数学。

师:对,不管商家在设计促销活动,还是消费者在选择哪种促销活动,都要用到数学知识。

在我国古代也有许多关于折扣的事例。(视频介绍古代、现在的促销活动)

其实,数学不仅仅用于我们的生活,还广泛运用在生产、国防、科技等各个行业中,这就是数学的力量。

师:这节课你们是作为消费者的角度去分析、选择,课后你们站在商场的角度去想想,你是商场经理,会设计哪些促销活动来提高商场的销量和利润呢?

【评析】学习收获的分享培养了学生的归纳能力和语言表达能力,更丰富了学生的“共学”。古、今促销活动的介绍进一步完善了学生的认知建构。同时,在分享与数学文化的介绍中,也进一步让学生感知到数学的广泛性、价值性。多角度思考问题,有利于培养和发展学生的求异思维、发散思维、逆向思维等进行创新活动所必需的思维形式。换种角度去分析、应用,给予了学生发展的更大可能性。

第五节　数学与其他学科专题教学研究

数学作为对于客观现象抽象概括而逐渐形成的科学语言与工具,不仅是自然科学技术的基础,而且在人文科学与社会科学中发挥着越来越大的作用。数学为其他学科提供理化的工具和方法,更为重要的是提供了数学化、抽象化、最优化、符号化、随机化和逻辑分析的思维,用这些思维学习和研究其他学科成为学生进一步学习其他学科的基础。为此,《数学课程标准(2022年版)》指出“体会数学知识之间、数学与其他学科之间、数学与生活之间的联系,在探索真实情境所蕴含的关系中,发现问题和提出问题,运用数学和其他学科的知识与方法分析问题和解决问题。”近几年悄然兴起的“STEM”和“STEAM”以及“跨学科学习”就是强调跨学科解决现实生活的问题。下面从教学价值分析、教学内容与学情分析、教学目标设计和教学过程设计做分析。

一、教学价值分析

基于数学与其他学科之间的联系、数学思维的特点、结合“STEM”和“STEAM”以及“跨学科学习”和数学课程标准的要求,数学与其他学科的教学价值体现在以下四个方面。

一是体会数学与其他学科之间的联系,激发学习数学的动机。学习行为源于学习动机。学习动机分为外部动机和内部动机,其中把升学就业作为手段或诱因或者获得被人的尊重或赞誉来推动学习是外部动机中非常重要的内容。数学与其他学科的数学文化内容体现了数学与其他学科之间的联系,意在引导学生认识到数学对其他学科学习的影响,进一步认识到学习数学的重要性,增强学习数学的动机。如“图灵的密码”就是引导学生发现数学与密码学之间的联系,彰显数学家的智慧和社会贡献,激发学生学习数学的动机。

二是学会从数学的角度认识其他学科,促进学生学习其他学科。数学为其他学科提供了量化的思维和工具,所以从数学的角度认识或者学习其他学科的内容,会给学生一种新的思维方式。如“美丽的民族服饰”就是引导学生从数学的角度认识艺术之美。“蒙娜丽莎之美”就是以引导学生运用“黄金分割比”的知识认识蒙娜丽莎之美,促进学生从感性美上升到理性美。再如《科学与数学》中的“飞向月球的梦想”就是引导学生从数学的角度认识人造地球卫星给社会和国家带来的经济效益价值,促进学生学习科学学科。

三是感受其他学科中的数学表征,增长学生的知识和见识。不同的学科会表现出具有数学特点和因素的一些形式和现象,体现了数学与其他学科之间的天然联系。如“向日葵的秘密”就是揭示向日葵花蕊的螺旋数的秘密,即斐波那契数列。“食虫植物——猪笼草”的“扑虫笼”的形状是圆柱状。还有“奇妙的自然界之角”中的“蜂巢”的底盘的菱形中,几乎所有的钝角都是109°28′,所有的锐角都是70°32′,正是这个角度让材料最节省,容积最大。丹顶鹤和大雁的“人”字队形按照110°飞行最省力。这些数学特征的挖掘,能够增长学生的知识和见识。

四是培养跨学科学习能力,提升学生综合素养。所谓“跨学科学习”是基于跨学科意识,运用两种或两种以上的学科观念以及跨学科观念,解决真实问题的课程与学习取向。由于跨学科学习补充了分科学习的不足,引导学生运用不同学科之间的知识和技能,提高综合素养。如“保护东北虎”就是引导学生综合应用数学学科知识和生物学的知识探索保护东北虎的实施方案。这样的学习活动有助于提升学生的综合素养。

二、教学内容与学情分析

数学与其他学科包含的内容广泛，体现在小学生数学学习的各个方面，教学内容反映了数学与其他学科之间的联系，能够增强学生的数学应用意识，开阔学生的视野，增长知识和见识。具体来说，有以下几点：一是从数学的角度认识其他学科，视角新颖，学生的兴趣浓厚。阅读这样的内容能够增长学生的知识和见识。二是承载内容的情境问题贴近学生和学科，学生有生活经验和学科知识背景，学生的思路方法多。如“拯救森林”从节约一次性筷子开始学习，利用相关统计数据，引导学生感受使用一次性筷子对森林的毁坏，进而拓展到给自然带来的危害和对人们生活的影响。三是教学内容需要学生阅读、独立思考、小组调查和查阅资料等，学习方式多样，面向全体学生，学生的参与度高。如《健康与数学》中的“香烟危害知多少”要求学生参与亲子活动：查资料，了解各国反抽烟的措施、效果，和设计中的天天一样，劝导周围亲戚朋友戒烟。“奇妙的人体器官”中要求学生：估计自己拳头的7-8倍的大小，感受胃的大小；小组活动：买一个西瓜，设计一个刚好能装得下他的盒子。西瓜的体积大约是多少？还有什么方法测量他的体积？亲子活动：和父母讨论身体还有哪些器官？我们应该怎样做才能使身体健康？这样的学习活动形式多样，内容丰富，对学生的数学知识要求不高，学生的参与度高。

三、教学目标设计

依据跨学科学习的要求，结合数学文化内容特点，我们认为“数学与其他学科”的教学目标分别按照以下方式设计。

（一）知识与技能目标

“数学与其他学科”主题的“知识”是指用数学学科表述的其他学科的知识或其他学科知识的数学表述，促进学生的量化思维。“技能”是指学会数学学科知识和其他学科知识的转化技能。如“跳动的心脏”中的知识与技能可以表述为：“了解一个正常人心率次数，能从数学的角度描述心动过缓和过快。”

(二)过程与方法目标

“数学与其他学科”主题的“过程与方法”是指学生经历的用数学和其他学科知识解决现实问题的过程和应用的方法。既有学生自主探究、独立思考、合作交流,也有其他学科的学科知识数学化的过程。数学对科学产生重大作用的过程,可以分为三个步骤:(1)用数学语言表述问题;(2)求解这些数学问题;(3)用科学语言解释上述结果及其验证。[①]如“香烟危害知多少”中的“过程与方法”目标可以表述为:“通过自主阅读,合作讨论和调查分析,经历从数学角度认识香烟危害的过程,学会用条形统计图、扇形统计图和统计表表述香烟危害的技能。”

(三)情感、态度和价值观目标

基于《数学课程标准(2022年版)》的要求,结合“数学与其他学科”主题内容的特点,其情感、态度和价值观的主要内容可以表述为:积极主动参与学习数学的跨学科学习活动,对数学在其他学科中应用和从数学角度认识其他学科有兴趣。在应用数学和其他学科的知识和技能处理问题的过程中获得成功的乐趣,建立学好数学和其他学科的自信心。体会从数学角度体会其他学科的价值和数学的应用价值,体会跨学科思维的意义。养成认真勤奋、独立思考、合作交流、反思质疑等学习习惯。形成坚持真理、严谨求实、修正错误的科学态度。

四、教学过程设计

“数学与其他学科”主题注重数学与其他学科的联系,彰显数学对其他学科知识量化的表征,促进学生深入理解和掌握数学学科知识及其他学科,提高学生解决实际问题的能力。

一是精心选取其他学科能够数学化的问题,激发学生学习的积极性。其他学科中有许多问题,但不是所有问题都可以数学化,或者用数学的知识和技能可解决的,这就需要教师根据学生已有数学知识的储备情况,精心选择既能够数学化,又符合学生的学龄特点的问题。如“香烟危害知多少”中就可以用学生学习的倍数来描述:统计显示,如果一个人每天吸一包烟,则患肺癌的概率增加20倍以上,

① 林家翘,西格尔.自然科学中确定性问题的应用数学[M].赵国英,译.北京:科学出版社,1986.

患口腔癌的概率增加12倍,患咽喉癌的概率增加17倍。

二是发挥数学的量化思维优势,深刻理解其他学科知识。著名的数学家笛卡儿曾宣称,科学的本质是数学,一切科学现象可以用数学描述出来。伽利略认为,整个大自然乃至整个宇宙这本书都是用数学语言写出来的,符号是三角形、圆形或别的几何图形,自然界按照完美而不变的数学规律活动着,因而自然界是简单而有秩序的。应用数学语言描述其他学科概念或者知识,具有单义性、确定性和简洁明确性,从量的角度对事物的某种数量级作出直接的判断,对所研究的问题作出比较清晰的数量分析,有助于深入理解和掌握学科知识。如"心脏的跳动"中对"心动过缓"和"心动过快",用量来描述,明确清晰,学生容易掌握,即一个人正常人的心率是每分60~80次,心率小于每分60次是心动过缓,心率大于每分80次是心动过快。

三是体会跨学科解决问题的过程,培养学生的关联思维。数学家丁石孙说:"社会科学及其科学的研究对象毕竟主要是人,人类社会与纯粹的自然科学有着本质的区别。因此,数学在社会科学及其他某些学科的影响和作用是有限的。仅仅强调从数学的角度、理性的角度去认识人与人类社会中的各种活动,必定是不完全的,有时甚至是错误的。"①用数学方法研究学科的实际问题时,一般都要经历这样的几个步骤:(1)用数学语言、方法表述所要研究的问题,建立起合适的数学模型;(2)通过各种数学方法(如寻求解析解、几何解、近似解),求出数学问题的解;(3)对所求出的数学解,在所研究的实际问题中作出解释和评价,以形成对所研究的实际问题的判断和预见。②这个过程既是数学学科研究其他学科实际问题的过程,也是"数学与其他学科"主题内容的教学过程。需要引导学生经历用跨学科知识解决问题的过程,切实体会到用数学单一角度解决问题的局限性,提升从多个角度发现、提出、分析和解决问题的关联思维。

① 丁石孙,张祖贵.数学与教育[M].大连:大连理工大学出版社,2008.

② 丁石孙,张祖贵.数学与教育[M].大连:大连理工大学出版社,2008.

案例1 绵延不绝的图案①

【教学内容分析】

“绵延不绝的图案”选自宋乃庆教授等主编的《数学文化读本》五年级上册第7-8页“创意图案设计”。本课内容的本质是平面图形的密铺,是平面镶嵌的一个分支。密铺的学习,从知识与技能方面解读,是从拼接特性这一全新视角,对平面图形及其角、边的应用性特征的一次深入研究和再认识,是在基本特征、稳定性、对称性、周长和面积计算之外,对平面图形学习的认知结构的一次填补。从能力与素养角度理解,是学生的空间观念、几何直观、推理能力、应用意识与创新意识在平面图形学习中的一次综合性训练与升华。该教学内容的呈现由三部分构成。第一部分是情景导入:通过观察生活中常见的蜂房和用砖铺成的地面或墙面图案,初步感受生活中的图形密铺现象。第二部分是原理探究:通过动手操作和思考,发现有些平面图形可以密铺,而有些则不能,并探寻图形能否进行密铺的原因,从能够进行密铺的平面图形的特点去揭示密铺的本质,了解有关平面图形的特征。第三部分是拓展延伸:欣赏并设计简单的密铺图案,进一步感受图形密铺的奇妙,得到美的体验和熏陶。

【课前思考】

这是一节根据有关平面图形特点进行观察、操作、思考和简单设计的实践探究活动课。教学上,我们着力体现三原则:(1)有兴趣地学。平常到瓷砖铺砌,尖端到芯片工艺,精美到大师绘画,处处可见密铺的应用。我们选择了探究埃舍尔的骑士图为学习背景,让学生带着美的震撼和对数学神奇的向往,饶有兴趣地用数学的眼光对密铺现象展开观察和研究。好的主体情景,使全体学生自然沉浸。(2)轻松地学。引导学生立足于自主学习、借助于动手操作进行思考,经历观察、猜想、验证、想象等数学活动,像数学家一样做研究,透过骑士图的神奇去追

① 本案例由重庆市树人小学赵小琴执教,由重庆市树人小学邓永华和康世刚评析。该案例获得全国第四届小学数学文化优质课竞赛一等奖。

寻设计原理。从三角形、四边形等简单图形出发，由表及里，循数学思维成长的阶梯深度学习，去发现密铺本质，积累数学活动经验。核心问题引导下的多层次活动，使该课的学习带着浓浓的研究味。(3)创造地学。把密铺的本质原理变成艺术的应用，从大师作品溯源反推，去揭秘埃舍尔可能的创作设计思路，并循着大师的路径巧妙运用密铺原理，以简单图形为基础，通过切割、拼接，实现数学与艺术的完美融合，让学生经历一堂我要创造、我会创造的创新应用的心灵之旅，更为未来的创造筑梦。

创意图案的设计思维路径的揭秘与应用，是本课在密铺教学的突破。基于以上思路，教学目标拟定为：(1)通过观察生活中常见的密铺现象，初步理解图形密铺的含义，养成用数学家眼光发现、提出、分析和解决问题的能力；(2)通过拼摆各种图形，经历观察、猜想、操作、验证到应用创造的研究过程，探寻密铺的本质原理，了解能够进行密铺的平面图形的特点，进一步发展动手实践能力、合情推理能力和空间想象力。(3)通过欣赏密铺的广泛应用和设计简单的密铺图案的过程，感受数学知识与生活的密切联系，体会数学的文化价值，激发学好数学和应用数学的兴趣。同时，进一步发展团队合作意识，享受合作成功的喜悦。

【教学实录与评析】

一、欣赏绘画经典，感受密铺神奇

课件呈现埃舍尔骑士图中一位骑士的图案。

师：有一位大师，他是一位天才，他把数学与艺术神奇地结合在了一起！我们一起来欣赏他的作品(分步骤出现埃舍尔骑士图)，你发现了什么？再仔细观察注意看空白的地方。

生(惊呼):哇！正向和反向,全部是同样一个图案。这么复杂的骑士图案,合贴得这么好,填满了画面,没有空隙。

师:接着再欣赏(课件依次呈现埃舍尔第二幅作品“蝴蝶”和第三幅作品“帆船和鱼”),你又有什么感受?

学生一边细心辨识着画作图案,一边不由自主地惊叹不断,一边提出问题:这图案怎么就能密密麻麻地铺满画面呢?

师:(课件同时呈现埃舍尔三幅代表作品)这些都是世界著名版画大师埃舍尔的经典画作,他在艺术界独树一帜,刚才大家都感受到他大作的神奇,那这些杰作有什么相同点呢?

根据学生回答,板书:无空隙,不重叠,铺成一片。

师总结:像这样用形状、大小完全相同的一种或几种图案进行拼接,彼此无空隙,不重叠地铺成一片,数学中称为“密铺”。这种密铺图案绵延不绝地铺下去,给人与众不同的美感。今天,我们一起来研究绵延不绝的图案。(板书课题:绵延不绝的图案)

【评析】思维是从惊奇开始的。埃舍尔的创意,人人都叹为观止。适度解析要素,让小学生真正看懂门道,如此复杂的骑士图案居然巧夺天工、天衣无缝地形成了密铺,学生懂了其中画作的难,就真正发自内心地啧啧称奇,探秘的兴趣、研究的热情油然而生,思维被深度卷入到对密铺的奥秘的探索中。

二、探寻密铺本质，揭开神奇原理

活动一：独立猜想。

师：今天我们重点研究单一图案的密铺，其实这些复杂图案都是由基本图形变换而来的，因此，我们就从简单的基本图形开始研究。请看这些基本图形（课件呈现圆、正方形、正五边形、正三角形、正六边形、平行四边形），它们能密铺吗？

导学单：

	圆	正方形	正五边形	正三角形	正六边形	平行四边形
猜想						
验证						

猜一猜：哪些图形能密铺？（可以密铺的图形下画“√”，不能密铺的图形下画“×”）

运用导学单，学生开展独立自学。

活动二：操作验证。

学生开展小组合作学习，拿出老师提供的篮子里的6种学具，摆在小板上，进行操作验证。

合作要求：①摆一摆：验证猜想是否正确。②说一说：结合拼摆的过程，说说密铺与什么有关系？

小组汇报，学生展现精彩的发现。

生1：我猜想，正三角形、平行四边形、正六边形、正方形、正五边形可以密铺，圆不能密铺。

生2：我们操作后发现，正三角形、平行四边形、正六边形、正方形可以密铺，圆、正五边形不能密铺。与我们的猜想有点不同。

生3、4、5对密铺的原理进行了研究，发现密铺与图形的形状、边的长度、角的大小有关。

生6进一步指出：我发现密铺拼成的角是360°；在同一顶点周围的所有角的度数之和为360°；正五边形有空隙，缺了一个角，没有360°；我觉得与拼成角是否为360°有关。

此时,老师特别提供了大号的学具,生6在黑板上拼摆出他发现的拼成的360°角,并把角和顶点做出了清楚标记。

师:我们把这个点叫作拼接点。他能从铺成的一大片中关注到1个拼接点及拼接点周围的角,太了不起了!老师为你点赞!

师:在交流中大家提到密铺可能与角有关、也可能与边有关,还有同学更深入地想到用角的度数来思考,下面我们任选一个拼接点,结合它周围角的度数来算一算。

学生人人动笔计算。

师:通过计算,图形的密铺确实都有一个什么共同点?

学生全体都很肯定地回答:拼接点周围所有角的和都是360°。

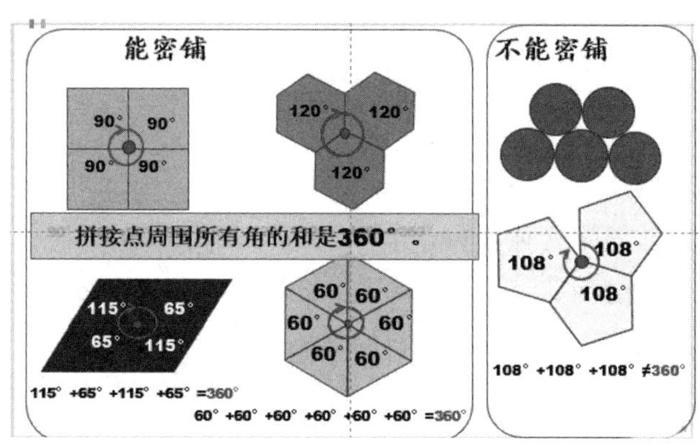

师接着进一步让学生感受:闭眼想一想这些能密铺的图形绵延不绝地铺下去,会是什么样子呢?再来看一下和你想象的是一样吗?

之后,老师用课件逐一呈现,通过满屏密铺图画,引导学生确认能密铺的图形,学生由形成的密铺图联想到生活中密铺的影子:蜂巢、太阳能板、学校门口的伸缩门、妈妈的手提包。

活动三:转化思想及合情推理判断

师:刚才大家动手操作判断了一些图形能否密铺。现在老师考考大家,不操作直接判断。有没有信心接受挑战。(那先把这些图形和袋子直接放回篮子,比一比哪个组最快)

课件依次逐一出现图形,让学生不再借助学具操作,而直接通过想象进行判断。

1. 直角梯形。

生：能密铺。用2个完全相同的直角梯形拼接成一个长方形，长方形能密铺，所以直角梯形能密铺。

师：很好，刚才同学想到把直角梯形转化成长方形，其实还可以转化成平行四边形来实现密铺。

2. 任意三角形。

生：能，密铺。转化为平行四边形。

【评析】生活经验和操作形成的直接经验，很好地支持了学生的思考。抽象思考的训练、转化的策略运用，让学生思维又上了一个台阶。

3. 任意四边形。

一些同学说不能，一些说能。

师：我看到同学们疑惑的眼神，当遇到不确定的情况时，我们怎么解决？

生：操作验证。

师：好，就按你们的办法，拿出信封里的学具摆一摆，组内说一说，任意四边形能否密铺。

生操作展示：拼接点是角1，2，3，4，任意一个拼接点都是角1，2，3，4，角1，2，3，4恰好是四边形的四个内角，和是360°，可以密铺。

师：顺着刚才的思路来看，这2幅图，哪个不能绵延不绝地铺下去(第二个不可以)，你是怎么想的？

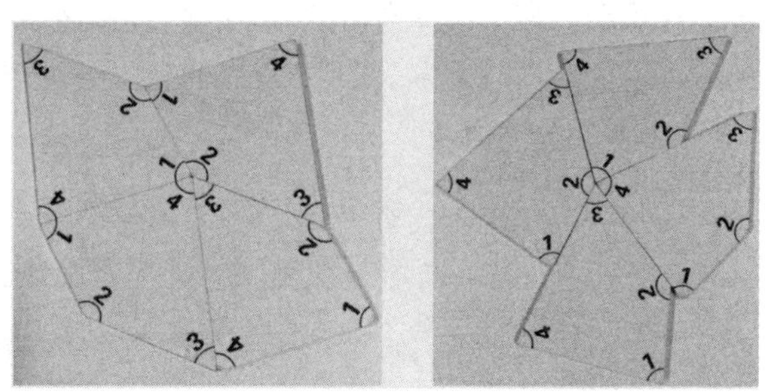

生：边不相等有空隙。

师：看来任意四边形密铺比较复杂，除了考虑到角度和是360°以外，还要考虑把相等的边拼在一起，这样才能绵延不绝地密铺下去。看来正如你们所发现的，密铺不仅与角有关，还与边有关，任意四边形是这样，刚才研究的平行四边形和其他图形也是这样。

4.任意五边形和六边形。

师:刚才我们探索发现了任意三角形,任意四边形都能密铺,那任意5边形,6边形呢?在学生一番思考后,老师课件播放视频介绍:

任意5边形,任意6边形很难实现密铺。世界上的数学家和数学爱好者们对它进行研究发现,它们很难实现密铺。但1978年美国数学家沙特斯奈德所发现的13种特定的五边形可以密铺。数学家莱因哈托在1918年发现了3种特定的六边形也能密铺。

师:密铺的世界真奇妙,还有许多未解之谜等待着大家去探索和发现。

【评析】从艺术奇作到简单图形,形式上是艺术到现实的落差,但有探秘的目标驱动、由简单到复杂的策略引导,学生研究起来也是津津有味。其中,在学习素材选择上,遵循了从易到难、从简单到复杂的顺序,从常见的三角形和四边形到不多见的任意四边形、五边形、六边形……形成数学研究的链条依次延伸,让学生形成一个研究的基础型逻辑结构。在学习策略设计上,如苏霍姆林斯所倡导的,立足于让学生能够同时看见、观察和动手,进行尽可能多的操作,通过拼摆各种图形,经历"观察—猜想—操作—验证—应用"的研究过程,以此去形成学习的直接经验,去"追溯到知识和思想的最初发源地",让密铺的本质展现在自己的手上、眼里、心中,动手实践能力得到实在的培养,更让学生"被智慧的思考所鼓舞"。在学习路径设计上,体现了三个层次的活动。(1)猜一猜,借助学生已有经验直接判断。(2)摆一摆,经验上不支持的,就利用老师给每个学生准备的材料,动手操作去发现本质。(3)想一想,从操作中再跳出来,发挥思维的能力,运用转化、推理进行判断。当遇到"任意四边形能否密铺"这一难题,思维受阻时,学生又自然想到了回到操作来辅助,此时的操作已不再是一次活动,已升华为学生解决问题的一种策略。而尤其在任意四边形两种拼法、两种结果处,课堂放缓脚步,教学发掘又一层深度。"经验—操作—合情推理与验证"的思维阶梯,促进了学生数学素养的提升。

其次,导学单工具、可选择用的学具材料、学习组织形式上基于独立自学、合作互学和全班交流的合作探究层次设计,都支持了研究的落实,让学生真正自发学习,并在合作中成长。

5.揭示奇作构思。

师:刚才我们已经研究了一些基本图形的密铺,请看,基本图形经过多次变化得到复杂的不规则图形,它们也能形成漂亮的密铺图案。

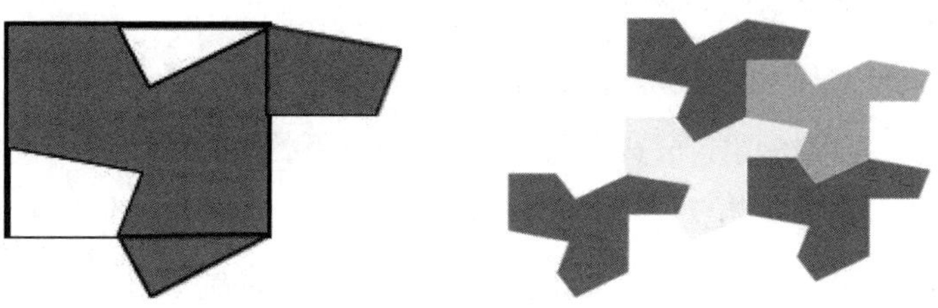

(课件演示)按这样的思路,一个简单的长方形也能设计出神奇的画作。仔细想想,从长方形出发,你能设计出密铺的骑士图吗?为什么?

生:对,真妙,从长方形变化能设计出骑士图呢!

生:因为长方形能够密铺,所以由它变换的骑士图也能密铺。

师随着学生的思考与创意,分步展示出从长方形变骑士图的过程:

   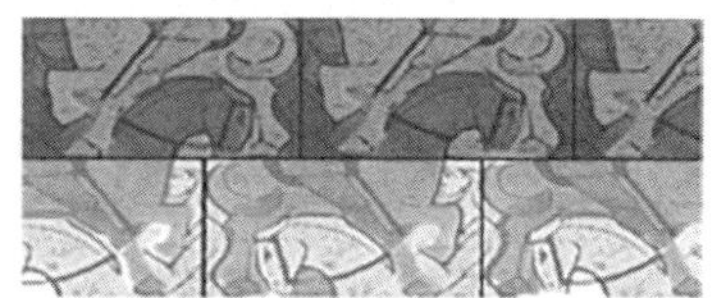

师:正因为埃舍尔在绘画中植入了密铺的数学元素,才创造出神奇的大作。现在你们都可以运用密铺,成为艺术创作大师了!

【评析】怎样创造出复杂图案的密铺,这是教学难点,也是本课的创新点。探寻揭示出埃舍尔可能的设计路径是直接的示范,启迪学生将简单图形转化一次或多次,形成复杂图案,亲手创造神奇,将数学与艺术完美结合。上课伊始所见的神奇经典,在学生对密铺本质研究后,已是水到渠成能自行破解,揭秘形成思维的闭环,学生有一种成功的满足,更有自己也要创造一下的冲动,让与大师相比的思维得到开放、延伸。

6.思维路径梳理。

师:前面研究密铺,我们从简单的基本图形到任意的一般图形,再到复杂的图案。其实,我们研究很多数学问题都可以按这样的思路进行。(板书:平行四边形、正方形、任意四边形、骑士图案)

三、密铺文化视频，升华数学神奇

师：密铺不仅在艺术中尽显神奇，在其他领域也有广泛应用。我们一起来看看。

观看密铺的视频：

人们对密铺的研究从古希腊就开始了，1619年数学家奇柏第一个利用正多边形铺嵌平面，其后物理学家费德洛夫、数学家波利亚发现了17种不同的铺嵌平面的对称图案。十分有意思的是，绘画大师埃舍尔1936年去西班牙旅行，在参观阿罕布拉宫时看到宫内的地板，天花板和墙壁上满是密铺图案，深受启发。从此，他把数学与艺术完美结合，用密铺创造了无数令人拍案叫绝的艺术作品，让人们对数学有了全新的认识。如今，密铺在自然、生活、游戏、科技等方面都有广泛应用，小到蜜蜂的筑巢，大到房屋的装饰，水立方的铺装，从足球外皮的缝合，游戏俄罗斯方块的拼接，到细胞病毒的研究，光伏电站、人造卫星和宇宙飞船上的太阳帆板，相控阵雷达的接收机，直至科技超级工程，天眼FAST的设计，处处都有密铺的身影，丰富多彩的密铺美化了人们的生活，创造了神奇的世界。

师：密铺在各领域的运用真的让人震撼。

【评析】兴趣要变成志趣，需要有广阔的视野与高远的追求。微视频把密铺的大门轻轻推开，引领学生从艺术走向更广袤的天地。这样，数学文化更好地拓宽了学生视野，拓宽密铺的价值。研究的是密铺，激活的是思维，形成的是素养，催生的是创造中的优秀成长。

四、全课小结

1.谈谈收获。

师：最后你有什么收获，有什么启发？

生1：我知道密铺的特点。

生2：密铺既与角有关，又与边有关。

生3：我感受到密铺的价值。

生4：生活中找不到这样大的一个封闭图形，所以运用密铺，把小元件铺装成大小合适的物品，实现无缝连接。

生5：数学还有很多未解之谜我们都可以去探索。

师：真是一群会学习、爱思考的同学。如果用一个词形容今天的课，你觉得是？

生：神奇。

【评析】引导学生沉下心回味、梳理，对神奇的惊奇和一场探究、思考的成果进行反思和凝练，达成如同数学大师华罗庚所讲“把书由薄读到厚，再由厚读到薄”之效。

2. 任务延伸。

师：老师送给大家了一些材料，请你课后用今天学的密铺知识创造一幅漂亮的密铺图案。这是赵老师班上同学的一些作品，相信你们的作品会更有创意，你也可以把作品发到赵老师邮箱，让更多的同学分享你们的大作。

【总评】本课由骑士图开启学生的探秘之旅，引导学生用数学的眼光发现神奇，用数学的方法解密神奇，用数学的思维创造神奇。

在整个过程中，以大问题、大环节给足学生自主空间，运用小组合作的探究方式组织主体活动，围绕核心问题层层推进、深度研究，立足于让学生动手操作基础上的思维推进，让学习真正在每位学生身上，以数学解析文化，以文化承载数学，进而演绎出数学文化教学新的活力。

案例2 向日葵的秘密①

【教学内容分析】

“向日葵的秘密”选自宋乃庆教授和于波教授主编的《自然与数学》第21-25页。该课教学内容由三部分构成。第一部分是情境导入：呈现一大片向日葵花海，由波波和妮妮的对话，引出向日葵名字的来历，点燃学生进一步探索向日葵更多秘密的学习热情。第二部分是深入了解向日葵里蕴藏的秘密：通过波波和妮妮的深入对话及博士的解答，介绍了向日葵“向日”的秘密 、花盘固定向东的秘密、抗旱的秘密、重点介绍了花心螺旋数的秘密——斐波那契数。学生从中感悟到我们生活的自然界，不仅美丽与神奇，而且还蕴藏着很多数学的奥秘。第三部分是

①本案例由重庆市南岸区珊瑚实验小学袁登维执教，由重庆市南岸区珊瑚实验小学吴君和康世刚评析。该案例获得全国第一届小学数学文化优质课竞赛一等奖。

拓展延伸:介绍植物的花瓣、果实的数目也都蕴含斐波那契数,进一步让学生感受到数学规律在大自然中的广泛应用,学会用数学的眼光观察现实世界。

本节课蕴含的数学知识有:位置与方向、区间、百分数、螺旋线、斐波那契数列。通过本课学习,旨在引领学生发现大自然中的数学,感受斐波那契数列与自然界的神秘联系,感受数学的神奇,进一步激发学生的数学学习兴趣,产生热爱数学、热爱自然的情感,同时,培养学生严谨的科学研究态度和画图推理、由易到难的科学研究方法。

【课前思考】

我们生活在大自然中,当我们走进自然、亲近自然时,自然界中的动物、植物们用它们自身独有的方式,向我们传递着数学的魅力。这就需要我们用数学的眼光去观察自然,用数学的思维思考自然存在的奥秘。本节课向日葵的秘密很多,有"向日"的秘密 、花盘固定向东的秘密、抗旱的秘密这些有关自然的秘密,还有向日葵花心螺旋数的秘密,知识的介绍通过学生阅读而了解,培养学生阅读能力。而向日葵花心螺旋数的秘密隐藏着重要的一个数学规律——斐波那契数,但是只呈现结果,不利于学生对这一重要规律的理解。俗话说"纸上得来终觉浅,绝知此事要躬行",所以本课教学将选择实践验证的方式让学生理解大自然中隐藏的数学知识,但是这些知识对六年级孩子来说是不够的,老师更应该做的是点燃学生学习的兴趣。因此,本节课将阅读与实践探究相结合,课内学习与课外拓展相结合,直观学具与信息技术相结合,点燃学生探究兴趣,学会用数学的眼光去翻开大自然这本书,领略更多的神奇和数学奥秘。本课教学目标拟定为:(1)阅读文本,了解向日葵的秘密。(2)经历对向日葵花心螺旋线数的探究,理解斐波那契数列存在于向日葵中,感悟数学家善于观察、勤于思考的精神。(3)借助网络搜集信息,体会自然与数学的联系,培养用数学的眼光看待生活,从而喜爱数学。

【教学实录与评析】

一、特别报道，引入新课

（一）报道引入

师：课前，让我们把时光拉回到当年：“2011年3月，日本大地震，引起福岛核电站发生爆炸和核泄漏。哪些同学知道这个事件？”（举手示意）

师：事故发生两个月后，日本政府宣布：在福岛方圆20千米外种植向日葵。猜猜看，为什么要在核电站废墟上种向日葵呢？（如图1）

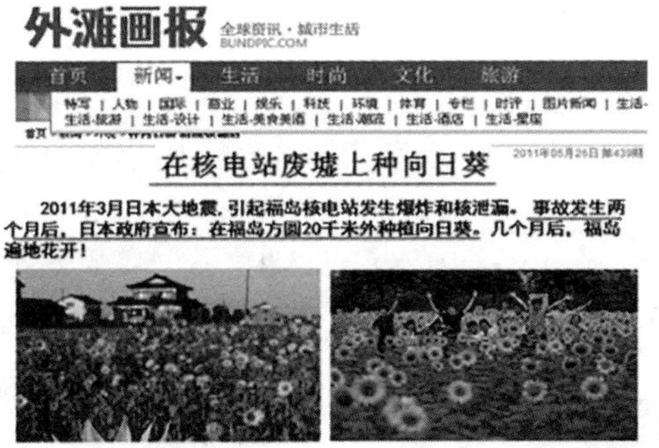
外滩画报
全球资讯·城市生活
BUNDPIC.COM
首页　新闻　生活　时尚　文化　旅游

在核电站废墟上种向日葵

2011年3月日本大地震，引起福岛核电站发生爆炸和核泄漏。事故发生两个月后，日本政府宣布：在福岛方圆20千米外种植向日葵。几个月后，福岛遍地花开！

图1

生1：种植向日葵让废墟更美丽。

生2：向日葵能吸收垃圾。

生3：……

师：我们来看看到底是怎么回事吧（播放音频）：向日葵具有清除放射性物质的能力，而且这个能力远远高于其他植物，向日葵是目前处理核污染土地最好的工具植物。

师：没想到吧，向日葵居然有这么神奇的本领！

（二）讨论对向日葵的印象

师：在生活中谈到向日葵，留给你什么印象呢？

生：它的花盘非常美丽。

生：葵花瓜子好吃又营养。

师：谈到向日葵，我们往往会联想到它美丽的花盘，美味可口的瓜子……

其实，它里面还藏着许许多多的秘密呢！

【评析】以“日本大地震引起福岛核电站发生爆炸和核泄漏”的报道引入向日葵，让学生了解向日葵的神奇本领，指出向日葵不光有美丽的外表和美味可口的瓜子，它里面还藏着许许多多的秘密。这样，给向日葵蒙上了一层神秘的面纱，必将与学生刨根问底的好奇心理产生极大的共鸣，激发学生阅读文本、探索向日葵秘密的欲望。

二、阅读文本，发现秘密

（一）阅读

师：下面，就让我们走近向日葵，打开书第21页，静静地阅读第5课。（如图2）阅读要求：边读边寻找向日葵的秘密，找到一条，用笔作个记号。

图2

(1)生静静阅读,师巡视。

(2)学生汇报。

(二)分享

师:孩子们,分享向日葵秘密的时候到了。通过阅读,你获得了向日葵的哪些秘密呢?说出来分享分享吧!

学生汇报:

1.向日葵“向日”的秘密。

2.向日葵花盘固定向东的秘密。

3.向日葵抗旱的秘密。

4.向日葵花心螺旋数的秘密。

(三)补充

师:关于向日葵,大家还有没有其他的介绍?

生:向日葵花盘还是一剂良药,具有清热、平肝、止痛、止血等功效。瓜子中的卵磷脂被誉为“血管清道夫”。

师:向日葵居然还具有这么奇妙的作用。

【评析】自主阅读是获取数学文化知识的一种重要方法。放手让学生独立阅读,去发现向日葵的秘密。通过阅读文本,发现向日葵向日、向东、抗旱和花心的秘密,了解向日葵花心螺旋数的特点,为后面探索斐波那契数列做好铺垫。

三、动手实践,验证秘密

(一)引出数列

师:刚才大家谈到花心螺旋数的秘密:与一个数列有关,是什么数列?在书中找到这个数列,一起读读(师板书):

1,1,2,3,5,8,13,21,34,…你发现它的规律了吗?

生:从第3个数起,每一个数都是前面两个数的和。

师:那下一个数会是多少?

生:55。

师:再下一个?

生:89。

师:再一下个?

生:144。

师:这个数列就是著名的斐波那契数列,这个数列中的每个数我们都称作斐波那契数。

(二)介绍螺旋线,引发猜想

师:刚才大家从书中了解到:向日葵花心的螺旋线数与这个数列有关,向日葵的螺旋线在哪儿?能给大家指一指吗?

(生尝试指出)

微课介绍:对于向日葵花盘种子形成的螺旋线,是从两个不同的方向交错分布的。我们把往右弯曲的螺旋线,叫顺时针方向的螺旋,像这样一条一条地数下去,直到数完,得到的螺旋线数叫作顺时针方向的螺旋数;反之,从另一个方向数出的螺旋线数,叫作逆时针方向的螺旋数。(如图3)

图3

师:猜猜看,顺、反两个方向的螺旋数是不是一样多?

生1:一样多。

生2:不一定。

(三)小组活动——数螺旋

师:下面我们来数一数,验证一下!请小组长打开资料袋,拿出向日葵花盘和这支笔,知道这支笔是干什么用的吗——科学的知识来不得半点马虎!在数的时候,为了做到不重复,不遗漏,可以用这支笔,每数一条螺纹就画一个记号。

(四)汇报分享

师:孩子们,分享成果的时候到了,我在课前数的两个花盘,也贴出来大家分享!(板贴)静静地观察,你有什么发现?

(生汇报)

生1:我们数的这个花盘顺、反两个方向的螺旋数不是一样多,分别是34条和55条。

生2:我们数的这个花盘顺、反两个方向的螺旋数分别是21条和34条。

生3:我们数的这个花盘顺、反两个方向的螺旋数分别是55条和89条。

小结:无论按顺时针方向还是逆时针方向数,它们的螺旋条数按不同方向数,都会得到相邻的两个斐波那契数。

(五)小结质疑

微课介绍:向日葵是一个数学奇迹的体现,它的螺旋数,一般是34和55,小的是21和34,大的向日葵还有55和89,还有更大的:89和144。科学家们还发现过一个更大的向日葵,它的螺旋数顺时针数是144条,按逆时针方向数是233条。

师:看到这里,对于向日葵,大家有没有疑问?

生:向日葵中为什么会有斐波那契数呢?

(六)介绍原因

1.原因。

师:多少年来,科学家们为此心动不已,千方百计地想要破解其中的奥秘。经过几个世纪的苦苦研究和探索,到目前为止,最好的解释是——

课件播放:斐波那契数使花朵顶端的种子数最多。向日葵在生长过程中,只有选择这种数学模式，花盘上种子的分布才最为有效，花盘也才能变得最坚实，产生后代的概率也才最高。

2.感言。

师：现在，你对向日葵想说点什么呢？

生：向日葵真有智慧。

生：植物也会用数学。

师：向日葵中有斐波那契数列，并不是偶然的巧合，而是在长期生长过程中，优化选择适应自身的最佳生存模式。

【评析】苏霍姆林斯基说过，在人的心灵深处，有一种根深蒂固的需要，那就是希望自己是一个发现者、研究者、探索者。这一个环节，放手让学生动手实践，验证向日葵花盘中螺旋数的秘密，真正理解斐波那契数列在向日葵中的存在，发现大自然与数学的联系，培养善于观察，勤于思考的习惯。

四、文化介绍，加深理解

(一)文化故事

师：向日葵中含有斐波那契数列，你们知道这个数列名字的来历吗？

播放微课：一天，斐波那契到外面散步，看到院子里有个男孩在喂兔子，他站在那里看了好一会儿。几个月后，斐波那契又来到这里，发现院子里不再是一对兔子，而是大大小小好多只兔子了。

斐波那契好奇地问男孩："你又买了些兔子吗？"

那男孩回答："没有呀，这些兔子都是原来那对兔子生的。"

"一对兔子能繁殖这么多呀？"斐波那契感到吃惊。

那男孩又说："兔子繁殖可快了，每个月都要生一次小兔子，并且小兔子出生两个月后，就能够再生小兔子了。"

斐波那契若有所思地回到家里，心里想，这两只兔子一年之内到底能生多少兔子呢？他给自己出了这样一道题目：假如一对刚出生的小兔，1个月后就能长成大兔，再过一个月便能生下一对小兔，长成的大兔每个月都生一对小兔。假如一年内没有发生死亡。那么，由一对刚出生的小兔开始，12个月后会有多少对兔子呢？

师:12个月有多少对兔子呢?这个问题非常复杂,我们看看斐波那契是怎样解决这个问题的吧!一边播放课件演示一边解说:

在第1个月,只有一对小兔子;第2个月,小兔子长大了;第3个月时,长大的兔子生下一对小兔子,这时,有一大一小两对兔子。第4个月会有几对兔子呢?这时,第3个月的那对小兔子长大了,老兔子又生1对小兔子,共有3对兔子。到了第5个月,第4个月的那对小兔子长大了,老兔子和第3个月长大的兔子各生一对小兔,共有5对兔子。照这样下去,第6个月会有多少对兔子呢?谁能分析一下?(抽生回答)以此类推,你会发现兔子数目会组成数列:1,1,2,3,5,8,下一个数是:13,21,…第12个月便会有144对兔子。(见图4)

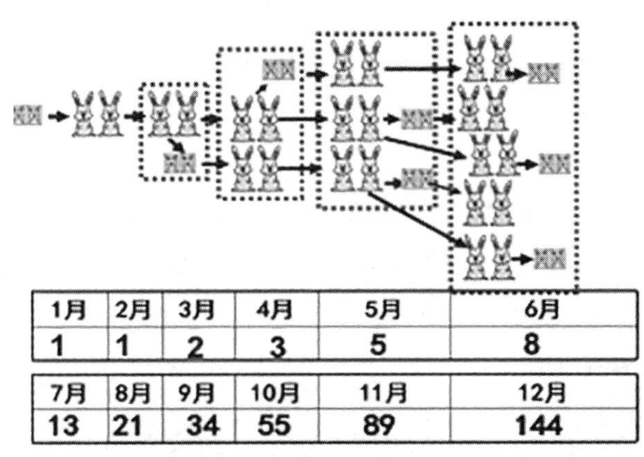

1月	2月	3月	4月	5月	6月
1	1	2	3	5	8

7月	8月	9月	10月	11月	12月
13	21	34	55	89	144

图4

师小结:你看,数学家斐波那契从少到多,找到规律,一个非常复杂的问题也就化难为易了。后来,人们为了纪念斐波那契,把这种数列叫斐波那契数列。

(二)补充介绍

师:因为这一数列是从兔子的繁殖问题中发现的,所以后来人们还称"斐波那契数列"为"兔子数列"。这个数列还有很多神奇的性质,比如:从第3个数起,每个数与它后面那个数的比值,都很接近于0.618,正好与"黄金分割数"相吻合,因此这个数列又被称为"黄金分割数列"。

【评析】数学史是数学文化的重要组成部分,它不仅可以揭示数学知识的现实来源和应用,还可以给出相应知识的产生过程,从而加深学生对数学知识的理解。以学生喜闻乐见的故事形式,介绍斐波那契是如何从兔子的繁殖问题中,发现这一数列的。通过文化的浸润，学生既体会到鲜活的、真正的数学思维过程，开启了智慧，加深了对斐波那契数列的理解，又感悟到数学家善于观察、勤于思考的精神。

五、链接网络，拓展延伸

（一）网上查阅

师：后来，人们惊奇地发现，斐波那契数列还广泛存在于大自然中。孩子们，请上网查一查，除了向日葵外，自然界中还有哪些斐波那契数呢？

学生操作平板电脑，上网查询，之后一一汇报。

（二）课件欣赏

师展示课件：大自然中的斐波那契数太多了，如松果的鳞片数，菠萝的菱形鳞片，仙人掌的刺形成的螺旋数，等等；我们再来看看花瓣的数目：这些花的花瓣数目也非常吻合斐波那契数列；再看：树的分杈……（如图5）

图5

师：这些植物的生长都离不开斐波那契数，对于大自然，你想说点什么呢？

生：大自然真是太神奇了……

师：人们称“斐波那契数”就是大自然的数！

【评析】大自然中的植物身上居然蕴含斐波那契数，这让孩子们深深地感到不可思议。它们惊叹于“斐波那契数就是大自然的数”，惊叹于“大自然这本书，是用数学语言来书写的”，感受到数学与自然的完美结合。这不仅是数学本身的价值带来的愉悦，更体现着数学文化润物细无声的作用。

(三)拓展延伸——动物中的数学

1.拓展到动物。

师:植物里的数学特性让人感到惊叹!动物身上呈现的数学特征也多着呢——被称为“纺织大师”的蜘蛛为什么会织成圆形的网?“卓越的建筑师”蜜蜂的蜂房为什么呈六棱柱的形状?还有很多动物中也有数学秘密,有兴趣的孩子课后可以继续去研究。

2.互诉感言。

师:伽利略说过,大自然这本书是用数学语言来书写的。你同意他的观点吗?说说你的理解!

生:……

师:大自然中的动物植物们,正以它们自身独特的方式,向我们传递着数学的魅力。课后,继续阅读这本书,带着发现的眼光走进大自然,相信你一定会找到更多的数学奥秘!

【评析】21世纪是一个信息化时代,培养学生收集和处理信息的能力是基础教育课程改革的目标之一。孩子们通过互联网搜寻“动物中的天才数学家”。当呈现出“纺织大师”“计数天才”“几何专家”……孩子们的视野从植物拓展到动物,从室内走向了户外,深切地感受到大自然中的动物、植物身上的数学魅力。

案例3 食虫植物——猪笼草①

【教学内容分析】

“食虫植物——猪笼草”选自宋乃庆教授等主编的《自然与数学》第16-20页。该教学内容的呈现由三部分构成。第一部分是情境导入:呈现波波、妮妮、天天和博士一起去森林公园游玩的画面,通过发现一种前所未见的植物,激发了大家的好奇心,由此引发了大家提出的一系列问题:这是什么植物?为什么叫作猪笼草?

① 本案例由重庆市南岸区珊瑚实验小学蔡园老师执教,由重庆市南岸区珊瑚实验小学胡庆校长评析。该案例获得全国第二届小学数学文化优质课竞赛一等奖。

猪笼草还有嘴巴？难道它也要吃东西？为什么猪笼草的形状近似圆柱形……大家的学习激情被点燃了。第二部分是研究解读：通过波波、妮妮、天天和博士之间的对话介绍猪笼草的名称、形状特点、生长特性等。重点介绍猪笼草的形状特点和生长特性——为什么猪笼草的捕虫笼呈圆柱形而不是方形？以及猪笼草是如何捕食生长的？这部分内容极大满足了学生的好奇心，不仅让学生明白了猪笼草名称的由来以及它是如何捕食的，还让学生通过对“捕虫笼”形状的思考，了解了“在高度和表面积一定的情况下，圆柱形比棱柱形容积更大”的数学规律。第三部分是拓展与应用：首先是让学生回顾猪笼草名称的由来；其次是通过实例，让学生计算底面周长和高分别相同的圆柱体和长方体的体积，比一比谁的体积更大？从而印证“在高度和表面积一定的情况下，圆柱形比棱柱容积更大”这一数学结论。在这个过程中，积累学生猜想、验证的数学研究经验，培养学生数学运算、推理等数学学科核心素养。

【课前思考】

《自然与数学》一书中指出，当我们走进自然、亲近自然时，自然界不仅展示了它的美丽与神奇，而且还蕴藏着很多数学的奥秘，自然界中的动植物用它们自身独有的方式向我们传达着这些数学魅力。“食虫植物——猪笼草”一课就蕴藏着丰富的数学知识和奥秘，其中关于猪笼草捕虫笼的形状特点尤其蕴涵着经典的数学规律。可是这个规律在该课是以一个静态的结论来呈现的：为什么捕虫笼近似圆柱形而不是方形呢——与棱柱形相比，在高度和表面积一定的情况下，圆柱形可以盛更多的消化液（容积更大）。学生易于从这个静态的结论中获取到知识，但也会知其然不知其所以然，甚至产生怀疑。教师应当鼓励学生的怀疑精神，因此，本课的教学重心在如何印证这一数学规律上。可是对于小学六年级的学生来讲，想要正面证明这个结论是非常困难的，因为他们无法利用高度和表面积的信息来计算出圆柱形和方形的体积，这要运用到中学才会学的知识一元二次方程，而且计算也会相当复杂。考虑到这一因素，在教学中应引导学生逆向思考，突破难点，将欲证明结论转化为：在高度和体积一定的情况下，圆柱形比方形的表面积更小。然后在教学中设计“实物例证→推理验证→拓展应用”三个活动，通过猜想、操作、验证、应用，培养学生的探究能力、计算能力和推理能力，渗透函数的思想。基于以上思考，将教学目标拟定为：(1)了解猪笼草名字来历，以及它的大小、捕食等知识。(2)探究猪笼草的形状为什么是圆柱形，并在活动中初步体会推理、建模的数学思想。(3)在学习活动中感悟到数学与自然的紧密联系。

【教学实录与评析】

一、谈话引入，激发学习兴趣

师：孩子们请看，在大自然中，动物吃植物似乎是天经地义的事情，因为我们早已经看惯了悠然嚼着青草的奶牛，细细品尝胡萝卜的小兔，连我们自己每天都要吃下很多的水果蔬菜。可是，植物吃动物你们听说过吗？

生：我在电视节目上看过，在电影上看过，在课外读物上看过……

师：1920年9月26日，一位名叫卡尔·李奇的博士在《美国周报》上说，他于1878年在马达加斯加目睹了一棵巨大的开花植物将一名年轻女子消化掉，并且还配上了这名女子被吞噬的图画。孩子们，你们相信这一传闻吗？

生：不相信。

师：的确，后来科学家们对马达加斯加等地方进行了考察，发现了上述说法都是人们杜撰的惊悚故事而已。那些“吃人”的植物原型，不过是几种捕食昆虫的植物。所谓“食人树”不过是耸人听闻的故事罢了。

不过，世界上能够吃动物的植物还真不少，你知道有哪些食肉的植物呢？

生：猪笼草、食蝇草、茅膏菜等。

师：没错，猪笼草就是其中一种能够吃动物的植物，今天这节课我们就一起来探索一下猪笼草的奥秘。(板书课题：食虫植物——猪笼草)

【评析】兴趣是最好的老师。上课伊始，教师通过谈话和图片给学生讲述了一则关于“食人花”的传说，介绍到其实有植物竟然可以吃动物，让学生对自然界产生了无比的好奇，成功激发了学生的好奇心和求知欲，非常自然地引出了本课的课题，食虫植物——猪笼草。

二、介绍猪笼草，获得初步认识

（课件出示一组猪笼草的照片）

师：看，这就是猪笼草，漂亮吧？看起来挺漂亮的啊，可为什么叫“猪笼”草呢？你知道吗？猜猜看。

生：可能是因为形状像猪笼吧。

师：是的，不知道大家是否见过猪笼？（课件出示猪笼的图片）

师：猪笼草的捕虫笼正是因为呈圆柱形，形状像猪笼而得名。

三、自主阅读，深入了解猪笼草

课前大家已经进行了预习，通过阅读，你都获得了哪些关于猪笼草的知识？

生1：我知道猪笼草是怎样“捕食”的，猪笼草通过散发出香味吸引昆虫，然后昆虫滑入捕虫笼，从而被消化液消化掉。

生2：我知道了猪笼草的捕虫笼为什么呈圆柱形而不是方形，因为圆柱形的捕虫笼可以比方形的盛下更多的消化液。

生3：我知道了猪笼草为什么不像其他植物那样从土壤中汲取营养而要吃虫子。

……

师：大家了解得还真多，老师也为大家准备了一段猪笼草捕食的视频，以增进大家对猪笼草的了解，咱们一起来看看吧。（课件出示视频）

师：通过阅读和观看视频大家对猪笼草都有了比较多的了解了，那么现在咱们一起聚焦到这个数学问题：为什么猪笼草呈圆柱形而不是方形？

【评析】课前让学生进行阅读预习，让学生对猪笼草具备一定的了解，同时引导学生从阅读中获取有用的信息。教师再引导学生从获得的信息中找到与数学相关的知识，以确立本节数学文化课的探究主题，然后设疑，激发学生自主探索的求知欲望。

四、确立探究目标：重点探究为什么猪笼草呈圆柱形

师：猪笼草之所以呈圆柱形是可以用数学知识来解释的，书上有这么一段话，请你们读出来。（课件也做展示）

生：在高度和表面积一定的情况下，圆柱形比棱柱体可以盛下更多的液体。

师：盛下更多的液体怎么来理解呢？

生：在高度和表面积一定的情况下，圆柱体的容积更大。

师：对这句话，你有什么不明白的地方吗？

生：什么是棱柱体？

师：长方体、正方体都属于四棱柱中的一种，除此以外还有三棱柱、五棱柱等等。今天我们就以长方体为例，与圆柱体进行比较。

师：这个结论是我们从书上得来的，但是“纸上得来终觉浅，绝知此事要躬行”。我们该如何去验证这个结论呢？（引发学生讨论）

生：可以用实物验证或者用计算的方式来验证。

生：方案（1），可以假设圆柱体、长方体（或正方体）的高度和表面积都一样，再算一算谁的容积更大。

师：在实际生活中很难找到两个表面积一样的圆柱和长方体，所以无法用实物进行验证。

生：可以不找实物啊，我们设置几个数据，使两个图形的表面积和高都一样，计算出谁的容积更大就行了呀！

师：（教师首先肯定了这名学生的想法，着重表扬一番）这名同学非常聪明，那我们来算一算试试看，我们让它们的高都是 10 cm，表面积都是 100 cm吧，你能算出来它们的体积吗？

（学生尝试，由于知识水平所限，无法计算出答案）

师：在计算方面，知道表面积和高，以目前我们的知识水平，也无法计算出圆柱体的体积，所以也不能通过计算来验证。那么怎么办呢？

（学生思考，无法解决）

师（引导）：其实，在数学学习中，当我们遇到很难从正面直接解决的问题时，我们常常会采用逆向的思维方式。（给予足够的思考时间）

学生：方案（2），也可以假设圆柱体、长方体（或正方体）的高度和容积是一样的，再算一算谁的表面积更小。（教师充分肯定和表扬这名同学，并指导学生理解这种方案）

师：老师给大家准备了两个容积和高度相等的圆柱和长方体。（拿出实物）

先比一比,它们的高度是否一样?

师:他们的容积是否一样,用什么方式可以很快得以验证?(学生:装水或者装沙)。请一名学生上台实践:看一看两个容器能够装下的水是否同样多。现在咱们一起来算一算,谁的表面积更小。

小组实践活动:

(1)通过量一量、算一算,计算出两个容器的表面积。

(2)将计算结果写在小黑板上。

(3)小组内交流,说一说自己的发现。

(注意:计算的时候圆柱和长方体都是无盖的)。

1.小组合作计算。

2.小组汇报交流。

小结:圆柱与长方体的容积和高一样,我们计算出圆柱的表面积更小。如果圆柱和长方体的表面积一样的话,那么圆柱的容积就会更大了。当然,我们也可以这样说:在体积一定的情况下,圆柱比长方体更节省材料。

刚才我们只是利用两个实物进行了验证,但是这个结论是否对所有的圆柱和长方体都成立呢?数学是严谨的,我们能不能利用数学推理来证明这个结论呢?咱们一起来试一试。

数形结合(课件展示):

(1)圆柱和长方体的体积和高相等,则意味着它们的底面积相等。

(2)在面积相等的情况下,圆的周长比长方形的周长更小。

(3)而侧面积=底面周长×高,因此圆柱的侧面积更小,表面积也就更小。

师:因此,我们可以确定这个结论是正确的。猪笼草正是因为这一规律,通过不断地进化来适应大自然,最终呈圆柱形。

我们一起来回顾一下,我们是如何证明这一结论的。

(正面思考→逆向思维→实物验证→数学推理)

【评析】这一环节是本课最精彩的环节。首先教师引导学生要有怀疑精神,"纸上得来终觉浅,绝知此事要躬行",实践才是检验真理的唯一标准,教师带领着学生进入到结论的验证中来。但这仅仅是个开始,因为对这个结论的验证可谓是困难重重:想利用实物验证,无法找到实物,想利用计算证明,又因知识水平限制,无法算出答案,课堂一时间陷入了沉寂。此时,教师一句引导的话语显得是那么的重要,“在数学上,当我们遇到很难从正面直接解决的问题时,我们常常会采用逆向的思维方式”,一句话犹如给学生开辟了一条新通道,学生茅塞顿开,也使得课堂焕发了新的生机。这也让我们看到了在数学学习过程中,渗透数学思想的重要性。最后,在逆向思考并实物验证过后,教师还不忘提醒孩子反思,数学学习是严谨的,如果仅仅靠一个例子来说明数学规律,显然是不足的。于是教师又领着学生用数学推理的方式,对结论进行了严格的验证。综上所述,这个环节,教师引导孩子经历了一个完整而且精彩的数学推理和证明的过程,既发展了学生的数学思维,又培养了学生的数学思想。

五、回归生活,拓展延伸——生活中的数学

师:其实这个数学结论在我们的生活中也得到了广泛的运用。你能举举例吗?

生:我们生活中的容器,如杯子、水壶等,大多是圆柱形的,因为圆柱形能够以更少的材料获得更大的容积。

师:圆柱比长方体更能节省材料,那是不是长方体容器在生活当中就不适用呢?

生:不是。

师:其实不然,如箱子、盒子、垃圾桶等装固体的容器,做成长方体就更好。为什么?

生:防止滚动,装固体时能够更加合理地利用空间。

师:那有没有比圆柱形更节省材料的形状呢?

生:有的。根据数学的原理,用同样的材料做的一些容器中,球形容器的容积要比圆柱形的更大,也就是说,做球形的容器,可以更节省材料。但是,球形容器很容易滚动,放不稳,它的盖子也不容易做,所以不实用。

【评析】将本课探究的数学结论和生活相结合,让学生感受到数学来源于生活又服务于生活。

六、自然与数学文化渗透

师:回顾今天这节课,我们通过探秘“食肉植物”了解到了猪笼草,并从中了解到了非常有用的数学知识。其实,有关食肉植物的知识还远远不止于此。

老师为大家搜集了一些，我们一起来阅读一下。

学生阅读：

1.究竟有多少种食虫植物。

目前有记载的食虫植物有600多种，分布于12个科约21个属。比较特别的是，有些菠萝的近亲也会吃虫子，那就是嘉宝凤梨，也被称为食虫凤梨。比较常见的有猪笼草、瓶子草、捕蝇草、茅膏菜等。它们的捕虫工具分为三类，一类是以猪笼草为代表的捕虫囊，一类是以捕蝇草为代表的捕虫夹，还有一类是以茅膏菜为代表的黏液武器。虽然形态招数各有不同，但是它们都能有效地捕捉猎物，为自己补充宝贵的氮元素。

世界上最大的食肉植物，是濒危的婆罗洲马来王猪笼草，它可以吃下一只体型正常的大老鼠或小型哺乳动物(课件出示图片)。它们的捕虫笼高度达到50 cm，直径可达25 cm，孩子们，你们可以计算出这种巨型猪笼草的容积吗？

学生估算。

2.还有关于猪笼草的非常有趣的知识。

“旅馆”还是“马桶”。猪笼草的捕虫笼似乎天生就是为了吃肉的。不过，生长在婆罗洲雨林的一种猪笼草显然没有遵循这个常规，它们为蝙蝠提供了免费的居所。小型哈氏长毛蝙蝠生活在捕虫笼中部，避开了其底部的消化液，而猪笼草获得的好处则是蝙蝠提供的粪便，粪便中的营养素可以供给猪笼草生长。

【评析】教师搜集了一些自然界中与猪笼草或是与食虫植物相关的文化内容作为介绍并渗透给学生，学生具有浓厚的兴趣，极大满足了其好奇心，同时这又紧扣本课的主题——猪笼草，学生从这些知识以及之前的探究中深刻体会到数学与自然界之间具有紧密的联系，自然界很美，数学同样可以很美，这就是数学文化课的独特魅力。

七、全课小结

师：通过今天的学习，我们走进了大自然，自然界不仅展示了它的美丽与神奇，而且还蕴藏着很多数学的奥秘。你有什么想对大自然说的吗？

(学生畅所欲言)

【评析】感受大自然的神奇，体会数学与大自然的联系。

案例4　图灵的密码[①]

【教学内容分析】

“图灵与密码”选自宋乃庆教授等主编的《科学与数学》第67-72页。该课教学内容的呈现由四部分构成。第一部分是情境引入:由于“密码”本就充满了神秘色彩,学生对密码的破解更是有强烈的内心渴望。因此,充分抓住了学生的年龄和心理特点,首先呈现了密码与密码本,引发学生的好奇心,促使学生对密码学产生研究的欲望。第二部分是人物介绍:在计算机网络十分发达的时代,密码学已成为非常重要的一门学科。一说到密码学,就必然会提到图灵。通过博士和天天的对话,介绍了图灵及其所从事的军事密码破译工作,让学生不仅了解了图灵在密码学领域的贡献及其成就,还感受到图灵勤于思考、刻苦钻研的科学精神。第三部分是体验破译:对密码学有了初步了解之后,学生早已按捺不住破译密码的激动心情。因此,这部分内容重在让学生认识明文、密文和密钥,经历和体验破译密文的过程。学生在破译的同时,需运用观察、推理等方法进行综合分析,逐步掌握代换法、加乱法、错乱法等基本加密方法;在加密方法的对比中,总结提炼,感悟对应思想。第四部分是应用设计:这部分的内容让学生的身份由破译者向设计者进行转变,鼓励学生设计出自己的密码本和密文,感受数学知识在密码学中的应用,发展学生的应用意识和创新意识。

【课前思考】

数学是打开科学大门的钥匙,与其他学科更是有着千丝万缕的关系。对数学的教学不能仅仅停留在数学学科上,而应该建立起数学与其他学科的联系,打开学生的数学思维,拓宽学生的数学视野。进行“科学与数学”的教学,教师一方面要让学生学会用数学的视角认识科学,欣赏科学,了解数学与科学之间的联系。另一方面应让学生经历用数学知识探秘和解读科学的过程,充分感受数学的价

① 本案例由重庆市沙坪坝区森林实验小学刘兴雯执教,重庆市沙坪坝区森林实验小学孙明坤和康世刚评析。该案例获得全国第二届小学数学文化优质课竞赛一等奖。

值。“图灵的密码”正好带领学生走进了数学与密码学的对话，感受了数学与密码学之间的联系，进一步体会到了数学在其他学科应用的广泛性。

密码学作为一门集计算机科学、数学、信息论等诸多学科于一身的交叉学科，其内容繁多，覆盖面较广。破译密码具有一定的挑战性和枯燥性，其主要原因是密码学对学生的数学水平要求较高。小学阶段的学生正处于思维发展阶段，他们对神秘的密码具有强烈的好奇心，喜欢探索有趣且未知的事物。为契合学生心理认知，教师可以设计以体验“情报员破译密码”的情境贯穿始终，带领学生经历破译密文、加密明文的过程，领略密码学的魅力，从而激发学生自主探索的欲望。学生在富有层次的破译活动中，获得了破译密文的成功体验，并逐步发现和总结加密的方法，感悟对应思想。本课教学目标拟定为：(1)掌握代换法、加乱法、错乱法等基本加密方法，体会加密方法的多样性，理解密文、明文规则之间的对应关系；(2)经历破译密文，加密明文的过程，发展分析、推理能力，感悟对应思想，形成应用意识和创新意识。(3)了解密码学的发展及其在生活中的应用，感受数学的魅力，激发学习数学的兴趣。

【教学实录与评析】

一、视频引入，激发学习兴趣

师：同学们，关于“图灵的密码”，你都想了解些什么？

生1：我想知道怎么破解密码。

生2：图灵与密码的关系。

师：那我们就带着心中的问题，先来看一段视频。(播放视频)

师：从视频中，我们可以看出情报的破译对于一场战争而言，起着至关重要的作用。而今天，我们就来扮演一次情报员，体验一下破译情报的过程。

【评析】好奇心是促进学生学习的内驱力，对调动学生主动积极地投入学习起着至关重要的作用。初见课题，学生对图灵与密码都充满了疑问和好奇，教师给予了学生充分思考和提问的时间，再结合学生的疑问，以视频的方式介绍了图灵是密码学家、数学家，以及情报破译在战争中起着举足轻重的作用。对密码学有了初步了解之后，学生们迫不及待想尝试"情报员"破译密码的过程，对密码破译的热情被点燃。

二、情境体验，感受破译魅力

情境任务一：寻找联络人。

师：首先，我们要去寻找联络人。这有个关于联络人的提示：QSLXHY。

师：看懂这个提示了吗？

生：我感觉这些字母是和汉字联系起来的，只是我不知道是哪些字。

师：他猜想这些字母和汉字有关，很有想法!到底这些字母什么意思呢？我再给一个线索你看看。(课件出示表格，如图1)

A	B	C	D	E	F	G	H	I	J
三	宝	才	力	活	方	讲	黑	后	于
K	L	M	N	O	P	Q	R	S	T
系	联	面	南	化	联	请	化	速	图
U	V	W	X	Y	Z				
视	小	物	系	鹰	在				

图1

师：现在你知道答案了吗？

生：请速联系黑鹰。

师：说说理由。

生：Q对着"请"，S对着"速"，L对着"联"，X对着"系"，H对着"黑"，Y对着"鹰"。

师：谢谢你为我们提供了一个新的线索!

师：在密码学这个大家庭里，他们可都有特定的名称。像这样难以理解的符号信息，我们称为密文。而像"速联系黑鹰"这样，大家一看就明白的，我们称为明文。利用一定规则，从明文到密文，我们称为加密；密文到明文，我们称为解密。而像这样运用一张代换表进行加密的方法称为"代换法"。

【评析】在学生的内心，都希望自己是一个发现者、研究者、探索者。教师充分尊重学生的年龄和心理特点，以体验和活动为主，创设扮演情报员的情境，让学生逐级破译，寻找联络人。此环节，教师遵循"先实践后理论"的原则，一方面让学生体会到了破译密文的乐趣,收获了成功的喜悦;另一方面让学生结合具体情境理解了“密文”“明文”“加密”“解密”这些生涩难懂的专业名词,对“明文”和“密文”之间的内在逻辑有了更清晰的认识,为后续探究奠定了基础。

情境任务二:发现藏匿地。

师:找到“黑鹰”后,他给了我们这样一张纸条,而这就是文件的所在地。

(纸条上写着:kgbp uboh)

师:同学们思考一下,要破解这条密文,我们还需要什么?

生:刚才的那张表格。

师:他联想到了刚才的那张表格,能够根据之前的学习经验来分析问题,很好!那张表格就好比是我们破解密文的一把钥匙,只是这一次解密规则不一样了,请看!

(解密规则:“按字母表的顺序将每个字母向前移一个”。)

师:了解了解密规则,就请同学们在“题单一”上破解密文。如果破译的过程遇到困难,可以同桌交流。

师:破解出来了吗?

生:教堂。

师:请说说理由。

生:k前移一个是j,j又对应着i,b又对应着a,以此类推就是jiao tang。

师:观察明文和密文,我们不难发现明文中的一个字母对应着密文中的一个字母,再拼出来就是——教堂。

师:密码学中,像这样按一定规律改变符号位置的加密方法,我们就称为错乱法。

【评析】情报员的扮演为学生搭建了运用数学知识探究密码学的桥梁。随着情报破译的不断推进,破译难度系数不断升级,学生自主探究的欲望越发强烈。在刚参与的破译活动中,学生在体验中发现,在发现中思考,在思考中感悟,最终破解密文,成功找到文件隐藏地。教师顺势介绍新的加密方法——错乱法。在这一过程中,学生不单是参与者,更是探究者和思考者,既提升了学生推理、分析能力,又锻炼了学生不畏困难、勇于挑战的探究精神。教师在活动中成功起到引导者、合作者、组织者的作用,使教学层层递进、逐渐深入。

情境任务三:打开密码箱。

师:来到教堂,我们成功地找到了装有机密文件的密码箱,可打开密码箱需要4位密码,猜猜看这个密码会和什么有关?

生:与359721847506这串数字有关。(如图2)

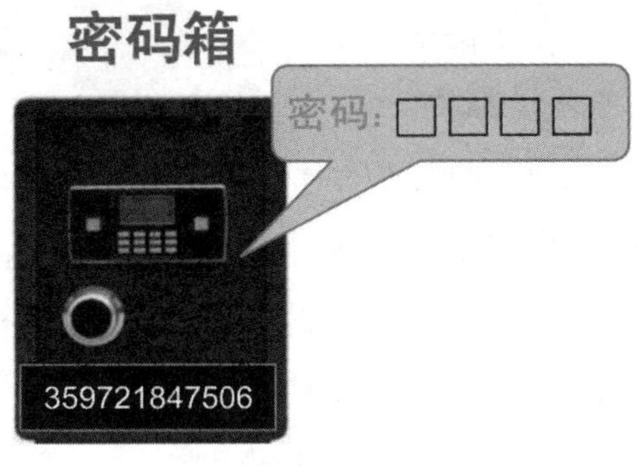

图2

师:这里有12个数字,可密码却只有4位,那他们之间会有什么关系呢?你们是愿意我直接给出解密规则,还是愿意自己先尝试着破解一下?

生:我们自己破译。

师:那我们就拭目以待,请拿出黄色信封里的"题单二",开始破译。

师:破译出来了吗?谁愿意分享一下你破译的密码?

生1:我觉得是7557,因为这些数字中,7出现了2次,5也出现了2次。

师:他是根据出现次数来分析的,是这个密码的请举手。(有4个学生举手)

师:那你作为代表去输入密码试一试。究竟会不会是这个密码呢?答案马上揭晓。

(生输入7557,显示密码错误)

师:很遗憾,看来密码不是这样的!谁还想试一试?

(学生纷纷举手)

生2:我觉得是7091,因为有12个数字,密码是4位,我先将这些数字分为3个一组,然后再加起来取他们的个位,所以就是7091。

师:他的思维非常有序,他先将这些数字进行了分组,再相加得到了这个密码。感觉这个密码挺靠谱的,赶紧来试试!

(生输密码7091)

师:你们觉得会是这个密码吗?这样,我们一起倒数3个数,你再点确定。

(生点击"确定"按钮后,仍然提示密码错误)

师:这么靠谱的密码居然都错了,看来要破译别人的密码可不是一件容易的事!

师:谁还想试一试?你的密码是多少?

生3:我的密码是3785,我也是先分组,然后选了每组的第一个数字。

师:你的心跳有没有加速?我们屏住呼吸,倒数3个数为他加加油!

(生输入3785后,提示密码正确)

(学生自发响起了热烈的掌声)

师:看来你和设计解密规则的人,太有默契了!没有破译出密码的孩子也别灰心。因为破译密文本来就是一个不断尝试的过程,没有失败又哪来的成功呢!现在大家也应该可以感受到,图灵当时破译情报的艰辛了吧!

师:孩子们,请对照密文和明文,谁能说说解密规则是什么?

生:每3个数一组,再去掉每组中的后2个数。

师:根据解密规则,从明文到密文,它的加密规则应该是怎样的?

生:每个数字后面加2个数。

师:我们把像这样的,插入了符号序列进行加密的方法称为加乱法。

【评析】在三次破译活动中,分别介绍了代换法、错乱法、加乱法。但三个情境任务并不是单一地、简单地呈现,而是采用递进式逐步深入。破译活动由直接给出解密规则—索要解密规则—自己探索解密规则,整个设计由易到难,学生思维由封闭转向开放。这让学生深刻地体会到密文的破译就好比是在征服一座座难以攀登的山峰。面对难以破解的密文,学生经历了观察、分析、推理等一系列思维活动。虽然一次次惨遭失败,可所有学生脸上洋溢着欢乐,个个跃跃欲试。在这样的数学学习探究活动中,学生投入地思考着、实践着、反思着,开心地面对失败,展现出了对科学执着追求、锲而不舍的精神。

师:请比较一下这三种方法,它们有没有什么共同点?(如图3)

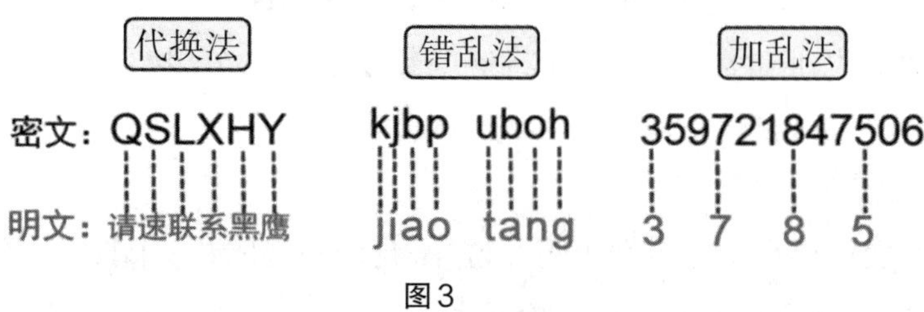

图3

生1:他们都有密文,都有明文,都有加密规则。

生2:他们都相互对应着。

师:他提到了一个词"对应",说得特别好!说具体一点,代换法中,密文中的一个字母对应明文中的一个汉字;同样地,错乱法中,密文中的一个字母也对应了明文中的一个字母;加乱法中,密文中的数字每3个一组,同样也对应着明文中的一个数字。因此,这3种方法都用到了我们数学中的"对应思想"。

【评析】整个教学环节由体验"情报员"开始,学生经历了一波三折的破译过程,揭开了破译方法的神秘面纱。学生在破译中掌握了密码学中较简单的加密方法:代换法、错乱法、加乱法。有情境体验,还需要有总结提升,因此,三种加密方法呈现后,教师又引导学生进行观察对比,带领学生触及三种方法的本质,感悟对应思想。此环节通过观察对比、归纳提炼,使得课堂中的游戏体验更具数学思维深度,让学生体会到密码学里蕴涵着丰富的数学知识,数学与密码学有着紧密联系。

情境任务四:传递机密件。

师:破译密码后,我们成功地打开了密码箱,终于得到了机密文件。

(机密文件:敌军研发出一种生化武器,杀伤力极强。这种武器藏在编号为"652037"的军火库中,请尽快摧毁!)

师:现在,我们的任务就是要设计加密规则,将这串数字加密后,再传递出去。那你打算怎么加密呢?如果有想法了,可以拿出"题单三",开始加密。

(学生展示自己的加密密文)

师:我希望展示的同学,能考考其他同学你的加密规则是什么?看大家能否破解。

生1:谁能说说我的加密规则是怎样的?(如图4)

图4

生2:你是在每个数字后面添了两个数字。

师:他在加密的时候,用到了我们刚才所学的加乱法。能够马上学以致用,不错!

生3:这是我的明文和密文,谁知道加密规则是怎样的?(如图5)

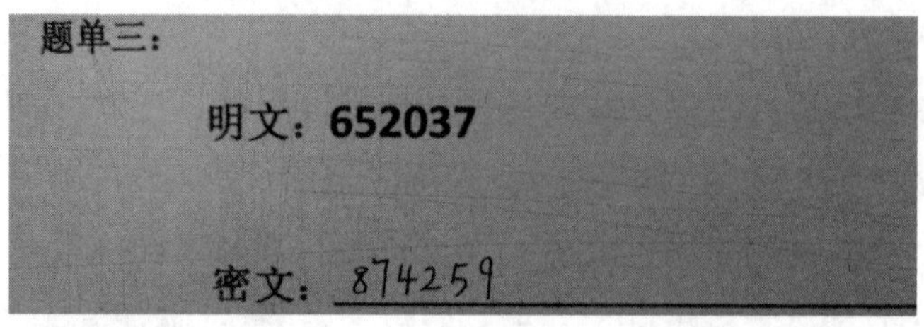

图5

生4:你的加密规则是将每个数字都加了2。

生5:我设计的加密规则有点难,你们能看出来吗?(如图6)

图6

生6:我没看出来,但我感觉你用到了错乱法。

生7:我知道了,你是将每个数字先加了1,变成了763148,然后再依次向后面移动1位,也就是876314。

师:看来他找到了破译的知音。这个同学在加密时,不再是单一的一种方法,而是同时用到了两种方法进行加密,非常具有创造性!

师:在刚才设计的过程中,你对加密的方法有没有什么新的认识?或者是有什么感受?

生1:我感觉破译密码很好玩,很有趣!

生2:我觉得如果不知道解密规则,破译密码会很困难。

生3:我发现多用几种加密规则来加密,这样保密性更强,别人破译起来更困难。

【评析】此环节由破译他人的密文转变为自主加密明文,学生在自主设计、作品展示、解密分析等活动中,体会着加密和解密所带来的挑战与乐趣。自主加密激发了学生的创造力,作品展示引发了学生的自豪感,解密分析呵护了学生的探索欲。开放式加密的设计为学生提供了举一反三、迁移应用的空间,提升了学生的应用意识和创新意识。而生生之间的精彩互动，更是激活了学生的思维，掀起了加密与破译的高潮。

三、拓宽视野，了解密码学应用

师：现如今已进入信息化时代，密码无处不在，从个人安全到国家安全都离不开密码技术的保驾护航！以自动取款机取款为例，看看它是如何运用密码学知识的。

例如：我们取钱正确的密码是146957，在一定算法下，自动取款机就会生成一串字符与之相对应，如果是这串字符，它就判断信息匹配，说明密码正确。而同一张卡，输入的密码是234567时，将会生成另外一串字符，由此判断信息不匹配，说明密码错误。这就是密码学在保障人民财产安全的应用。

当然，今天我们只是接触到了密码学的冰山一角。课后，感兴趣的孩子们可以继续查阅资料，进一步学习和了解密码学。

【评析】此环节借助课件向学生展示了密码学的发展及其在生活中的应用，拓宽了学生的视野，并以自动取款机为例，采用通俗易懂的语言，向学生介绍了密码学在保障人民财产中的应用。至此，教师为学生打开了密码学广泛应用的壮丽画卷，引导学生对密码学的探究由课内延伸至课外，鼓励学生带着好奇心继续探索。

案例5　图灵的密码①

【教学内容分析】

“图灵的密码”选自宋乃庆教授、张广祥教授和康世刚博士主编的《科学与数学》第67–72页。教学内容的呈现由三部分构成。第一部分呈现出密码与密码本，由此引发学生提出问题：密码本有什么用？它与密码有怎样的关系？今天学习的密码与我们知道的密码有什么区别呢……学生的学习兴趣与激情被点燃了，在计算机网络十分发达的时代，密码学已经成为非常重要的一门学科。第二部分是以第二次世界大战中破译德军密码的历史为背景，认识伟大的科学家——图

① 本案例由重庆大学城人民小学李欢执教，由重庆大学城人民小学张夜生和康世刚评析。该案例获得全国第五届小学数学文化优质课竞赛一等奖。

灵，他为二战的胜利立下不可磨灭的功勋，并创立了计算机科学和密码学。图灵是怎么破译德军密码的呢？破译密码最基本的方法是什么以及密码是怎样将信息进行安全传递的。这部分内容让学生在探究活动中积累破译密码的方法，培养了学生的符号意识及推理意识等数学学科的核心素养。第三部分让学生经历和体验破解密码的艰辛过程，了解密码学的有关知识，感受数学的应用价值，发展学生的创新精神，促进学生形成良好的科学态度和探究精神。

【课前思考】

教材是教学之源，如何让教材中的“冰冷的美丽”变成学生“火热的思考”，就需要我们实际运用教材时进行有效的思考。密码有一种独特的魅力——神秘感，学生对它有一种天然的亲近感，能深深吸引每个学生去探究它。学生已具备了“数字编码”“探索规律”等认知与方法，具有银行卡密码、QQ密码、游戏账号密码等生活经验。进行“图灵的密码”的教学，教师一方面要挖掘与学生实际生活密切联系的密码，创设与教学内容有机结合的问题情景，另一方面让学生了解科学家的卓越贡献，从内心深处产生强烈的数学学习的需求，通过任务情境，将原本抽象的数学知识变得生动形象，让学生经历科学家发现、探究、推理等学习过程。从《科学与数学》的内容特点来看，“图灵的密码”一课属于探究性的学习内容，注重培养学生的推理意识，教师引导学生经历加密与解密的探究过程，以学生自主探究、合作交流等数学活动过程为主，感悟数学的思想方法。教学目标拟定为：(1)在解密与加密活动中，了解密码的一般规则，体会符号编码传递信息的保密与便捷；(2)感悟一一对应的数学思想，培养符号意识及分析推理能力；(3)体验密码的神奇，感受数学的作用与价值，增强学习数学的兴趣。

【教学实录与评析】

一、创设情境,引发探秘之源

1.联系生活说密码。

(板书:密码)

师:同学们,知道“密码”吗?

生:知道。

师:密码在生活中十分常见,谁能说说你知道的密码?

生1:手机密码。

生2:银行卡的密码。

生3:微信、支付宝的支付密码。

生4:游戏密码。

……

师:你们的生活经验真丰富,像手机密码、银行卡的密码、QQ的密码等,不管是数字的还是指纹的,大多是用于通过检测的口令。

2.介绍图灵破密码。

师:今天我们就来研究密码,研究的内容与一个人物有关。让我们一起穿越到第二次世界大战那个战火纷飞的年代。

(播放视频)1944年6月6日,是人类当代历史中一个重要的转折点。在这一天内,十多万士兵及上万辆装甲车登陆诺曼底海岸。为了使构想成为现实,这个宏伟的战斗需要一个大脑。不是随便的大脑,而是充满抽象思维和假想机器的大脑。拥有这个大脑的人叫图灵。他既不是将军,也不是战略家,而是一名数学家。

师:这个人物是……

生:图灵。

师:今天我们就一起来研究“图灵的密码”。

(完善板书:图灵的)

师:图灵是英国数学家、计算机之父,还是一位(生:密码学家)。

师:27岁的图灵就成功破译了德军用来传递信息的密码,为二战的胜利立下了不可磨灭的功勋,对于密码你想了解什么?

生1:图灵是怎么破译德军密码的?

生2:怎样通过密码来传递情报的?

生3:密码是怎样设计的?

师:看来大家想知道破译密码和设计密码的方法。

师:机会来了,二战期间由于德军的密码更换频繁、数量巨大,图灵急需招募助手。你们想成为图灵的助手吗? 完成这两项任务后,就能成为图灵的助手。有信心吗?

生:有!

师:我就欣赏你们这种勇于探索的学习精神。

【评析】开课通过谈话引入与学生生活经验对接,让学生联系生活说自己了解的“密码”,让学生明晰生活中的密码大多是用于通过检测的口令。创设研究密码与一个人物有关的二战历史情境,通过对图灵的介绍,引出本节课的学习内容,激发了学生的探究意识和学习兴趣。以二战中图灵破译密码、招募团队的故事原本,设计“图灵招募助手”为全课的情境线索。而成为图灵助手的条件是必须能破译密码和设计密码,为下一环节的探究学习积蓄澎湃动力。

二、自主学习,探究密码之秘

1.视频学习,初步了解。

师:在开始任务之前,首先要了解怎样安全的传递信息。

(播放视频)设想一下,甲要向远方的乙传递一条重要的信息。而丙是一名间谍,也想获得这个信息。那么甲就得以某种密码来传递信息。为了便于理解,甲将信息装进盒子,并锁上密码锁。而密码只有甲和乙知道,这就叫加密。当乙收到锁着信息的盒子,并用之前和甲商量好的密码打开盒子,这就称之为解密。当我们舍弃物理上的锁,而使用密码时,密码学就出现了。可以把他们理解为虚拟的锁。允许甲和乙对他们的信息进行加密和解密。这样,即使丙截获了这些信息,也没有意义。

师:边看边想,信息的安全传递经历了哪些环节?

生:加密和解密。

师：接下来我们一起回忆。甲要把信息安全地传递给乙，就要先将信息进行加密，形成大家能看到但是不明白意思的密文，然后乙用与甲商量好的方法将密文解密还原信息，解密后与加密前的信息一般人都能看懂就是明文。加密与解密的方法就是密钥，也就是密码的钥匙。

小结：密码就是由密钥、密文、明文三部分组成。

解密游戏：如下图。

想一想这串字母传递的信息是什么？

NXCWTLDZSM	密文
你想成为图灵的助手吗	明文

师：接下来我们先来玩一个解密游戏。大家知道这串字母的意思吗？（生：不知道）这就是密文。想知道吗？给你一个密码本。（出示代换表：如下图）

A	B	C	D	E	F	G	H	I	J
啊	笔	成	的	饿	分	个	好	衣	就
K	L	M	N	O	P	Q	R	S	T
看	灵	吗	你	哦	跑	去	人	手	图
U	V	W	X	Y	Z				
无	比	为	想	有	助				

密钥

师：仔细观察，这串字母传递的信息是什么呢？（想好的请举手）你是怎么知道的？

生：根据密码本，我发现N对应的文字是"你"，X对应的文字是"想"……所以字母传递的信息是：你想成为图灵的助手吗？

师：你真了不起，用一个字母对应一个文字，找到明文，破译了这条密码。在表格中字母与文字之间的对应关系就是密钥。

师：通过密钥对密文进行解密的过程，就是破译密码；而通过密钥对明文进行加密的过程就是设计密码。

小结：要破译密码和设计密码必须要了解一定的方法，像这样利用一种代换表的方法我们把它称为代换法。

师：刚才我们为开始任务做好了热身。你准备好了吗？走，到图灵助手招募处领取任务。

【评析】学生对于破译密码和设计密码是未知的、好奇的。首先，让学生观看视频，了解信息安全传递的完整过程，体验密码的神奇，再引导学生回忆、老师板书中理解密文、明文、密钥表示的意思及关系。通过解密游戏，进一步理解密文、明文、密钥三者之间的关系，体悟解密的过程就是破译密码，加密的过程就是设计密码，以及编制密码的一般方法——代换法。为之后完成图灵助手任务做准备。

2.探索密钥，加深理解。

PPT:在图灵助手招募处:破译密码你就能找到我。

师:任务一，通过地址密文找到地址明文获取地址就能找到图灵。请看自学要求。

任务一:破译密码。

破译下面密码获取地址，你就能找到我。

地址密文:n b o　　d i f　　t j　　u f

地址明文:m _ _　　_ h _　　_ _　　t _

自学要求:

(1)仔细观察，独立思考。

(2)我发现的密钥是……

(3)破译密文，将明文填在“______”上。

师:请大家从抽屉里拿出导学单，完成任务一，开始自学。

师:同学们已经有了自己的想法，请看互学要求。

互学要求:

(1)小组内依次交流密钥是什么，并说明理由。

(2)达成共识，准备汇报。

师:谁来说说你们小组找到的地址。

课件演示方法并小结:

师:地址密文中n、i、u在字母顺序表中都是前移一位找到地址明文。像这样按一定规律改变符号位置的方法我们称为错乱法。这里的符号除了是字母，还可以是文字、数字、图形等。如果要把这条明文重新设计成密文，你还能按怎样的规律改变明文字母的位置呢?

生1:我是把明文中的字母向前移2位，设计成密文。

师:除了向前移2位，还可以?

生1:还可以前移3位、4位……

生2:我是把明文中的字母向后移1位,设计成密文。

师:你设计的就是我们刚才的密文,除了向后移一位,还可以?

生:还可以后移2位、3位……

师:同样是错乱法,我们可以把它变得更复杂。

【评析】学生在数学活动中,应当经历观察、猜想、验证等学习过程,发展推理意识。此处设计破译密码活动来探究密文、明文及对应规则之间的关系,探索密钥,加深理解。首先,通过破译密码,找到明文,探索出密钥(密文、明文之间的对应规则),学生经历了观察—猜想—验证的过程,有观察、有猜想、有验证,真正经历了一场探索之旅。然后,引导学生改变对应规则,经历重新设计密文的过程,感受规律的多样性,为设计密码做准备。学生有了探索规则、创编规则的宝贵经历,这样的学习体验是学生思维成长的财富。

3.评析样例,拓宽视野。

师:在密码的世界中,只知道这两种方法行不行?为什么不行?

生:如果只知道两种,大家很容易就破译密码。

师:看来我们还需要了解其他的方法。

电话密文:612 543 621 290 046 387 605 745

电话明文:6 5 6 2 0 3 6 7

师:把电话密文每3个数字为1组,每组的第一个数字组合起来就是电话明文。这里的电话明文插入了两个数字,可不可以插1个,多个呢?可不可以在前面插?像这样插入一个符号序列的方法,我们称为加乱法。这里的符号也可以是数字、字母、图形等。

师:当然有比较复杂的,像这样一行字母很多,我们可以把它平均分成两行,再将字母上下进行排列(结合手势),拼组之后找出明文。像栅栏一样的方法我们称为栅栏加密法。

小结:不管是哪一种方法,都是通过密钥建立密文与明文之间的对应关系,这就体现了一一对应的数学思想。当然除了这些方法,还有很多其他的方法。(板书:一一对应)

【评析】通过问题引导:"在密码的世界中,只知道这两种方法行不行?"产生激烈的思维碰撞,激发学生的学习需求,同时为自主创设密码做好准备。

4.创编密码,应用拓展。

师:刚才我们完成了第一个任务,找到了图灵。图灵也给我们下达了第二个任务。

任务二:设计密码。

将姓名创编成密文,就能成为图灵助手。

设计要求:

(1)组内确定一人的姓名作为明文。

(2)讨论密钥,确定编制方法。(用代换法编制并提供代换表)

(3)小组编制密文,并填写在导学单上。

师:谁来读设计要求。

补充:在设计密文时,同学们可以选择一种方法,也可以综合多种方法,还可以自主创编方法。

师:请组长拿出导学单,组织组员完成任务。

师:刚才老师搜集了一些密文,现在我们一起来破译密文。

师:其他小组,你们加密的方法确定了吗?谁来说说你们加密的方法。

师:这几组同学能够很好地运用刚才学过的方法来设计密码,而这几组同学很会创新,还能自己创编密钥,设计密码。很了不起。

小结:设计密码时,规则越复杂,保密性就越高。

师:恭喜你们,已经完成了图灵下达的两项任务,成为图灵助手。

【评析】本环节以图灵招募助手为背景设计了破译密码和设计密码两项任务,采取小组合作学习的方式,通过对密文和明文的理解、探究,体悟到解密与加密的基本方法"代换法""错乱法""加乱法""栅栏法"的核心数学思想为"一一对应",深化学生思维,培养学生的符号意识及分析推理能力,感受数学的作用与价值。在破译密码与设计密码的活动中,让学生感受到了密码传递信息的完整过程,又让学生体会到了符号编码传递信息的保密性与便捷。

三、拓展思维,感悟密码之韵

师:图灵为卓越的助手们设置了"图灵助手奖",能获得这个奖的同学就很厉害了。敢不敢挑战!

密文:852 74123 741236987 426978974123456 7412369,请破译出明文。

(学生独立思考)

师:能找出来吗? 现在图灵先生给你一个密码本。

请听三点要求:

(1)组长把信封中的密码本分发给组员。

(2)用马克笔画一画,注意保密。

(3)限时1 min,完成后立即上台。

师:拿到密码本之后坐端,老师准备计时。

师:举起你们的明文,一起大声说出来……(生:I love u)。恭喜你们获得图灵助手奖,掌声送给他们。(颁发图灵助手奖,学生回位)如图。

852　　74123　　741236987　　74269　　78974123456　7412369

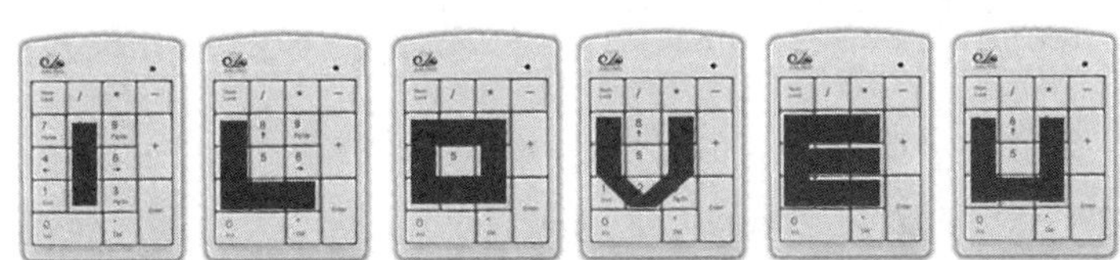

师:同学们回想一下,如果没有密码本,你要用多长的时间才能破译密码。图灵和同学们一样,也经历了解密的艰辛过程。正因为他的科学态度和探索精神,才成功破译德军密码,让二战缩短了整整两年。

【评析】在学生了解了"解密"的一般规则之后,提升难度,让学生大胆去尝试寻找解密的方法。在此没有给出明确的提示,让学生破译密文,体验图灵发现解密规则的艰辛过程,促进学生形成科学态度,提升学生对密码文化的探索精神,感悟密码之韵。

四、总结反思,升华密码之美

师:这节课学习到这里,你了解了密码的哪些知识?

师:今天我们学习的密码与生活中常用的密码是不一样的,是用来传递信息的。

师:最后我们一起来感受一下图灵为人类社会所做出的巨大贡献。

(播放视频)图灵取得了太多的成就。他解决了困扰数学界30余年的希尔伯特难题,他破译了纳粹军最顶尖的密码,他奠定了形态生物学基础,他开启了属于人工智能和数字化的新时代。

师:图灵的贡献是有目共睹的,大家把他的事迹拍成电影与世传颂。他通过努力实现了自己的梦想,希望同学们努力学习科学文化知识,实现自己的梦想,让我们的生活更加幸福、美好!

【评析】经历了密码探索、创编密码之旅后,带领学生从历史的高度观看图灵二战贡献的视频,让学生感受“密码”为人类社会的和平与进步做出的巨大贡献,引领学生涉足陌生而又神秘的密码世界,运用数学思想探究密码文化,接受数学文化的熏陶,感受数学的魅力,增强学习数学的兴趣,促进学生形成科学的精神和态度。

社会评价与反响

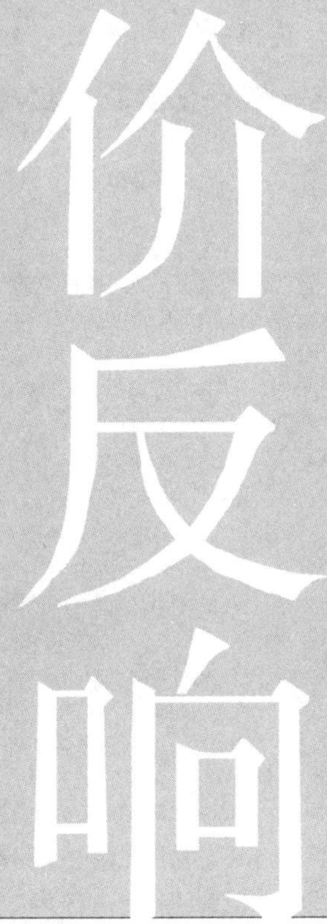

《小学数学文化丛书》《数学文化读本》编写出版后，得到了数学家和教育家的高度肯定，他们专门为《小学数学文化丛书》《数学文化读本》撰稿支持。同时，在一线的学校也产生了重要的影响，促进了学校的发展。本章主要收录了中国科学院张恭庆院士和刘应明院士、教学大师奖获得者顾明远教授的论文和来自河南、重庆、甘肃等数学文化实验学校的经验交流论文。

张恭庆[1]院士:为孩子进入数学的五彩世界修桥铺路

数学是一个庞大的知识体系,它是各门科学和技术的基础,也是当代众多高、新技术的核心。经历了数千年积累形成的数学概念、理论和方法是人类的一座知识宝库。数学还提供了一整套严密的思维模式,成为这座知识宝库特有的数学文化。当今这座宝库已经成为人类从事知识创新活动的一个重要资源。然而,由于在数学教科书中必须遵从知识系统性和逻辑严密性的原则,使得有些学生感到数学太枯燥、太抽象,甚至产生了望而生畏的情绪。要实现强国梦,就要为广大青少年打好数学基础铺平道路,扫清障碍。

西南大学宋乃庆教授是国内著名的数学教育家,他主编的这套《小学数学文化丛书》是一部非常有创意的科普读物。它用连环画的形式把数学知识和数学的思维方式通过数学家、历史、生活、游戏、艺术、自然、科学、环境、健康、经济等10个方面介绍给孩子们。现已改编为与小学1~6年级数学教科书同步的课外读物,其内容丰富,通俗易懂,图文并茂,生动活泼,极具可读性,也颇有推广的价值。

《小学数学文化丛书》针对人们认为数学太枯燥、太抽象的看法,把看似枯燥、抽象的数学知识和思想方法渗透到形象的、五彩缤纷的"小故事"中去,以儿童的口吻娓娓道来,寓教于乐。《小学数学文化丛书》拓宽了孩子们的视野,在普及现代科学知识的同时,通过小学生能够理解的大量实例让他们体会到数学的广泛应用价值,提升他们的数学能力和素养。在这套数学文化丛书里,孩子们能从平时的坐姿中了解三角形的基本知识,在琴键上读到斐波那契数列,从蜘蛛网的形状提出等周极值问题,在雪花上看到美丽的科克曲线,在密码中感受数学中"一一对应"思想的价值,从GPS空间定位中体会"坐标"在"数"与"形"相互转化中的意义……这类"小故事"既能提高学生学习数学的兴趣,又能使他们认识到数学实际上与我们周围的生活休戚相关,进一步激发起学生对数学的好奇心和求知欲。《小学数学文化丛书》是在主编宋乃庆教授直接参与并指导下,由一批数学教育家共同编写的。他们不仅仅普及数学知识,提高学生的学习兴趣,还十分注意指导

① 张恭庆(1936年—至今),男,上海人,北京大学数学科学学院教授、博士生导师,中国科学院院士,第三世界科学院院士,曾任中国数学会理事长、国务院学位委员会数学学科评议组召集人。本文发表于2015年《数学教育学报》第4期。

孩子们如何学好数学，养成良好的学习习惯。读者不难发现在讲述所有这些“故事”中，他们都不失时机地、循循善诱地告诉孩子们应当怎样思考问题？怎样的思维方式是值得提倡的？要养成什么样的学习习惯？“有兴趣”和“学习得法”是学好数学的关键。宋乃庆教授主编的《小学数学文化丛书》正是紧紧地围绕着这两个关键问题，扎扎实实地为孩子们清扫学习数学道路上的障碍。这套丛书，不仅仅是为少年儿童编写的，其中不少内容，特别是对于在生活、高科技、艺术等方面出现的各种数学问题，许多成年人也未必都十分了解。因此，《小学数学文化丛书》既是学校数学课堂教学和教科书的补充，也是家长帮助孩子学习数学的良师益友。我热忱地向中、小学的数学老师和学生的家长们推荐：这是一套很值得认真读一读的科普读物。

我与西南大学宋乃庆教授相识多年，在2011年《义务教育数学课程标准》的审议过程中加深了相互间的了解。宋乃庆教授长期致力于数学教育的研究、实践与推广。他已为此付诸大量心血，而且也取得了很大的成绩。如今他主编的这套《小学数学文化丛书》科普读物，是真正在为孩子进入数学的五彩世界修桥铺路。我读后深有感受，提笔数行，以此为评。

刘应明[①]院士：惠及子孙，功德无量的大胆尝试

数学历来是理工科学的基础，进入信息时代，计算机科学、大数据科学、模式识别、互联网网络、通信与安全、数据挖掘等更无不与数学息息相关。在人文社会科学领域，名称就冠以某某数学的经济数学、金融数学等学科不说了，语言学结构、历史学的历史分期、文学名著版本真伪鉴定乃至政治军事的运筹决策也都不同程度地使用着数学思想与方法。顺便指出，美国权威的职业排行榜评估网站职业评级报告公布了2014年的十大最佳和十大最差职业榜单。

数学家登上最佳职业榜榜首，而伐木业、报纸记者等行业则屈居“十大最差”职业榜末。应该指出在十大最佳职业榜单上，有半数职位和数学有关，分别是数

① 刘应明(1940—2016年)，男，福建福州人，中国科学院院士，四川大学教授，博士生导师，全国优秀教师，国务院学位委员会委员，国务院学位委员会数学学科评议组召集人之一，曾两任中国数学会副理事长。该文发表于2015年《数学教育学报》第4期。

学家(首位)、统计员(第三名)、精算师(第四名)和计算机系统分析员(第八名)。数学之为用大矣!但许多学生及其家长都视学习数学为畏途,这是很大矛盾,也是很现实问题。看来数学教育的重大问题要从小抓起,日积月累,课内课外联动,方可解决。

西南大学宋乃庆教授和他的老师与前辈,即著名的数学家陈重穆、王秀泉等教授曾一起编过 8 套中小学数学教材,对我国小学数学教育实践与研究作用巨大。 现在宋教授把视角移向课外,并用学生喜闻乐见、图文并茂的连环画形式,从游戏、生活、健康、环境、经济、历史乃至艺术等 10 个领域,精心挖掘编纂,主编了这套《小学数学文化丛书》科普读物,比较符合小朋友的心理特征和认知发展规律,现已改编为与小学 1~6 年级数学教科书同步的课外读物。我相信这是启迪孩子学习数学的重要一步。1957 年—1963 年,我在北大读书时,数学力学系就流传数学是无声的音乐、无色的图画的说法,后来沉浸其中,渐有感悟。但数学毕竟是抽象的,要做到这一步,并非易事。现在,有了这套连环画形式科普读物,我相信不少孩子也会感到"数学好玩",要知道这是华裔最大数学家陈省身先生的名言。只有感到好玩,才会聚精会神,学习、思考、研究以至创新,才会逐步前行。从这种角度看,宋教授主编这套丛书是惠及子孙,功德无量的事,这在小学数学教育上也是一个大胆的尝试。

这套科普读物无疑是送给全国小朋友与他们家长的最好礼物,它是推动我国小学数学素质教育发展的催化剂。它已荣获重庆市优秀科普图书奖,有鉴于此,重庆市还将有关小学数学文化图书的编写与实践探索列为市教育科学规划重大课题,花力气进一步推动这方面工作。我衷心希望小学数学教师能用好此书,家长朋友能关注此书,小学生能从中感受数学的魅力并喜爱数学。

顾明远①:数学很有趣

记得十多年前,在北京召开国际数学家大会,其中有一场是少年数学家大会。在大会上有一位著名数学家给少年数学家们讲话,他说:"数学很有趣。"今天我读了宋乃庆教授主编的《数学文化读本》,确实感到数学很有趣。

① 顾明远系北京师范大学资深教授、博士生导师。该文发表于2016年《人民教育》第10期。

数学是一门逻辑性很强的抽象学科，小学生、特别是小学低年级的儿童，抽象思维还不发达，因此感到数学很枯燥，再加上有些老师教学不得法，有些孩子就不喜欢数学课。其实，数学无处不在，与儿童的生活密切相关。儿童一般到两三岁时就会开始数数：一个苹果、二个苹果，一辆汽车、二辆汽车等；还会有许多图形的概念：圆的、方的、长的等。但他们还不能抽象出来。只要老师把儿童的生活、游戏与数学联系起来，儿童就会进入数学世界，学习数学就会变得很有趣。

兴趣是学习最大的动力，有了学数学的兴趣，数学就变得容易了，解完一道数学题，就会产生一种成就感，激发他进一步去探索数学。

宋乃庆教授是一位著名的数学教育家，他探索到儿童学习数学的规律，与他的团队，主编了这套《数学文化读本》，通过把人们生活中的游戏、艺术、自然、环境、科学技术、经济、健康等情境与数学问题联系起来，把数学知识和数学的思维方式介绍给少年儿童，使他们饶有兴趣地学习数学。《数学文化读本》还有一个很大的特点，就是把数学看作是一种文化。数学不只是一种枯燥的符号、定理、公式、算法，而且是一种文化。数学符号同样是文化的载体，数字符号后面承载着人类活动的历史，数学本身的发展也是人类文化活动的结晶。数学教学不是单纯地向学生传授数学的定理和公式，不是简单地让学生做题，而是传播人生观、世界观、价值观、传播中华优秀文化的重要途径。《数学文化读本》这方面的特点很突出。例如，读本四年级上册中就有如下一些专题：古人记数、有趣的进制、西方数学的传播者——利玛窦、“华氏双法”等，既充满了历史文化气息，又具有现代数学的精神。

这真是一套难得的由浅入深的数学科普读物，是一把让儿童轻松打开数学之门的金钥匙。

部分项目数学文化实验学校的反响

案例1 遇见数学文化，预见最美的数学教育[①]

世间一切，都是遇见，就像冷遇见暖，就有了雨；春遇到冬，就有了岁月；人遇见人，就有了生命。我们驻马店第二实验小学的师生遇见数学文化，便有了前行的方向、成长的力量。

遇见：遇见数学文化，仿佛是一种“众里寻他千百度，蓦然回首，那人却在灯火阑珊处”的神奇安排。

2018年10月，我被评选为河南省领军人才，在规划研究项目时，有幸得到省教研室小学数学研究室刘富森主任的指导，我被数学文化的魅力深深吸引，由此确定了数学研究新方向。更幸运的是，我校如愿以偿被授予全国“数学文化实验学校”，同步申报的数学文化研究项目也被我省教研室立为重点课题。机缘巧合的欣喜过后，我和我校的数学老师们便开启了一段“衣带渐宽终不悔，为伊消得人憔悴”的如痴如醉般数学文化研究之旅。

一、依托名师工作室，凝心聚力做实课题研究

添置图书，阅读提升素养。学校成立名师工作室，组建数学文化研究团队，添置大量与数学文化相关的师生用书，通过阅读提升数学文化素养。

课题论证，明晰研究方向。为使研究扎实高效，2019年9月，特邀省、市知名专家，召开课题开题论证会，人人明晰研究方向。

课例研究，助推深层思考。重点加强数学文化课与常规数学课教学的融合，探索数学文化教学实施策略，从文化层面让学生体会数学的魅力，发展学生核心素养，培养学生理性精神。课题研究以来，有20多位教师执教数学文化研讨课，

① 本文由河南省驻马店第二实验小学徐海燕撰写，该文是河南省高层次人才—中原教学名师科研项目，也是河南省基础教育教学研究室2019年度重点课题“小学数学教学中数学文化的开发与应用课例研究”(JCJYB19041714)研究成果之一，在第六届全国小学数学文化课程教学观摩暨实验研究经验交流研讨会作交流。

150余篇约20万字的听课评析、研究论文在公众号、校刊、校报择优刊登。教师对数学文化的内涵、对数学文化融入常规教学的途径有了更深入的思考，形成了一些较为有效的教学策略。

编印读本，拓宽文化资源。为帮助学生更好地了解人类文明发展中数学文化所发挥的巨大作用，我们以人教版教材中原有数学文化素材为基础，研读多版本教材，精心编写系列数学文化读本《童眼看数学》，三个校区同时举行数学文化读本进课堂启动仪式，免费发给学生阅读。令我们欣喜地是，阅读问卷调查中，六个年级464份问卷，喜欢这套书的学生达到99.14%。

二、探索数学活动形式，文化节中体悟数学魅力

我校以“传播数学文化，启迪智慧人生”为主题，从“读、写、画、讲、玩”等多个行为角度设计活动，提升学生数学核心素养。

读：开展适合儿童的数学阅读活动，让更多数学阅读优质资源走进儿童，提高阅读质量，让学生体会数学文化的“多样性”。

写：开展三至六年级的数学小日记评比活动，培养学生的数学创新意识与应用意识，体会数学文化的“应用性”。

画：开展数学想象画、数学手抄报、数学阅读推荐卡等制作活动，培养学生的想象力、创造力，让学生感受数学之美，体会数学文化的“观赏性”。

讲：开展课前3 min演讲，“我讲数学趣题”“我讲数学家的故事”等数学讲堂活动，培养学生的语言表达能力和感染力，让更多的学生体会数学文化的“表演性”。

玩：根据不同年级学生接受能力的区别，安排益智玩具竞技，训练学生的数学思维品质，让学生感受数学文化的“趣味性”。

数学文化节，让孩子们感受到数学不再是静止的数字和呆板的符号，而是跳动的音符、活动的乐章，孩子们充分感受到了数学的魅力，共同走进了美妙的数学乐园！

三、成果分享交流，播撒数学文化美的种子

1.助力师训，发挥示范引领。

为推广学校在数学文化研究中取得的成果，2019年12月18日，召开“小学数学教学中数学文化的开发与应用课例研究”工作推进会；2020年12月13日，召开

了课例研究成果展示研讨会。名师工作室还积极承担了市小学数学教师培训工作及送课下乡志愿服务活动,发挥数学文化研究团队成员在区域范围内的引领示范带动作用。努力将数学文化的种子播撒,让数学文化之花绽放课堂。

2.出版成果,增强研究自信。

我们编撰的《数学文化课例赏析》,收录了18篇数学文化课例教学实录与反思。与中国少年儿童出版社合作,公开出版发行的《童心话数学》,结集了100余篇学生优秀小论文,数学被学生描绘成“七色的彩虹”“五彩缤纷的大盒子”,是充满诗情画意与激情澎湃的“大型音乐协奏曲”;“走进数学的世界就如走进了一片花海,它能让人感受到每一朵花所散发出的独特芳香”。我们被学生痴迷数学学习的热情所深深震撼!

展望:“长风破浪会有时,直挂云帆济沧海”。有幸与来自全国的数学文化研究专家、名师相遇,携手行走在数学文化研究的征程中,我坚信,我们的脚步会更加铿锵坚定,我们也一定能够通过执着地追求,不懈地努力,从最初与数学文化偶遇时的那份意外惊喜,最终达到厚积薄发、豁然开朗后“蓦然回首,那人却在灯火阑珊处”的欣喜若狂,进而不断攀登数学文化研究的更高境界!

案例2　数学文化引领学科特色发展①

数学是人类的一种文化,它的内容、思想、方法和语言是现代文明的重要组成部分。随着课改的不断深入,数学文化越来越受到广大数学老师的关注。学习数学文化,对学生全面了解数学知识产生及发展的历史过程、感悟数学的文化价值,培养学生学习数学的兴趣及感知数学家探求数学知识的艰辛具有重要意义。2016年底,我校成为教育部西南基础教育课程研究中心数学文化项目实验学校,2017年11月,我校又成为沙坪坝区首批数学体验课程创新基地学校。近几年,学校立足于学生的学习需求与成长的愿望,从“教学本位”转向“人的发展本位”,从“学科本位”指向“课程本位”,在数学文化引领学科特色发展方面做了一些有益的尝试。下面我从以下几个方面分享我们学校的做法,与大家分享。

① 本文由重庆市沙坪坝区育英小学原副书记王小燕撰写,该文是该校数学体验式课程创新基地研究成果,在第五届全国小学数学文化课程教学观摩暨实验研究经验交流研讨会作交流。

一、课程建设目标

我们的数学课程是以“育未来英才”这一学校发展愿景为统领,以“用自己的课程教与学”的课程观为指引,通过开发丰富的课程资源和拓展学生数学文化体验学习的渠道,以期形成相应的数学课程体系,从而改进学生数学学习的方式,综合提升学生的数学素养,促进教师的专业发展,推动学校的内涵发展。

二、课程建设实施路径

自项目申报成功以来,学校将之列为育英教育集团重点发展的项目,优先规划,优先投入。具体措施包括以下五个方面。

(一)组建项目团队,完善管理制度

学校成立课程管理团队和研发团队。邀请市、区教研员作为专家团队的成员。建立和完善基地建设各项制度等,以加强基地建设的科学性、规范性。

(二)创设教学环境,营造文化氛围

环境变革促进学生学习方式的改变,学校立足于加强学生对数学知识的直观体验,我们加强对环境课程的创建,建成“一室一园一角”。即创意数学实验室,每个年级的数学文化体验园,班级数学角。把富含“数学元素”的校园文化建设作为主要内容之一进行开发,侧重营造“数学文化体验”的氛围,让学生在数学文化的熏陶中体验数学的魅力。

1.建立创意数学实验室。

在学校用房极度紧张的情况下,我们腾挪、装修了创意数学实验室,添置了桌凳、电脑、专项设备等,为学生提供情境体验的场所,“做数学”的空间,引导学生通过数学实验、动手操作理解数学原理。同时,在创意数学实验教室中营造浓郁的数学文化氛围,渗透数学文化,让学生感知数学文化的博大精深。

2.改善年级数学文化体验园。

每个年级在走廊处开辟了六个数学文化体验园,设有创意展示、创意体验、创意互动等板块,创意空间有利于提升学生的创造力,同时有利于儿童随时随地可以和同伴进行学习与探究,引领学生畅游数学王国,体验数学的奇妙和神秘。

3.完善班级数学角。

在现有的班级文化建设基础上,继续落实班级“数学角”的建设。每个教室后面的“数学文化墙”设有中外数学家的介绍和创意作品展示区、思维演练场。数学家介绍定期更换,让学生可以认识和了解更多的数学家。在创意作品展示区,为学生的数学创意作品或数学趣题等提供展示的空间。

结合每个年级教材的核心概念和知识的重难点，每个班设有以数感、长度、方位、面积等直观体验为主的数学体验区，开发建设长度体验路面，高度体验墙壁，方位体验路牌。

（三）研发校本课程，拓展课程资源

我们的课程着力点主要是国家课程的校本化建设和拓展课程资源的开发。

1.国家课程的校本化建设。

我们深入研究教材核心内容，立足于国家课程核心内容的校本化拓展，关注数学本质，学习数学文化。国家课程教材是学习数学文化的重要载体，在教学中，我们积极探索学习数学文化的教学策略。一是教师可以从数学典故、数学问题、数学方法、数学观点、数学思想等角度切入进行教学。二是重视课后习题小链接“你知道吗”板块的运用，引导学生感受数学文化的悠久历史。三是教师要注意深挖教材中隐含的数学文化。比如：一年级我们的老师们就结合数学教材中所学的“100以内数的认识、认识人民币、认识钟表”等知识，让孩子们自主选择一个主题，查阅、搜集、筛选、补充其他相关数学文化资料，在班上举办“数学文化百家小讲坛”活动。很多孩子就研究《钱币的由来》《人民币的奥秘》《跟着人民币去旅行》。都是关于人民币的相关知识，但各有侧重点，延伸领域也不相同，讲解风格各具特色。有的同学让大家了解钱币由贝币、铸币到纸币的发展史，而且还让同学们了解了银行卡“卡币”及支付宝，微信支付等互联网货币交易的生活知识。还有的同学让大家思考“我们现在发行的人民币的面值为什么没有3元”，进而揭示了1，2，5，10这些“重要数”的奥秘。还有的同学以“育英旅行社的金牌导游”这一创意角色让大家眼前一亮，使大家跟随他一起快快乐乐地领略了人民币上的各地风景名胜，游览了祖国大好河山，还饱览了纪念币中的知识大餐。

2.开发校本课程,丰富学习资源。

新的数学课程标准倡导要积极利用并开发各种课程资源,数学教学除了加强国家课程的实施,还应该结合课标、教材和学生的生活实际,关注小学数学课程边界的拓展,加强校本课程的开发。以校本课程为载体,给学生提供丰富的学习素材和多样化的学习条件,更好地发展学生的思维能力和实践能力,培养学生的创新意识,有效地培养学生的数学兴趣和数学特长。在课程建设中,我校已着手开展以下三类校本课程。

(1)创意课程。

学校引进超脑麦斯课程,重视它和本校学科教学的整合,开设数学创意课程。课程包括“堆栈高手”“拼图达人”“巧板36变”“千变万化”“理想国的果实”“骰子密码”“奇妙的图形”7大主题,着重培养学生动手动脑,灵动学生思维,让学生在操作实践中感知、比较、归纳,激发学生创造力。学校以开展课例研究的方式,探索将超脑麦斯课程与数学学科课程的结合的方式,注重引进课程的本土化。

(2)游戏课程。

结合每期一次的数学文化节,通过组织各种数学游戏,如“益智七巧板”“数学文化大讲坛”“数独游戏”“数学魔方”“数学魔术”“ 快算24”等,让学生在游戏中提升思维,激发学习数学的兴趣,感受数学的丰富性、趣味性、实用性,增强学生学习数学的内动力。数学有趣,数学有魂,以数学为伴,与智慧同行,其快乐无限。孩子们在活动中得到了锻炼,丰富了知识,收获了成长。

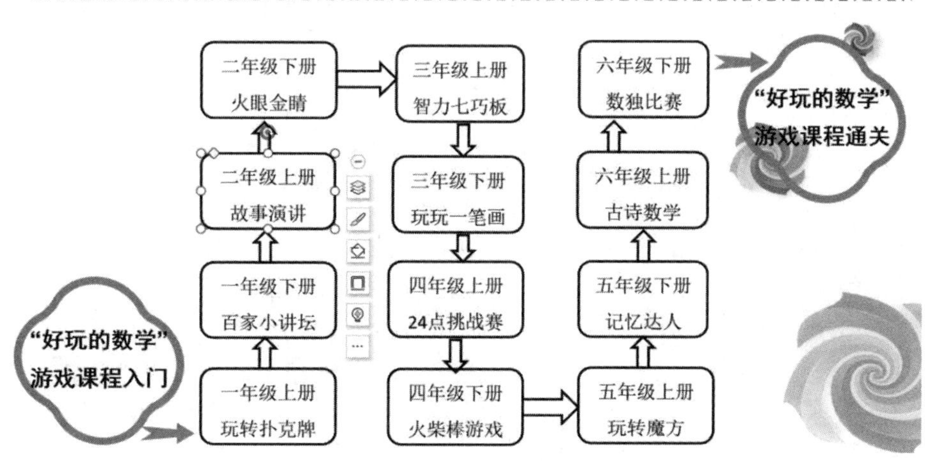

(3)阅读课程。

学校将每周一的小舞台时间定为数学文化阅读微课堂。我们除了让孩子们阅读西南师范大学出版社的《数学文化读本》,我们还根据学生年级的高低广泛收集适合儿童阅读的数学书目,供孩子自主选择。同时,结合阅读内容,给学生提供分享交流的时间和空间。在班级举行数学家故事演讲比赛,数学诗词创作大赛等。

在六年级开展的"数字入诗,诗中有数"的古诗词创作大赛中。老师们先让学生进行数字入诗的古诗收集及了解,学习古代诗人把数字融入诗词,充分感受数字在诗词中重要的审美价值。然后,在年级里进行"数字诗词创作"比赛,孩子们通过精心构思,把数字巧妙地、大量地运用在诗词创作之中,幻化出无穷的魅力,表现出令人意想不到的诗情画意。

"数字入诗,诗中有数",更让孩子们体会到了数字能更丰满更充实诗的内涵,为全诗情感的抒发锦上添花。我们也期待孩子们通过一个个数学文化阅读活动,通过一项项数学专题学习,通过一次次趣味漫步,使他们亲近数学、爱上数学。

(四)推动队伍建设,发挥辐射引领

课程建设立足于学生的发展、教师的发展。通过课程建设,关注课堂研究,开展专题校本教研,大力提高了教师的专业水平。通过专家引领示范,外出交流等方式,实现理念更新。关注核心力量,通过数学文化大讲坛、数学说课比赛,切实为老师们提供更多学习、研究、展示数学文化的机会和平台,壮大骨干教师队伍。同时,关注区域联动,发挥示范辐射作用,区域实验学校整体推进,让老师们在实践探索中成长。

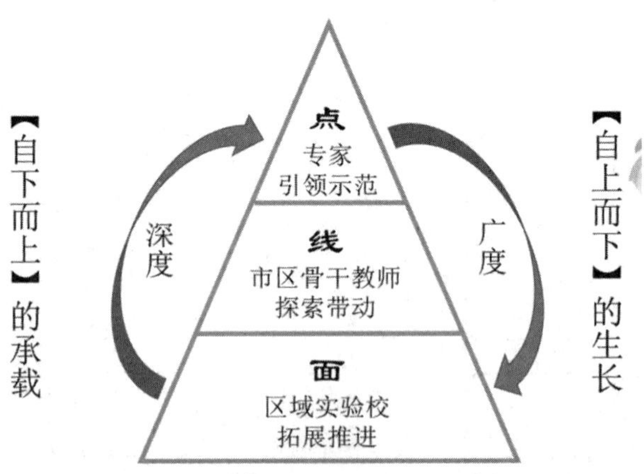

1. 创新校本培训方式。

我们的培训做到有侧重、有主次、有层次。学校多次组织全校老师学习相关文件及方案。多次派出团队成员到上海、北京、江苏等地参加课程建设的研讨会。我们还邀请专家到校指导引领，我们力争通过课程建设，培育一支富有文化底蕴，具有学习力、思考力、沟通力、创新力的教师队伍。

2. 发挥辐射引领。

为了更好地发挥基地校的辐射引领作用，我们在全国以及市、区组织的“数学文化教学研讨会”上进行交流发言。邀请全区数学教导主任一起参与学习研讨。多次在区级教研活动上展示研究课，并进行经验交流，均得到了与会老师的好评。我们还主动到名校联小、三桥小学等校送教，邀请兄弟学校到校参与研讨。

案例3　丰富课外活动　渗透数学文化　促进师生发展①

数学文化是指一群人(数学家)，当他们从事数学活动时，遵守共同的数学规则，经过长期的、历史的沉淀，形成了许多关于数学知识、数学精神、思想方法、思维方式等的共同约定，这些共同约定的总和就是数学文化。

我校针对“选取符合该年龄段学生认知特点的数学文化内容、如何营造数学文化的氛围、开展多样性的数学文化活动、体验数学文化带来的乐趣”这四个维度进行了研究。一是根据各年龄段学生对数学知识的理解，将数学文化丛书中的内容进行分类，使其更符合低段学生、中段学生、高段学生的认知特点，将数学知识与数学文化更好地融合，便于顺利地开展数学课外活动。二是在数学课外活动中，为学生营造一个主动摄取、积极建构的数学文化氛围。发挥数学的无限魅力，激发学生与生俱来的好奇心，培养学生自主学习的能力，倾听学生的自由感悟，让课外活动变得生动有灵性，智慧有个性，充分体现数学的文化内涵。三是通过课外活动深入挖掘数学文化、体悟数学文化。四是开展有趣的、多样化的数学文化活动，让学生在活动中得到真正的文化熏陶、体会到数学之美、感受到数学的科学与文化价值，从而促进学生全面、均衡、有效地发展。将数学文化渗入到课外活动

① 本文由重庆市沙坪坝区南开小学校原副校长张鹏撰写，该文获得2019年全国数学文化论文大赛一等奖，是该校数学活动课程创新基地研究成果，在第四届全国小学数学文化课程教学观摩暨实验研究经验交流研讨会作交流。

中，能更好地激发学生的学习兴趣，让学生真正领悟到数学知识的丰富、数学思想的博大、数学思考的美妙、数学方法的巧妙，从而促使学生进一步理解数学、喜欢数学。

一、课外活动渗透数学文化的途径

我们以《数学文化读本》为载体，以数学活动为抓手，力求探寻数学文化的内涵，挖掘蕴藏在数学之中的丰富的文化资源，使学生在学习数学的过程中真正受到文化熏陶，欣赏数学之美，学会用数学的眼光观察现实，构造数学模型，进行数学交流。同时，接受人格品行的教育，充分发挥数学文化强大的教育功能。

1.利用课前3 min，彰显数学学科魅力。

每天课前3 min演讲。放寒暑假时把《数学文化读本》发放到每个年级或要求学生自己购买相应册数自己阅读，选择自己感兴趣的内容进行实践或实验，然后根据自己的感悟和理解做成课件，开学时各班统一登记，交课题组备查，PPT统一存放在班级电脑里，由老师进行统筹安排，每节数学课前或课后由1名同学进行汇报演讲。学生们制作的课件里有自己收集的各种资料，也有自己动手操作的视频、照片等，在演讲时，有的学生还现场演示，充分展示出他们对这些研究活动的浓厚兴趣。

2.开展数学文化沙龙活动，再现知识形成过程，探寻数学知识起源。

数学文化的渗透不仅仅是介绍外在“附着”的文化因素，更应该注重探寻数学知识背后的思维内核，在数学学习本身的过程中获得数学文化的渗透，如此才更富有启迪意义和发展的张力。在课外活动中，教师应设法把教学内容进行深加工，努力还原、再现知识形成的过程，引导学生以已有的知识经验为基础在经历观察、实验、猜想、验证、推理及交流的过程中积极探寻数学知识的起源。

在全校开展数学文化沙龙，每个学生的研究水平各不相同，有的学生研究方法多样，成果展示形式丰富，有的学生却方法单一，缺少亮点。为了让学生们互相“取经”，我们利用活动课时间不定期开展数学文化沙龙，选出优秀的学生介绍自己的研究过程,让更多的学生成长起来。每一个展示平台中的成果,我们都评出一、二、三等奖,并给予一定奖励,鼓励学生继续深入研究。

3.开展数学家的故事和数学史演讲比赛,介绍数学发展历史,丰富数学文化底蕴。

著名数学家霍格本曾经说过:“数学史是与人类的各种发明与发现、人类经济结构的演变以及人类的信仰相互交织在一起的”。数学文化的内涵不仅表现在知识本身,还寓于它的历史。数学的历史蜿蜒曲折,蕴含着无穷的魅力,打开数学发展史,见到的分明是人类文明进步的历史。数学教学中有理由也有必要让学生去了解数学惊心动魄的发展历程,探索先人的数学思想,使得数学的学习成为名副其实的文化的传播。

在进行实验的两年多中,我们充分利用《数学文化读本》,组织课题实验班级开展数学家的故事和数学史演讲比赛,组织学生阅读相关数学史料。通过史料的学习,使学生初步了解世界数学宝库中,中外各国数学家令人神往的成就及其为科学事业献身的感人品格和不同寻常的经历,体会数学在人类发展史上的伟大作用。经过两年多的研究与实践,我们发现当数学文化真正融入数学教学活动之中时,数学开始变得和蔼可亲、平易近人,学生从数学学习中感受到数学的美、领悟数学的思想,从数学学习中汲取生命的力量,真正爱上数学、学好数学、享受数学!

二、转变教师的教学观念,丰富了教师专业知识的储备

我校的数学教师学习数学文化相关理论知识,对《数学文化读本》进行了认真分析,研究渗透数学文化对学生数学学习兴趣的激发、数学学习热情的调动、数学思想方法的理解、数学严谨态度的养成、数学精神品格的培养,以致对学生可持续发展能力的形成产生影响与作用,促进教师专业化成长。通过在研究过程中多种方法的尝试,我们探讨在小学数学课外活动中如何把握时机,渗透数学史、数学思想方法;如何灵活组织数学活动,渗透数学史、数学思想方法;如何开发课程资源让学生感悟数学文化;如何引导学生用数学的眼光观察现实、欣赏数学美,体会数学文化的价值等,丰富了教师专业知识的储备,提高了教师教学行为的有效性。实验的开展,有效地提高了教师的科研意识和教学水平。

三、改善了学生学习方式，拓展了学生的知识面

教学中教师更注重学生学习方式的改善，依据数学课程标准和学生实际，以《数学文化读本》为载体，有机渗透数学文化，改革了传统教学的模式，改善了学生的学习方式。优秀的数学文化，像空气一样环绕在数学教学的方方面面，只有当数学文化的魅力真正渗入教材、进入课堂、融入教学时，数学才会变得更加平易近人，数学教学才会通过文化层面让学生进一步理解数学、喜欢数学、热爱数学。开展数学文化的课外活动研究，鼓励学生参加一些实践活动，让学生通过阅读数学趣味故事、数学家的故事、数学史话，上网查阅有关数学背景知识等，开阔学生的视野，并在教师的指导下开展数学手抄报竞赛、数学小论文展评、讲数学故事比赛等激发学生学习数学的兴趣，拓展学生的数学学习能力。两年中，实验班学生共制作了百余份数学手抄报，制作了几百篇数学文化的PPT课件。

主要措施一是以《数学文化读本》为蓝本，再通过网络、书籍等查阅大量数学文化，并进行年段分类，形成资源包，在全校推广，使低、中、高各年段的课外活动更符合学生的年龄特征和学习水平。二是各年级教师结合本期教学内容涉及的相关数学文化内容向学生推荐，并引导、组织学生选择感兴趣的几个内容在课外深入开展研究。三是在全校开展“数学文化论坛”。由学生自主报名，将平时深入研究的“数学文化”小课题进行演讲，并邀请全校师生观摩。四是举办“数学文化节”，并形成传统项目长期进行。在数学文化节期间，学生可以自主参加相关的数学操作体验活动、游戏活动、大师模仿秀、纪录片观赏、小报展示、数学文化小沙龙等项目，让学生在一系列的课外活动中对数学文化的内容、价值等有更深刻的认识。

案例4 以数学文化丰富数学课程内涵①

自2016年我校申报“数学文化实验学校”以来，在总课题的引领、指导下，我校成功申报了“数学文化”的子课题并开展了一系列的“数学文化”研究、展示活动，从而激发了我校学生对数学学习的兴趣，拓宽了我校师生的数学文化视野，提升了我校师生的数学文化素养，丰富了我校数学教育教学的内涵，提升了我校的办学水平和影响力。现将具体的研究、实施等情况做如下汇报。

---

① 重庆市南岸区天台岗小学校邹冰秋副校长在全国小学数学第六届研讨会上交流，重庆市南岸区天台岗小学校是全国数学文化第一批实验学校。

一、课程背景及意义

《义务教育数学课程标准(2011版)》指出:"数学是人类文化重要组成部分,数学素养是现代社会每一个公民应该具备的基本素养"。数学教学应当承担向学生传递数学文化的重要职责。然而,在我校对学生进行"你最喜爱的学科?"问卷调查时,数学学科排在倒数第二。因为在学生眼里,数学是单一、了无生气的数字、符号和图形,究其原因在于教师在教育实践中,过多地强调知识的记忆与模仿,忽略了数学所包含数学史、数学美、数学与人文等。所以只有将数学教学放在"数学文化"这样一个大背景中进行,才会焕发出旺盛的生命活力。基于此,我校申报了西南大学基础教育研究中心"小学数学文化"的子课题——"小学数学文化项目活动课程的开发与实践研究"并开展了一系列的展示活动。

小学数学文化项目活动课程的开发和实践,有利于开阔学生的视野、激发兴趣、提高学的趣味性和参与性;有利于丰富教师的教学资源、优化教学方法、深化知识,提高教的有效性;有利于拓宽学校素质教育渠道、推进素质教育进程,促进学校可持续发展。

二、课程目标及内容

(一)课程目标

每位学生都是与众不同的个体,他们有着不同的家庭背景、学习方式、思维水平、兴趣爱好、特长等,所以在设计各项活动时均需为不同兴趣、不同特长、不同年龄阶段的学生设计适合他们的数学文化项目活动,扬长发展,帮助学生找到成长的自信,体验到成功的喜悦。

(二)课程内容

为了实现以上目标,我校开发了以下数学文化项目活动。

1.全校传统项目:"杯子歌"。

"杯子歌"是数学与艺术的结合,我校的每一位学生都会表演。

2.年级传统项目。

年级传统项目是根据不同年级学生的兴趣、特点和文化基础等,分年级设计并实施的"数学文化"项目活动。它主要是由数学游戏组成。因为好的数学游戏能充分激发学生的好奇心理,凝聚学生的注意力,发挥学生的想象力,在轻松愉快的气氛中,学习兴趣与数学知识自然而然地同步增长。具体内容、目标、规则等如下表所示。

年级	活动内容	目的及意义	规则及要求
一年级	找不同	增强学习兴趣、提高学生的识别能力,培养学生有序观察、归类整理的习惯;提高注意力、记忆力,发挥想象力、创造力、培养分析能力,以及发展控制自我的意识	在限定时间内,找出两幅图的不同之处,以最快找出不同之处最多的玩家为获胜者
二年级	七巧板	更进一步认识平面图形的特征、形状概念、加强表象,培养学生手眼协调、创新思维、发散思维等	在规定时间内拼出相应图形
三年级	24点	更进一步加强学生对四则运算、口算的能力,提高学生思维的敏捷性	游戏规则是一副牌中抽去大小王剩下52张,任意抽取4张牌,利用四则运算把牌面上的数算出24,每张牌能且只能用一次
四年级	速叠杯	训练手眼脑协调能力和灵巧度,提升注意力,增强团队合作意识之外,它还能使身体两边均衡发展,刺激大脑尤其是右脑的发育,培养学生空间感	这项运动要求选手要以最快的速度把杯子按规律叠成金字塔状后还原(3-6-3,1-10-1,花式循环)
五年级	数独	锻炼学生思维连贯、灵活度,培养学生整体、全面看问题的能力	用纸、笔进行演算,根据9×9盘面上的已知数字,推理出所有剩余空格的数字,并满足每一行、每一列、每一个粗线宫(3×3)内的数字均含1~9,不重复
六年级	魔方	锻炼学生手脑并用、专注、理解、空间、逻辑、记忆、协调、反应等方面的能力,丰富空间想象力、空间思维能力,建立坐标系概念,培养耐力	规定时间内一面、多面还原,异形魔方还原

在此基础上我校教师对课程的实施进行了细化并设计了具体的活动方案,以二年级为例,进行了以下细化。

活动内容	年级	具体内容	活动要求
七巧板	二年级上册	动物拼图	1.盲拼； 2.照样拼； 3.5 min内限时拼
		植物拼图	
		……	
	二年级下册	组合图形	1.两幅或以上的七巧板拼组； 2.选择组合块自主拼图
		……	

3.数学文化墙。

为了增强趣味性和互动性，我们还设计了“数学文化墙”。数学文化墙的主题分别是“数学好玩”“数学有趣”“数学有用”。如“数字对对碰”“七巧板”“一笔画”“数独”“数学家刘徽”等，这些主题每学期更换一次，更换的主题从“学生调查问卷”中产生。

4.课前3 min。

课前3 min是指利用每节数学课的前3 min进行数学文化介绍或展示。展示内容由我校教师在每学期期末发布，学生利用寒、暑假时间，根据主题以个人或小组为单位进行相关准备。每学期开始数学教师做好汇报时间表，让学生展示。

三、课程实施与评价

（一）课程实施

对于以上学生项目活动，我校固定在每周一中午午管时间，由数学教师实施。

（二）课程评价

在学生项目活动实施的评价方面，我校分别对教师和学生进行了双主体评价。具体如下。

1.教师评价。

每月专项经费分等级考核评价，评价内容为活动方案的设计、实施、活动过程的微信推送、学生活动展示等。

2.学生评价。

(1)天台岗小学学生数学文化智力运动会。

我校的学生数学文化智力运动会均在每年5月举行，同时结合我校的分年级课程搭建展示的平台，帮助学生们找到成长的自信，体验到成功的喜悦。如我们为善于思考的学生设置“挑战数独”比赛；为善于表达的学生设置“数学小故事演讲”比赛；为善于表演的学生设置“数学情景剧”比赛；为善于动手操作的学生设置“魔方、速叠杯”比赛……

(2)参加区、市比赛。

学校积极组织学生参加市、区级及以上比赛，并屡获佳绩。

四、成绩与反思

(一)成绩

我校在总课题组的引领、指导下，我校取得了以下可喜成绩。

1.提升了学校的办学品质及影响力。

(1)接待贵州罗甸、遵义、成都新区、石柱、彭水等地学校参观十余次；

(2)团队赴西藏林芝、浙江、江苏等地汇报、交流(介绍、上课、评课、上课指导等)。

2.促进了教师专业发展。

(1)教师团体。

①成功申报教育部西南基础教育课程研究中心、首批“数学文化实验学校”；

②成功申报“重庆市首批‘数独’培训基地校”；

③成功申报西南大学基础教育研究中心“数学文化”研究子课题(已结题)、北京师范大学的子课题(在研)，重庆教育科学规划院课题(在研)；

……

(2)教师个人。

①连续三年参加全国“数学文化”说课比赛两人获一等奖的第二名，一人获一等奖的第一名。

②一位教师参加重庆市第八届优质课大赛获一等奖。

③两位教师参加南岸区“卓越杯”“风华杯”赛课获一等奖。

④两位教师在参加南岸区小学数学第九届优质课大赛均获特等奖。

⑤教师个人多次受邀到石柱、彭水、贵州等地作讲座、上课、经验交流等。

⑥论文多次发表于《小学数学教学》。

……

3.激发了学生数学学习兴趣，拓宽了学生的视野，发展了学生的数学素养。

①学生在市、区级“数学文化节”各项比赛中屡获佳绩。

②在“学生最喜爱的学科?”问卷调查中，由原来的倒数第二名上升为正数第二名。

……

（二）反思

当然，在研究、实施学生数学文化项目活动中我们存在着许多问题，以后我们将在以下方面进行改进：

（1）年级传统项目内容的设置如何更有意义，形式让学生更喜欢。

（2）如何设置“用数学”的项目内容，让学生感受到数学的价值。

（3）寻找和开发史料性的知识，做成微课向学生们开放。

……

总之，感谢总课题组对我校研究的“小学数学文化项目活动课程的开发与实践研究”的引领和指导。我们认为“数学文化”课题意义重大，具有旺盛的生命力和可持续发展力，它是每一所学校、每一位数学教师都值得研究一辈子的课题。我校很有幸能参加此课题研究，我校将继续在总课题组的指引下不断前行。

案例5　数学文化——学生核心素养发展的新引擎①

数学文化是数学与人文的有效融合，是数学学科的精神价值和灵魂所在。张奠宙教授曾说：“数学素质是公民所必备的一种基本素质，数学文化必须走进课堂，在实际数学教学中使得学生在学习数学的过程中真正受到文化感染，产生文

① 该文由甘肃省定西市临洮县洮阳镇西街小学教科室主任牟玮萍执笔。

化共鸣,体会数学的文化品位和世俗的人情味。”为了更好地推广数学文化,让数学文化助推学生核心素养的发展,将数学教学提升到数学文化教育的层面,我校结合实际,提出了数学文化“432”发展举措:“提升四力、创新三课、办好两节。”

一、提升教师“四力”,培养人文情怀

(一)加大学习力

读书学习提高人文素养。“水之积也不厚,则其负大舟也无力。”教师的数学文化素养是将数学文化渗透到课堂教学的前提条件。我们应当更新数学教育观念,把数学看成一种文化系统,把数学教育看成数学文化教育。而读书是提高教师自身素质、转变教育观念的最直接有效的途径,通过组织校本研修活动、读书沙龙、读书汇报交流等活动,不断夯实教师的数学理论基础,切实提高教师的专业理论水平和文化素养。

各类培训引领专业成长。我们利用各种形式新颖、内容丰富的数学文化校本培训,如观摩数学文化视频课、解读数学文化优秀课例、数学文化课件、微课制作指导、数学文化论文书写指导、数学故事交流等;另外,积极参加数学文化全国培训,从第二届开始,每次全国的培训活动都安排教师参加。参培教师回来后,又通过上模仿课、示范课、做专题讲座等形式对学校教师进行二次培训,让每一次的培训成果最大化。这在一方面提升了教师的人文修养,拓宽了文化视野,另一方面加深了对学科的源头深入研究和理解,卓有成效地提升了教师的素养。

(二)促进研究力

学校以问题研究为导向,开展课题研究,进一步促进教师的专业成长,提升教师的研究力。每学期组织学校教师积极申报校级微课题,每学年推荐优秀的校级课题申报县级、市级、省级课题,让数学文化有理论的引领、有实践的积累、有经验的总结。我校课题《数学文化与小学数学教学的融合》《数学文化培养学生思维能力的研究》《数学文化与家庭教育的融合》等先后立项并进行深入研究,《小学数学教学中数学思想渗透策略研究》确立为定西市市级课题并成功结题。校名师工作

室主持的省级课题《大数据时代以任务驱动发展学生的数据分析观念的学习与研究》正在进行研究中。

(三)增强凝聚力

“一枝独秀不是春,百花齐放春满园。”为了发挥优秀教师的辐射带动作用,让学校名师带领全校教师一起成长,我们成立数学名师工作室,由市级名师、数学文化方面有建树的优秀教师做领衔名师,骨干教师做核心成员,建立数学文化研讨团队,在名师引领下,协作共进、共同成长、整体提高。

(四)激发内驱力

为了尽快地让老师们走进数学文化教材,了解数学文化构建,驾驭数学文化课堂,我们开展了形式丰富的数学文化比赛,如课堂教学、说课、课件(微课)大赛等活动,我们还组织教师积极参加全县、全省乃至全国的数学文化比赛活动。充分激发了教师教研的积极性、主动性,教研的内生动力显著增强,实现了以赛促学、以赛促训、以赛促研、以赛促教。

二、凸显数学“三味”,实现人文引领

数学常态课,体现文化味。著名数学家李大潜院士指出:“数学教育本质上就是一种素质教育”。学生数学素质的培养主要是以数学知识为载体,通过教学过程来实现。课堂做到主题鲜明、任务明确,集体备课,在校内展示后,鼓励走出学校,送教下乡,参加各类比赛。把数学文化渗透到数学教学中,不是把数学文化知识生硬地加到数学课中,而是使其与数学内容融合在一起。在教材中出现了许多介绍数学文化知识的栏目,诸如“数学万花筒”“你知道吗”……这给我们提供了明确信息,我们可以带领孩子了解数学知识的历史渊源、了解中外数学家的聪明智慧,了解数学文化的存在价值,利用数学史料进行思想渗透。在数学教学中我们积极挖掘数学文化的因子,适时有机渗透,以微课形式有效实施并逐渐形成教学特色。

数学文化课,体现实践味。数学文化思维训练课,实现人文引领。课前让学生阅读《好玩的数独》《走进数学王国》《要命的数学》《特别要命的数学》《数学文化

读本》等数学读物，激发学生的探究兴趣，拓宽学生的文化视野。数学文化思维课按年级分层实施，让学生在玩中学、在学中玩，一年级七巧板、二年级魔尺、三年级“24点”大作战、四年级我爱数独、五年级魔方大比拼、六年级几何模型制作，注重学生的实践和体验、拓展学生的想象、体察学生的感受。以“任务驱动”教学模式探索数学文化课，用一个个问题启发孩子的思维，让孩子们不断经历尝试、反思、解释、重构的再创造过程。

数学俱乐部，体现创新味。成立数学俱乐部（社团），把对数学感兴趣的学生集中起来，设立一个活动平台，提供一个在校园里进行数学文化活动的组织和场所，这也是进行校园数学文化建设的一种有效措施。“数学俱乐部”，每周五下午开展活动，以社团活动为载体，通过丰富多彩的数学文化活动，让孩子们体验快乐、体验成功，在校园里构建出浓郁的数学文化氛围，带动全校学生也积极参与到数学文化活动中来。

三、创办校园“两节”，营造文化氛围

丰富学生的“数学文化节”。通过“数学动口说”“数学动脑思”“数学动手做”等活动，点燃孩子们学习数学、玩转数学、运用数学的热情，呈现学校数学学科特色，提高学校数学教育品位，丰富校园文化生活。各年级根据学生实际，分别创办了富有本年级个性特点的数学文化节活动：“寻找对称美”的手工作品展、“玩转七巧板”的拼图游戏、“生活中数学”的摄影展、“我们眼中的数学文化”手抄报、“美丽的立体几何”模型制作和引发头脑风暴的“思维导图”等形式，多角度、立体化、全方位展示了孩子们在学生方面创新性学习成果，并将数学和社会生活紧密相连，体现出自己独特的认知、思维、创造。

夯实师生的“数学节”。每年的3月14日为国际数学日，学校树立“大数学”教育观，立足校情实际，关切社会发展，开展富有时代气息的数学节，如2020年的数学节，以“走进数据世界　感受数学之美”为主题，通过教师的数据课堂展示、数据理论沙龙、学生的数据主题作品展——数据调查、数据整理、数据分析等，引导师生用数学眼光洞察世界，用数学思维解决现实问题，用数学语言表达自身感受，厚植家国情怀。

四、学校数学文化成效显著

我校一直重视数学学科的创新发展，充分凸显数学学科优势，学校自主研发的校本教材《开启数学王国的钥匙——错题集》收集典型错题，帮助孩子们解决学习中的难题；自主编写的《数学歌谣》极大地激发了孩子们学习数学的兴趣。从第二届全国说课一等奖开始至2020年，我们共取得一等奖6次，三等奖1次。在数学文化论文比赛中，一等奖1次，二等奖3次，优秀奖3次，省级、县级更是硕果累累。

数学具有多种多样的色彩、具有神奇瑰丽的空间、具有严谨缜密的思辨、具有无与伦比的美丽，只有当数学文化真正弥漫校园、渗入教材、到达课堂、融入教学、走进学生，让数学变得更有温度时，学生才会从数学中学会思维、学会运用、学会感悟、学会审美，才会从数学的价值中实现人生的价值！

案例6 数学文化，让儿童与美好相遇①

——城区小学整体推进数学文化建设的实践探索

重庆市梁平区梁山小学是一所城区示范小学，学校一直推行“教师活教，学生乐学”的活乐教育。学校从2015年启动数学文化教学研究，将数学文化纳入学校“活乐教育”课程体系，以人为本，以环境、课堂、活动等课程为载体，让儿童领会数学的真善美，触摸数学中的生命，遇见梦想，遇见美好。

一、制订方案，规划数学文化建设路径

2017年，我校申请并成功立项《数学文化对小学生数学学习的影响研究》的市级课题，并申请成为数学文化实验学校，在西南大学宋乃庆教授及其团队的指导下，从“意义和内容”“策略和方法”“评价与保障”等几个方面规划数学文化建设的实施路径。

二、创设环境，营造数学文化建设氛围

学校重视环境的熏陶与育人功能，从学校到年级再到班级，构造不同层次、不同内容、多元化、立体化的数学文化活动环境。

①该文由重庆市梁平区梁山小学原副校长杨君玲撰写，该论文获得全国数学文化论文评比一等奖。

以学校为单位，根据现有的校舍布局与设施设备，精心设计数学步道：利用现有的、本地的校园场景，设计出系列数学操作活动和数学体验活动，如“窨井盖的秘密”“旗杆有多长”“我来贴瓷砖”“圆形花坛土方要多少”“篮球场三分线的周长与面积”等，透过生活化、本地化的实际素材，带给学生数学感，通过具有挑战性的数学实践活动，培养学生的学习兴趣，感受数学的实用性、趣味性，提升学生的数学素养。

以年级为单位，根据本年级学生的年龄特点和数学学习内容，利用教学楼周边的游戏休闲区设计数学文化长廊，做到每个年级一个主题，每个年级一种特色，如一年级设置七巧板动手操作区、二年级展示身高贴和折纸艺术、三年级挑战数独、四年级玩转魔方、五年级创意数学魔术、六年级走进古典益智玩具等。

以班级为单位设计班级文化角，展示学生作品，如“生活中的数学”手抄小报、“生活中的数学”摄影作品；设置适合班级学生的游戏挑战项目，如“走迷宫”“十字方格”“速算大王”“索玛立方体”等，真正实现环境处处可育人，校园处处见文化的目标。

三、打造课堂，保障数学文化建设实施

数学文化的建设始终要融入课堂才会呈现出蓬勃的生命力。在数学文化建设的实践研究中，我们确立了“有机重组、思维训练、聚焦课堂”三种途径，从而让数学文化的课堂教学目标明朗起来。

“有机重组”旨在通过“学科整合”“单元重组”，深入挖掘教材中的数学文化素材，融入课堂教学设计与实施，让数学知识充盈文化的意蕴；“思维训练”则通过“随堂训练”“专题训练”，着眼于学生思维品质的改善、思维能力的提升，让数学学习直抵文化内核；“聚焦课堂”则指借助宋乃庆教授团队编写的《数学文化读本》与《小学数学文化丛书》，坚持上好每周一节的数学文化课，用数学文化打开孩子的视界，让儿童与发现相遇，与开放相遇，真正体现“人在课中央”。

四、拓展校本，积累数学文化建设资源

把数学文化的建构放眼于常规课堂教学之外，着眼于学校各种活动之中，鼓励教师研发适合本地区、本校使用的数学校本课程，这也会在一定程度上丰富全

校师生的数学文化体验。学校引领老师不断积累与总结，逐步形成拥有“梁小印记”的校本课程。每日一题：由各年级集体精选内容，全校固定时间练习，并通过各类专题竞赛助推活动，按年级按类别建立好题库。数学文化课：坚持每班每周一节数学文化课，并鼓励老师按专题开课，积累数学文化教学设计与课堂实录资源。年级特色：各年级根据学生年龄特点，开发适宜的数学文化专项课程，如一年级“创意七巧板”、二年级“数学绘本”、三年级“玩转数独”、四年级“索玛立方体”、五年级“数学魔术”、六年级“解密鲁班锁”。

五、丰富活动，推进数学文化建设发展

组织丰富多彩的数学文化相关活动，让学生在活动中展示、在活动中体验、在活动中探索、在活动中进步，在活动中感受不一样的数学。

数学文化融入课外辅导活动。学校在多方问卷的基础上，根据“教师擅长、学生喜爱和发展需要”的原则，每期开设60多个课外辅导活动项目，其中数学文化项目占16个，数学魔术、七巧板、魔方小达人、数独、九连环、华容道等项目深受学生的喜爱。

数学文化渗透“乐考”。在学校“活乐教育”理念指导下，从2017年秋季学期开始尝试改革全校语文、数学、英语、科学等学科面试考查方式，以“乐考”的形式出现，淡化分数的考试，将传统的“试卷”改革成“争星卡”，将“整齐划一的考试”变身为“自主选择的游戏”。每一个闯关游戏都是各年级组语文、数学老师与综合、体艺老师密切配合，根据本年级学生年龄特点和学科内容与特点来设置。数学学科，则把“魔方”“数独”“速算”“24点”“华容道”“七巧板”等数学游戏融入“乐考”，不仅让学生痴迷不已，还能促使学生在游戏化的情境中用所学数学知识解决实际问题，培养数学思维。

数学文化节激发师生活力。从2017年开始，每年一届的数学文化节是全校师生都热衷的数学节日，数学文化节设置了速算小神童，24点、七巧板、数独、九连环、数学家的故事演讲、数学建模小论文等11项学生赛事和教学征文、教学研讨等2项教师活动。各个项目的“擂主挑战赛”激动人心，每一届的“24点”平板赛、抢答赛扣人心弦。数学文化节在校园里掀起了玩数学、说数学、用数学、爱数学的热潮，让全校师生都“动起来”了。

六、发展教师,激活数学文化建设动力

数学文化建设、推进和纵深发展的支撑点在教师,在数学文化落地校园的过程中,我们始终将教师发展放在重要的位置。

学校为教师提供丰富的教学参考资源:学校出资为每位数学教师购买《数学文化读本》《小学数学文化丛书》等书籍,搜集整套数学文化课例光盘等;精心组织校本研修:围绕数学文化课堂教学和课程建设,坚持每周一次年级研讨、每月一次校级展示、每期一次校际交流;为教师搭建学习培训的平台和展示自我的舞台,千方百计促进教师发展:校内外上数学文化公开课、开设数学文化讲座等。

眼界决定境界,学校创造一切条件让教师外出学习、参训参赛:鼓励老师积极参加全国小学数学文化优质课竞赛、重庆市数学文化节、数学文化研讨会等,多种途径拓宽教师视野,让教师发展成为学生成长、学校发展的原动力。

在数学文化建设的实践中,我们欣喜地看到,学生学习数学的兴趣更浓厚,视野更开阔,对数学的认识更清晰、更丰富、更灵动,自信心和主动性都有很大提高。在实践中,老师也转变了观念、更新了方法,数学课堂真正“活”起来,“乐”起来。数学文化建设的整体推进,让数学文化成为我校一张鲜活的课程名片,学校的美誉度也因为数学文化建设得到了更大的提升。

整体推进学校数学文化建设只有起点,没有终点。2019年,学校又以“利用数学文化促进小学生数学理解实践策略研究”为题,申报了重庆市教育科学“十三五”规划2019年度课题,被评审为重点有经费课题,我们将在新的起跑线上展开进一步的实践与探索。

案例7 在第六届全国小学数学文化旅程教学交流大会上的发言①

重庆数学文化节是由教育部西南基础教育课程研究中心和重庆市教育文化研究会主办的,大帝教育作为承办单位,已经连续4年承办该项活动。

① 汤宪敏,重庆大帝教育集团董事长,重庆市教育文化研究会副会长,大帝教育集团创始人。该教育集团从2017年开始一直资助重庆数学文化节至2020年已第四届。

这是重庆小学生们一年一度的数学盛宴，近百所学校的小学生一起共同品味数学文化、玩转数学游戏、比拼数学技能、共享数学乐趣。语言太空洞，下面我们从实实在在的画面中，感受一下数学文化节的氛围。

这样的画面我已经看过很多次了，但是每一次看到仍然很激动，也欢迎各位到我们第四届的现场来感受一下那种热烈的氛围。

这是我们重庆数学文化节连续四届的活动规模。第四届重庆数学文化节于2020年11月16日启动，目前正在进行校园分赛，决赛要明年4–5月的时候举行，届时参赛学校我们预估将超过100所。

重庆数学文化节一共设置了12个活动项目和6个专题活动，这些项目设置，也是非常有意思的，下面我来给大家介绍一下。

七巧板、华容道、九连环，被称为古代益智游戏三绝，其中蕴含了丰富的数学知识，也是数学文化节上的重要项目。孩子们在图形拼接中认识图形，发挥想象力拼出各种图案；在华容道棋子的滑动中运筹帷幄，上演棋盘上的厮杀；在手指翻飞的过程中，体验成功解下九连环的快感。并且，在传统游戏的基础上，我们也为活动融入了科技感，大家看到中间这几张照片，是七巧板的比赛现场，我们利用了虚拟现实技术（VR）识别的技术发题、判分，让传统游戏更加时尚，收获了不少小粉丝。

计算是小学阶段重要的数学基础技能，反复地刷题肯定是枯燥的！但是当它成为游戏，就会迸发出不同的魅力。数学文化节项目中低年级的速算和高年级的24点，其实都来自扑克牌游戏。为了激发孩子们的热情，我们特地开发了专门的速算和24点比赛系统、线上的练习小程序。大家看看我们的比赛现场，不是枯燥无味地刷题单，而是答题比拼，每答对一题，后方大屏幕上，选手的名字就会跳动加分，激情十足。而且这样的活动，还方便于小学课堂内开展。一副小小的扑克牌，课前的5 min，在玩游戏的过程中，同学们激情投入，反复夯实计算能力，获益匪浅。

数独和魔方，是风靡世界的益智游戏。能综合锻炼孩子们的观察能力、专注能力、逻辑思维能力、空间思维能力、动手能力，这也是学生和家长们都热捧的项目。来看看我们现场的画面，不管是赛题、赛具、赛制，我们都在与全国性赛事接轨。值得一提的是，我们还为这两个项目搭建了全国赛、国际赛的渠道，让选手们可以走向更大的舞台。

数学的魅力，数学的文化，蕴藏在我们的计算中、游戏中，也体现在孩子们的语言中、绘笔下。数学文化节项目中，还包含了故事演讲、手抄报和生活中的数学摄影等项目。你看，通过这样的项目，数学文化节不再是数学学科优生的专利，咱们有着各种各样特长和技能的学生，都可以参加数学活动，并且通过这些形式的活动，让数学文化、数学知识得到更大范围的推广和普及。看看同学们的手抄报作品，真是美轮美奂，不管是选材、内容、设计排版和书写，都非常的漂亮，我们每年都会选出一百幅作品，出一本画册，让同学们的智慧成果得以沉淀。

最后的这两项，高能了！我会讲数学，要求同学们会学、会解、还会讲！根据“学习金字塔”理论，如果用传统方法被动听课学习，两周以后，学习内容只能留下5%，而运用“教别人”或者“马上运用”的方法学习，两周后可以记住90%的学习内容。所以我们不仅在数学文化节中加入了讲题这个项目，更希望借由这个活动，在校园培养讲题的风潮，让孩子们真正吃透知识。

小学生也能写论文？不错！我们最开始开展这项活动的时候，是受到过质疑的，然而事实证明，小学生不仅能写，还能写得精彩！你看看：“校园水龙头使用方案”“在家如何创建一个生态水循环系统”，他们的选题来自同学们自己的观察和积累，他们的成果来自老师和同学共同的研究和论证，都非常有意义。通过这样的活动，我们培养孩子去观察、去探究、去分析总结、去表达的能力！

经过多年的积淀和培育，重庆数学文化节不仅参与学校增多，而且我们的工作正在深化和细化到各个校园，每一届的活动开幕后，校园内精彩纷呈的分赛场就开始上演。从以前的直接选拔推荐选手，转变成了校园大规模的班级活动、校园活动，真正做到让每个孩子都能参加活动，也衍生出很多别具一格的活动形式。你看，咱们有的校园，还创作了文化节节歌、编排了专门的节目。甚至数学文化节活动还走进了乡村，走进了大山。我们为贫困地区的小学校，带去了学具、玩具、赛具，为他们开设专场比赛，孩子们开心极了！

同时，重庆数学文化节更致力于打造校际、省际的交流活动。我们不定期会开展各类论坛，就在上周五才开展了“数学建模小论文校园实践探索”的论坛，也在全国范围内，推广我们的活动。目前，海南数学文化节已经成功举办两届。

那么，说到未来的展望，大家看看屏幕中这些孩子的面容，这些期待的脸、开心的脸、认真的脸……这些可爱的表情，让人不想辜负。所以数学文化节年年办，这是一定的！但是更希望有更多的城市、更多的学校、更多的学生和老师，一起加入这场狂欢！

让我们一起，在游戏中，感受数学的好玩、数学的有趣，在比拼中激发孩子的学习兴趣，积累更多数学技能，在运用中，体会数学的有用，提升孩子的综合素养。

附录 全国历届小学数学文化优质课大赛赛况

1.第一届全国小学数学文化优质课大赛赛况

2015 年 6 月 4 -5 日，第一届全国小学数学文化优质课大赛在重庆市高新区第一实验小学举行，大赛由重庆市教育科学研究院初等教育研究所所长康世刚主持，重庆市教育委员会基教处处长邓沁泉出席会议并致欢迎辞，教育部西南基础教育课程研究中心主任、西南大学教授宋乃庆参加了此次会议，并代表主办方介绍了会议召开的目的和重要意义。此次大赛评出了讲课比赛一等奖 8 名，二等奖 8 名；说课比赛一等奖 4 名，二等奖 4 名。

2.第二届全国小学数学文化优质课大赛赛况

2016 年 5 月 25-26 日，第二届全国小学数学文化优质课大赛在重庆市华润谢家湾小学举行，出席开幕式的有全国数学教育研究会秘书长、内蒙古师范大学教授代钦，教育部基础教育课程教材专家工作委员会委员、南开大学教授顾沛，教育部基础教育课程改革专家工作委员会副主任、西南大学教授宋乃庆，教育部基础教育课程教材发展中心教材处处长李斌，重庆市教育委员会副巡视员徐剑峰，重庆市教育科学研究院院长徐辉，重庆市九龙坡区政协荆瑜副主席，重庆市九龙坡区教委主任熊孝良，重庆市九龙坡区教委副主任郭华，重庆市九龙坡区谢家湾小学校长刘希娅，重庆市教育科学研究院初教所所长康世刚等。开幕式由徐辉院长主持，荆瑜、徐剑峰、李斌、宋乃庆等领导、专家从九龙坡区、市教委、教育部课程教材中心、主办方等多个角度阐述了本次会议的内容、意义、要求。此次大赛评出了讲课比赛一等奖 18 名，二等奖 25 名；说课比赛一等奖 27 名，二等奖 48 名；课件比赛一等奖 16 名，二等奖 30 名，三等奖 30 名。

3.第三届全国小学数学文化优质课大赛赛况

2017 年 5 月 21-24 日，第三届全国小学数学文化优质课大赛在贵州省贵阳市第一实验小学举行,活动请来了西南大学教授、博士生导师、教育部西南基础教育课程研究中心主任宋乃庆,南开大学数学科学学院教授、历任教育部高等学校数学与统计学教学指导委员会副主任顾沛,哲学博士、教授、博士生导师、全国数学教育研究会秘书长代钦等近800名专家学者、小学数学教研员、小学校长以及数学教师参加。此次大赛评出了讲课比赛一等奖21名,二等奖29名;说课比赛一等奖29名,二等奖59名;课件比赛一等奖15名,二等奖29名,三等奖26名。

4.第四届全国小学数学文化优质课大赛赛况

2018年5月24—25日,第四届全国小学数学文化优质课大赛在浙江省杭州市高新实验小学举行,出席开幕式的有教育部西南基础教育课程研究中心主任、国家级教学名师、西南大学博士生导师宋乃庆教授,全国数学教育研究会秘书长、内蒙古大学博士生导师代钦教授,国际数学教育委员会原执行委员、南京大学博导郑毓信教授,浙江外国语学院教育学院院长吴卫东教授,杭州市滨江区教育局傅天健副局长,重庆市教育科学研究院初等教育研究所康世刚所长,杭州市滨江区教师进修学校来晓春副校长,杭州高新实验学校小学部王敏霞校长等1000余名专家学者、小学数学教研员、小学校长以及数学教师参加。此次大赛评出了讲课比赛一等奖20名,二等奖47名;说课比赛一等奖32名,二等奖64名;课件比赛一等奖20名,二等奖31名,三等奖35名。

5.第五届全国小学数学文化优质课大赛赛况

2019年5月14—16日,第五届全国小学数学文化优质课大赛暨课堂教学观摩研讨会在山东省青岛市西海岸新区兰亭小学校隆重举行。这次活动由全国数学教育研究会、教育部西南基础教育课程研究中心、西南大学数学与统计学院主办,西南师范大学出版社联合山东省教育学会、西南大学基础教育研究中心、青岛市西海岸新区兰亭小学、山东人民出版社、重庆润森文化传媒有限公司协办,吸引了来自重庆、山东、海南、广东、湖北、江西、贵州、四川、辽宁、河南、黑龙江、浙江、江苏、山西、甘肃、内蒙古、西藏、新疆等18个省(自治区、直辖市)的专家学者、小学数学教研员、小学数学教师等1600人参加。出席开幕式的嘉宾有:西南大学教授、博士生导师、教育部西南基础教育课程研究中心主任、国家级教学名师宋乃庆教授，内蒙古师范大学教授、博士生导师、全国数学教育研究会秘书长代钦教授，教育部基础教育课程教材发展中心评价处处长张珊珊，山东省教科院副院长宋树杰，中国教科院博士、研究员李铁安，重庆市教育科学研究院初等教育研究所所长康世刚，教育部西南基础教育课程研究中心副主任陈婷，山东省教育科学研究院基础教育研究所主任徐云鸿，青岛市教育局副局长王洪淇，青岛市教育科学院副院长于立平，人民教育出版社报刊社社长王维花，西海岸新区教育体育局副局长张仁平，山东人民出版社副总编辑田晓玉，西南师范大学出版社副社长胡小松，等等。此次大赛内容丰富，包括讲课比赛、说课比赛、课件(微课)比赛等。经过一天半的激烈角逐，大赛共评出讲课比赛一等奖21名，二等奖51名；说课比赛一等奖35名，二等奖70名；课件(微课)比赛一等奖18名，二等奖33名，三等奖34名。

6.第六届全国小学数学文化优质课网络大赛赛况

2020年6月19日，第六届全国小学数学文化优质课网络大赛举行。这次活动由全国数学教育研究会、教育部西南基础教育课程研究中心主办，西南师范大学出版社联合西南大学基础教育研究中心、重庆润森文化传媒有限公司协办，吸引了来自重庆、山东、海南、广东、湖北、湖南、江西、贵州、四川、辽宁、河南、黑龙江、浙江、山西、甘肃、内蒙古、西藏、新疆等17个省(自治区、直辖市)的选手参加。大赛共评出录像课讲课比赛一等奖17名，二等奖30名；说课比赛一等奖36名，二等奖71名；课件(微课)比赛一等奖27名，二等奖38名，三等奖54名。

7.第七届小学数学文化优质课网络大赛赛况

第七届小学数学文化优质课网络大赛于2021年6月18日以网络的形式成功举办。本次大赛由全国数学教育研究会、教育部西南基础教育课程研究中心主办，西南大学基础教育研究中心、西南师范大学出版社、重庆润森文化传媒有限公司承办。本次大赛共收到来自北京、重庆、山东、辽宁、浙江、贵州、甘肃、海南、内蒙古、河南、新疆、西藏、四川、广东、江西、湖北、山西、江苏、河北、黑龙江等20个省(自治区、直辖市)的讲课(录像课)、说课、课件(微课)共计300余节。经过来自全国各地的30余位专家认真评审，评出讲课(录像课)比赛一等奖20名，二等奖74名。说课比赛一等奖35名，二等奖78名。课件（微课）比赛一等奖24名，二等奖34名，三等奖58名。

8. 第八届小学数学文化优质课网络大赛赛况

第八届小学数学文化优质课网络大赛于2022年6月24日以网络的形式成功举办。本次大赛由教育部西南基础教育课程研究中心、西南大学基础教育研究中心、中国基础教育质量监测协同创新中心西南大学分中心主办，西南大学出版社、重庆润森文化传媒有限公司承办。本次大赛共收到来自北京、重庆、山东、辽宁、浙江、贵州、甘肃、海南、内蒙古、河南、新疆、西藏、四川、广东、江西、山西、江苏、黑龙江等18个省（自治区、直辖市）的录像课、说课、课件（微课）共计380余节。经过来自全国各地的30余位专家认真评审，评出录像课比赛一等奖25名，二等奖53名。说课比赛一等奖24名，二等奖88名。课件（微课）比赛一等奖24名，二等奖58名，三等奖75名。

9. 第九届小学数学文化优质课展示暨课堂教学观摩研讨会

2023年6月1—3日，第九届小学数学文化优质课展示暨课堂教学观摩研讨会在武汉经开外国语学校如约举行。本次研讨会由教育部西南基础教育课程研究中心、西南大学数学与统计学院主办，西南大学出版社、武汉经开外国语学校承办，重庆润森文化传媒有限公司协办，旨在深化数学文化融入课堂，优化数学教学效果，提升学生数学素养，进一步促进小学素质教育。本次研讨会吸引了来自北京、重庆、山东、海南、甘肃、湖北、贵州、四川、辽宁、河南、黑龙江、浙江、江苏、山西、内蒙古、西藏、广东、新疆、江西、安徽等20多个省（自治区、直辖市）的1800余名专家学者、小学数学教研员、小学数学教师等参加。开幕式由教育部西南基础教育课程研究中心副主任陈婷教授主持，出席开幕式的领导和嘉宾有：教育部课程教材研究所政策研究与宣传中心负责人李泽林教授，教育部西南基础教育课程研究中心主任、西南大学基础教育研究中心主任、国家级教学名师宋乃庆教授，湖北省教育科学研究院傅华强副院长，中国教育科学研究院基础教育研究所李铁安所长，美国特拉华大学数学教育终身教授蔡金法，内蒙古师范大学代钦教授，重庆市教育科学研究院初等教育研究所所长康世刚博士，武汉经开外国语学校吴昌全校长，西南大学出版社总监秦路、基础教育营销部/培训部主任陈亦民、基础教育分社社长王宁等。宋乃庆教授、傅华强副院长、李铁安所长、李泽林教授先后致辞。经过一天的角逐，共评出讲课展示(含录像课)一等奖23名，二等奖31名，三等奖53名。说课展示一等奖36名，二等奖80名。课件(微课)展示一等奖34名，二等奖76名，三等奖103名。

10. 第十届幼儿园、小学数学文化优质课展示暨课堂教学观摩研讨会

2024年5月29日–6月1日，备受瞩目的第十届幼儿园、小学数学文化优质课展示暨课堂教学观摩研讨会在美丽的海滨城市厦门的厦门市音乐学校、厦门市五缘实验幼儿园成功举办。本次研讨会由教育部西南基础教育课程研究中心、西南大学基础教育研究中心、西南大学数学与统计学院主办，西南大学出版社、厦门市音乐学校、厦门市五缘实验幼儿园、重庆钢锤信息科技有限公司、希望学承办，在厦门市音乐学校五通校区、厦门市五缘实验幼儿园成功举行。本次会议小学分为讲课4个会场，说课2个会场；幼儿讲课、说课1个会场，一共7个会场同时进行优质课展示。本次研讨会为期4天，汇聚了来自重庆、山东、海南、甘肃、湖北、贵州、四川、辽宁、河南、福建、黑龙江、浙江、江苏、山西、内蒙古、西藏、广东、新疆、江西、安徽等22个省(自治区、直辖市)的1000余名教师参加，著名数学家、中国科学院院士、美国艺术与科学院院士、北京大学原副校长田刚，西南大学版小学数学课标教材总主编、西南大学二级教授、博士生导师、国家级教学名师宋乃庆，重庆市教育科学研究院小学数学教研员、博士康世刚，教育学博士、西南大学教育学部教授、博士生导师张辉蓉，西南大学出版社总监秦路、基础教育事业部总编辑王宁等专家出席研讨会。本次展示共评出，讲课比赛小学一等奖22名，二等奖12名，幼儿园一等奖5名，二等奖3名。说课比赛小学一等奖36名，二等奖73名，幼儿园一等奖3名，二等奖5名。录像课二等奖28名，三等奖60名，课件(微课)比赛一等奖38名，二等奖88名，三等奖112名。

参考文献

1. 康世刚 . 选定方向，就要坚持不懈——对数学家主题内容的研究[J]. 小学教学(数学版)，2020(7)：4-7.

2. 孙明谔，李伯春，刘经国 . 简明数学史[M]. 郑州：大象出版社，1998.

3. 李伯春 . 有关数学史与数学教育实质联系的调查[J]. 淮北煤炭师范学院学报(自然科学版)，2004(1)：70-72.

4. 康世刚，闫素珠 . 重视数学家言行在新数学课程中的作用[J]. 数学教学研究，2002，21(6)：13-16.

5. 康世刚，胡桂花 . 对我国"数学史与中小学数学教育"研究的现状分析与思考[J]. 数学教育学报，2009，18(5)：65-68.

6. 康世刚 . 基于数学素养生成的教学研究[M]. 北京：教育科学出版社，2012.

7. 康世刚，张辉蓉 . 数学文化推进小学素质教育的实践探索[M]. 重庆：西南师范大学出版社，2018.

8. 宋乃庆，康世刚 . 数学文化与教学设计(三年级)[M]. 重庆：西南师范大学出版社，2017.

9. 郭莉，康世刚 . 数学文化对数学学习影响的调查研究[J]. 教育评论，2018(10)：126-129.

10. 王小燕，康世刚 . 小学数学文化监测题命制研究[J]. 小学数学教育，2020(1)：14-18.

11. 中华人民共和国教育部制定 . 义务教育数学课程标准(2011 年版)[S]. 北京：北京师范大学出版社，2012.

12. 张景斌 . 中学数学教学教程[M]. 北京：科学出版社，2000.

13. [美]G. 波利亚著 . 数学与猜想(第一卷)[M]. 李心灿，等译 . 北京:科学出版社，2001.

14. 郑毓信，王宪昌，等 . 数学文化学[M]. 成都：四川教育出版社，2001.

15. 齐民友 . 数学与文化〔M〕. 长沙:湖南教育出版社 .1991.

16. 顾沛 . 数学文化[M]. 北京：高等教育出版社，2008.

17.蒋鲁敏等.文科数学——数学思想和方法[M].上海:华东师范大学出版社,2000.

18.张奠宙,过伯祥.数学方法论稿[M].上海:华东师范大学出版社,1996.

19.[匈]路莎·彼得.无穷的玩艺[M].郑毓信,等译.大连:大连理工大学出版社,2008.

20.李心灿.为当代数学精英—菲尔兹奖得主及其建树与见解[M].上海:上海科技教育出版社,2009.

21.[美]R.柯朗,H.罗宾斯.数学是什么[M].左平,张饴慈,译.北京:科学出版社,1985.

22.王小燕,康世刚.小学数学文化的学习方式研究[J].现代中小学教育,2020,36(6):37-40.

23.邵瑞珍.教育心理学[M].上海:上海教育出版社,1988.

24.[德]雅斯贝尔斯.什么是教育[M].邹进,译.北京:生活·读书·新知三联书店出版,1991.

25.张正严.科学教育中的科学家形象塑造[J].现代中小学教育,2007(6):33-35.

26.[美]杜威著.学校与社会 明日之学校[M].赵祥磷,等译.北京:人民教育出版社,2005.

27.张奠宙,宋乃庆.数学教育概论[M].北京:高等教育出版社,2004.

28.徐利治.数学文化教养对人生的作用[J].教育研究与评论,2014(1):4-6.

29.董奇.心理与教育研究方法[M].北京:北京师范大学出版社,2004.

30.顾沛."数学文化"课与大学生文化素质教育[J].中国大学教学.2007(4):6-7.

31.曾峥.数学文化的魅力[J]华南师范大学学报(社会科学版),2002(1):126-138.

32.张亚静.数学素养:学生的一种重要素质——基于数学文化价值的思考[J].中国教育学刊,2006(3):65-67.

33.郑毓信.数学的文化价值何在、何为——语文课反照下的数学教学[J].人民教育,2007(6):38-41.

34.张维忠,徐晓芳.基于数学文化的教学模式构建[J].课程·教材·教法,2009(5):47-50.

35. 杨岚. 数学文化的教育功能研究[J]. 西藏大学学报(社会科学版),2011(3):179-184.

36. 郭萌,王宁. 在家庭教育活动中渗透数学文化的探索——基于《小学数学文化丛书》的应用[J]. 数学教育学报,2015(4):92-95.

37. 颜秉海. 中学数学课程中数学史知识的引进[J]. 数学通报,1958(4):6-15.

38. 徐利治,王前. 数学哲学、数学史与数学教育的结合——数学教育改革的一个重要方向[J]. 数学教育学报,1994(1):3-8.

39. 李森. 现代教学论纲要[M]. 北京:人民教育出版社,2005.

40. 王青建,董晓丽. 数学史的教育价值[J]. 辽宁师范大学学报(自然科学版),2019,42(1):25-30.

41. Kline M.A Proposal for the High School Mathematics Curriculum[J].Mathematics Teacher, 1966, 59(4):322-330.

42. 张楠,罗增儒. 对数学史与数学教育的思考[J]. 数学教育学报,2006(3):72-75.

43. 汪晓勤.HPM:数学史与数学教育[M]. 北京:科学出版社,2017.

44. 横地清. 目前数学教育改革之方向[J]. 数学通报,1981(10):16-21.

45. 孔凡哲,曾峥. 数学学习心理学[M]. 北京:北京大学出版社,2012.

46. 林家翘,L.A. 西格尔. 自然科学中确定性问题的应用数学[M]. 赵国英,译. 北京:科学出版社,1986.

47. 丁石孙,张祖贵. 数学与教育[M]. 大连:大连理工大学出版社,2008.

48. 康世刚. 小学课程中的数学文化:内涵特点、主要内容与学习价值[J]. 课程·教材·教法,2022,42(3):99-105.

49. 王小燕,康世刚. 数学家主题内容的教学设计[J]. 小学教学(数学版),2020(C1):11-15.

后记

自2014年以来，恩师宋乃庆教授带领我们编写了《小学数学文化丛书》和《数学文化读本》，该系列丛书一出版就受到了数学家张恭庆院士、刘应明院士、数学史研究学者李文林研究员、张维忠教授、小学数学教育专家周玉仁和一线小学数学教师的好评。同时，从2015年开始我协助恩师宋乃庆教授组织全国小学数学文化优质课大赛。目前已经组织了10届，来自23个省（自治区、直辖市）项目实验学校的小学数学教师参加了现场讲课、录像课、说课和微课（包括课件）比赛。同时，积极地在全国推广数学文化，目前已经有1259所项目实验学校开展了数学文化的教学实验。

我是恩师宋乃庆教授团队的核心成员，经历了主编《数学家与数学》《科学与数学》和《小学数学文化读本》（四年级上册），同时也多次担任全国小学数学文化优质课大赛和课题进展研究会议的执行委员会主任，体验了小学数学文化的教学的重要性和价值，针对数学文化的教学问题开展了系列研究，在《教育评论》《现代中小学教师》《小学数学教育》等期刊发表了一系列的研究成果，《小学教学（数学）》在2020年第7-8期将我作为封面人物作了介绍，在全国引起了一些反响。数学文化项目获得以下课题研究成果奖：由宋乃庆教授指导，我组织团队成员张辉蓉、李光树、陈祥彬、谭劲、唐飞、刘圣萍研究完成的课题“数学文化在小学素质教育推进中的实践与探索”于2017年获重庆市教学成果奖一等奖；并于2018年获第二届基础教育国家级教学成果奖二等奖；由宋乃庆教授指导，我牵头组织团队成员张辉蓉、陈祥彬、陈婷、王小燕、陈思怡、张焕颢研究完成的课题“数学文化提升小学生数学素养的实践探索与推广”于2022年获重庆市教学成果奖一等奖。为了使小学数学教师对数学文化有一个较为全面的了解，触发了我写本书的想法。本书有以下几个方面特点：

一是介绍了我的数学文化观。主要介绍了小学数学文化的内涵特点、小学数学文化的主要内容和学习价值、小学数学文化的课程开发和教学设计、小学数学文化的学习监测和学习成效等。这些观念和思考对小学数学教师认识和了解小学数学文化具有重要的价值和意义。同时也对数学文化的教学方式和学习评价具有重要的借鉴价值。

二是介绍了我对数学不同类型文化教学的思考和实践。根据我对数学文化的分类，分别研究了数学家、数学史料、数学游戏、数学与生活等主题的不同类型数学文化教学实施，并附有重庆市参加重庆市和全国活动一、二等奖的教学思考、实录与评析的案例。有助于一线教师从理论和实践操作两个方面深入学习数学文化教学。

三是收集了数学家和数学教育家对数学文化的研究的看法。主要收集了数学家张恭庆院士、刘应明院士和顾明远教授对《小学数学文化丛书》和《数学文化读本》的点评，引导我们从更高层次认识小学数学文化研究的意义和价值。

四是收集了数学文化项目实验学校的经验。主要收集了河南、重庆、甘肃等地数学文化项目实验学习的收获。这些经验都有助于学校系统开展数学文化项目实验。

五是介绍了历届数学文化大赛的概况。

本书的出版得到了西南大学出版社的大力支持，感谢项目实验学校的大力支持。本书是我对小学数学文化的认识和思考，由于数学文化研究刚刚开始，我的认识和思考难免存在诸多疏漏，恳请各位专家和老师提出宝贵意见，以便今后修改完善。

康世刚

重庆市教育科学研究院